오문수의 몽골 이야기

텡게르가 손짓하는
몽골

오문수 글 신익재 사진

머리말

내게 방랑벽이 있어서일까? 아니면 낭만적 역마살? 목표로 했던 방향으로 꾸준히 나가던 길을 180도 선회하게 한 사건을 겪은 50대 후반부터 시작한 <오마이뉴스> 시민기자는 나를 한 자리에 안주하도록 가만두지 않았다. 지인으로부터 취재요청이 들어오기도 했지만 대개는 스스로 취재원을 찾아 나섰다. 세상에 지지 않겠다는 결기로 오대양 육대주를 돌아보았다. 그러다 보니 어느새 버킷리스트에 올랐던 명소들을 답사했다.

나는 연속극을 거의 보지 않는다. 9시 뉴스를 보거나 <내셔널지오그래픽> 채널, <디스커버리> 채널을 선호한다. 호기심 많은 나는 아프리카 동물들에 관심이 많다. 해서 봉사활동을 겸해 지인과 함께 세계 최빈국 말라위로 떠났다. 현장에서 본 아프리카 모습은 영상매체에서 본 모습과는 현저하게 달랐다. 말라위 수도 릴롱궤로부터 잠비아에 있는 빅토리아 폭포까지 다녀오는 2,000km의 여정 동안 도로변에서 본 동물은 하이에나 한 마리가 전부였다. 사자나 치타 코끼리 같은 야생동물 구경은 사파리에서만 가능했다. 순박한 모습의 현지인과 원시의 모습으로 순수하기만 할 거라는 생각은 착각이었다.
그러던 어느 날이었다. 독도에서 일주일을 동고동락하던 고조선유적답사회 안동립 단장이 "선생님 우리 함께 몽골가요"

라는 제안에 "몽골에 칭기스칸 말고 뭘 볼 게 있다고 그래요?" 라며 거절했지만 못 이기는 척하고 한 번만 따라가 보기로 했다. 몽골 칭기스칸 공항에 내려 초원을 달리는 동안 차는 덜컹거렸지만 탁 트인 시야와 수천 마리의 동물이 풀을 뜯고 있는 모습이 나를 사로잡았다. 끝없는 초원과 평화롭게 풀 뜯는 가축들이 내 안으로 들어왔다. 그동안 사람에 실망하고 지쳤었는데 거짓이라고는 관심 두지 않는 동물들에게서 위안을 느꼈는지도 모른다.

끝없이 펼쳐진 대초원에 팽이를 거꾸로 세워놓은 것 같은 게르와 한 번도 만난 적 없는 여행자를 따뜻하게 맞이하는 몽골 유목민들. 가축과 함께 초원을 유랑하는 유목민들은 몽골을 유랑하는 여행자들에게 동질감을 느꼈는지도 모른다. 수많은 고분과 사슴돌 사진을 찍고 귀국해 공부하며 한국과 몽골의 문화적 연대에 관해 관심이 가기 시작했다. 호사다마라던가? 몽골문화유적에 관심이 많아 암각화와 석인상을 조사하던 중 국경경비대에 두 번이나 잡혀가 조사받았다. 섭씨 40도를 웃도는 고비사막에서 길을 잃어 한 자리를 세 번이나 빙빙 돌기도 했다. 영하 40도를 오르내리는 홉스굴 호수 인근에서 길을 잃어 야영 준비하다가 만난 유목민 한 가족의 따뜻한 환대는 몽골 여행이 준 최고의 선물이었다.

지구 둘레가 4만 km라는데 2018년부터 몽골 여행에 나선 이래 다섯 번에 걸쳐 3만 km를 돌았다. 몽골 행정구역 명칭은 '아이막'이다. 21개 아이막 중 19개 아이막을 답사했으니 많이 돌아본 셈이다. 그들의 삶을 몸속 깊숙이 체험해보기 위해 몽골의 동서남북과 4계절을 경험했다.
무엇보다 더 내 눈길을 끈 것은 시골 고갯길에서 수없이 보았던 서낭당 닮은 어워였다. 길 인근에 흩어져 있던 돌을 쌓

아 올리고 맨 위에 나무를 세워 하단을 묶어 놓은 모습에 흥미가 생겼다. 귀국해 몽골 서적 30여 권을 읽은 후 깨달은 것은 한국 문화의 원류가 바로 이곳이구나! 몽골에서 비롯된 수많은 문화가 한반도에 뿌리내렸구나! 하는 생각이 들어 몽골행 비행기에 몸을 실었다.

한국에서 비행기를 타고 몽골까지 가려면 '한참' 걸린다. '한참'은 칭기스칸이 몽골제국을 건설한 후 통치 수단으로 만든 '역참제도'에서 나온 것으로 40km를 의미한다. 한국인들은 화장실 가고 싶을 때 '마렵다'라고 말한다. 이 '마렵다'도 게르에 살던 몽골 여인들이 화장실을 가려고 할 때 '말 보러 간다'는 말에서 유래됐다.

책 제목 ≪텡게르가 손짓하는 몽골≫의 '텡게르'는 몽골인들이 숭상하는 하늘을 말한다. 과학이 고도로 발달한 요즈음 현대인들은 하늘을 처다보지 않는다. 필자가 쓴 ≪텡게르가 손짓하는 몽골≫은 닮은 꼴인 몽골 문화를 확인하고 하늘을 올려다보며 하늘이 준 의미를 되새겨보자는 의미이다. 출판 방향에 대해 논의하고 교정을 보아주신 이민숙 선생님과 멋진 사진을 제공하고 출판을 도와준 '비지아이' 신익재 사장님께도 감사드린다.

2023. 4. 15

오 문 수

차례

머리말 — 2

순록 유목민 차탕족을 찾아 — 9

한겨울 몽골의 말들… 탄성이 저절로 나왔다 — 10
14기의 사슴돌 유적이 있는 '오시깅 으브르' — 18
한국에서 4시간, 사방이 눈 천지인 설국에 가는 법 — 23
지도에도 안 나오는 유목민의 집을 찾아서 — 32
하늘을 두려워한 초원의 유목민들 — 38
몽골이 낭만적? 이래도 사랑할 수 있을까 — 50

동부·동고비지역 — 57

"몽골은 볼 게 하나도 없대요" 누가 그래요? — 58
내 차 앞으로 붕 날아온 소… 세상에 이런 일이 — 63
세기적 인물 칭기스칸… 그러나 그의 운명은 순탄치 않았다 — 66
21세기에… 여자와 외국인은 출입금지라니 — 72
사람의 뼈로 만든 피리, 누가 왜 만드나 했더니 — 82
10시간을 달려 찾아낸 '별 5만개'짜리 호텔의 수준 — 86
우리와 몽골 민족간 연결고리일지 모를 할힌걸 석인상 — 90
석인상 답사하다가 국경경비대 조사받기도 — 94
개체 수가 급감하는 몽골 가젤, 실제로 보니 — 98

몽골인들은 '이걸' 보면 모두 말이나 차에서 내린다	102
몽골 유목민은 자유롭고 한가하다?	106
유목민에게 늑대는 어떤 존재일까?	110
몽골 사람이 생각하는, 세상에서 기가 제일 센 곳	114
낙타는 남았는데, 역사 속으로 사라진 '티로드'	118

알타이 · 서부지역　　　　　　　　　　　　　　　　　　　121

마지막 야생마 '타히'가 사는 호스타이 국립공원	122
전성기 짧았던 옛 몽골의 수도 그래도 방문하는 이유	128
몽골여행에서 알게된 '가시내'의 의미	134
웬만한 고장은 현장에서 해결하는 몽골 운전기사	138
평생 보고도 남을 가축을 보았다	144
몽골인들에게 늑대가 주는 의미는?	148
몽골에서 발견한 28수 별자리, 어디서 본 건데	160
'한참'이란 말, 몽골에서 유래했다	166
유라시아 고대문화의 심장, 몽골 유목문화	172
4천~5천년 전 기록을…. 탁본 뜨기	178
황금산을 뜻하는 알타이 산, 어머니 산이라 불리기도	182
야생 자연에서 온몸으로 느낀 몽골 초원에서의 낭만	186
인류 역사상 가장 친환경적인 주거 형태	192

한국 문양과 너무나 닮은 몽골 문양	198
멋질 줄 알았던 신기루... 다가가니 허망한 허상	204
세상에서 가장 아름답고 넓은 화장실	210
'마렵다'의 어원은 어디서 왔을까	216
몽골에서 염소 사육이 증가한 이유	220
햐르가스 호수에서 89㎝ 대어를 낚다니... 소감도 남다르네	224
갑자기 불어난 강물... 사막에서 홍수를 만날 줄이야	228
'평화달리기'를 하는 러시아인을 만났다	234
마을에 나타난 독수리떼, 대체 왜	238
한국에서 온다고 하니... 기다려 준 박물관 직원들	242
세계문화유산 등재된 2만 년 전 동굴벽화에 낙서	246
와! 교과서에서만 보았던 암각화를 찾았다	252
몽골인들의 꿈, 알타이 타완벅드	258
알타이 타완벅드 프레지던트 어워	264
가장 기대했는데... 등산화가 터져버렸습니다	270

남부. 고비지역   **275**

고비 여행하려면 목베개가 필수	276
몽골에서 암각화 그림 그리기?	282
여름에 얼음이... '독수리 입'이라 불린 욜린암	286

'노래하는 모래' 홍고린엘스, 과거 알면 놀랄 수밖에	290
세상에, 헤르멘차브가 유럽에 있었다면	294
몽골인의 성산 '에지 하이르항 산'	300
쇠똥으로 구운 감자를 먹어본 적 있나요?	308

울란바타르 · 북부지역   313

몽골에서 중요한 불교 유적, 간당사원	316
울란바타르 한복판에 이태준 기념공원, 어떤 사연?	320
황사 막기 위해 몽골에 나무심는 한국인	326
제주도에 남은 몽골의 흔적	330
몽골의 철도	336
아미르바야스갈란트 사원	338
몽골 경제에 기여하는 농업	340
몽골의 축제-나담	342
몽골의 축제-Nomadic Mongolia	344
승마 방법과 주의사항	346

오문수의 몽골 이야기

순록 유목민 차탕족을 찾아

한겨울 몽골의 말들…
탄성이 저절로 나왔다

울란바타르를 벗어나 볼강으로

몽골을 방문한 외국인 여행객뿐만 아니라 몽골인들도 꼭 가보고 싶은 곳 중 하나가 바로 '홉스굴'이다. 이곳에 가려면 볼강(Bulgan)시를 거쳐가는 것이 빠르다. 볼강은 울란바타르 북서쪽 약 520km 떨어진 지점에 있다. 오전 10시 몽골 수도 울란바타르를 떠난 우리 일행의 첫 숙박예정지는 볼강이다.

4륜구동 차량과 러시아군인들이 2차 대전 당시 사용했던 푸르공은 도로를 제외한 모든 초원이 하얀 눈에 덮인 겨울왕국을 달렸다.

화력발전소에서 나오는 연기가 피어오르는 울란바타르 시내를 벗어나자 여름날 푸른 초원에서 가축들이 풀 뜯던 모습과는 분위기가 완연히 다르다. 몽골초원을 가까이 해보지 못했던 분들은 초원에서 풀 뜯는 가축과 목동을 상상하며 낭만적인 분위기만 상상할 수도 있다. 하지만 초원을 가까이 들여다보면 온갖 가축 똥과 움푹움푹 패인 모습에 실망할 수도 있다.

몽골 겨울이 주는 매력은 지저분하다고 여길 수 있는 것을 덮어 주고 우리나라에서는 결코 볼 수 없는 일망무제의 설국이 펼쳐진다는 점이다. 몽골 겨울 모습을 바라보노라면 무릎까지 빠지는 눈밭에 누워 영화 <닥터 지바고>의 한 장면이라도 촬영해보고 싶은 유혹에 빠진다.

차는 몇 시간째 도로를 달렸다. 새벽 1시가 넘어 울란바타르에 도착한 비행 일정으로 호텔에서 잠깐 눈을 붙였기 때문에 자꾸만 눈꺼풀이 내려갔다. 그때 푸르공이 비포장길로 들어섰다.

눈 덮인 비포장길은 아스팔트 도로보다 훨씬 더 안전하다. 바퀴 자국을 따라 움푹 패인 곳은 적당히 얼어 진흙탕에 빠지지 않을 뿐만 아니라 여름과 달리 앞차 바퀴에서 나는 먼지가 없기 때문이다. 저 멀리 항가이산맥 위에 보름달이 떴고 하얀 눈밭이 처연한 아름다움을 가져다주었다.

달리는 차 속에서 '야! 이렇게 멋진 모습에 동물 모델이 나타나면 금상첨화일 텐데!'라고 상상하는 순간 멋진 모델들이 나타났다. 앞발로 눈을 헤치며 풀 뜯던 말들이 우리 쪽으로 다가왔다. 차량에 나타난 온도계를 보니 섭씨 영하 30도. "아! 이렇게 추운 날씨에도 눈밭에서 풀을 뜯다니!" 그저 감탄스러울 뿐이다.

열흘 동안 겨울 몽골을 여행하며 몽골말의 강인함에 탄복했다. 말들은 영하 30도에서도 눈밭에 서서 잔다고 한다. 새벽에 도로를 달리며 눈 덮인 초원을 보면 눈밭에 서서 고 동물은 말뿐이었다. 세계 최대의 제국을 세운 몽골군의 가장 중요한 자산 중 하나가 말이었다는 것을 깨달을 수 있었다.

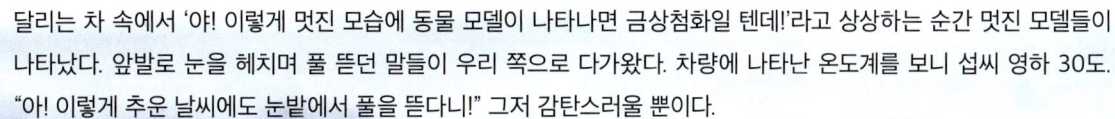

우리의 전통 농기구와 꼭 닮은 게 몽골에…

볼강 박물관에는 몽골 최초의 우주인 '고랑차'의 전시물, 전쟁 사진, 사람 대퇴골로 만든 불교 도구들과 볼강에 사는 야생동물 박제품들이 전시돼 있었다.

그중 가장 눈에 띄는 건 어릴 적에 보았던 농기구들이었다. 쇠스랑, 당그래(고무래), 저울, 절구(돌, 나무) 등 농기구들이 우리 농촌에서 사용했던 것들과 꼭 같은 점에 놀랐다.

①절구질하는 젊은 부인들 ②공기놀이하는 누나들과 사내아이 ③농기구를 설명하는 강명자 씨(임실군 문화해설사) ④곡식을 추리고 맷돌질하는 모습. 볼강 아이막 북부지역은 끝이 보이지 않는 드넓은 밀밭이 있어서 훈누(흉노) 때부터 농사를 지어 왔다.

제주 오름과 꼭 닮은 '오란터거'

볼강에서 므릉을 향해 7km쯤 달리다 보면 왼쪽에 커다란 고분 같은 모습을 한 '오란터거'가 나타난다. 저리거 씨는 "오란터거는 몽골 말로 '예쁜 솥'입니다. 꼭 솥을 닮았잖아요"라고 말했다. '오란터거'는 고분이 아니라 제주도에서 흔히 볼 수 있는 '오름'이다.

지금으로부터 약 2만~2만5000년 전에 폭발했던 오란터거는 지질시대에 서너 번 활동을 했다고 기록돼 있다. 고도 1,688m 정상에 있는 분화구 안에는 지름 20m, 깊이 1.5m의 호수가 있다. 산은 낙엽송으로 둘러싸여 있으며 사시나무, 자작나무, 느릅나무들이 자라고 있다.

몽골 운전사들과 방한용 텐트를 치고 식사를 준비하는 동안 필자와 동행한 여성들은 정상에 세워진 어워와 분화구를 한 바퀴 돌았다. 넓은 초원이 하얀눈으로 쌓인 몽골 겨울왕국을 보던 시인 이민숙 씨가 시를 한 수 읊었다.

"지구가 이 아름다운 몽골처럼 보존되게 하소서 / 지구가 더 이상 온난화로 신음하지 않게 하소서 / 눈오는 몽골처럼 아름답게 보존되게 하소서…"

14기의 사슴돌 유적이 있는 '오시깅 으브르'

므릉(Mörön)은 몽골 북서부에 위치한 홉스굴 아이막의 주도이다. 서부의 옵스 아이막을 연결하는 교통 허브이고 러시아와 도로가 개설되어 있는 행정 경제 문화의 중심지이다. 현재 울란바타르-므릉-홉스굴 하트갈까지 도로가 포장되어 있다. 울란바타르에서 홉스굴을 방문할 경우 므릉까지 항공편으로 이동하거나 에르데네트까지 기차를 타고 가서 육로로 갈 수 있다.

청동기시대로 시간을 되돌리는 시간여행자 사슴돌

아름다운 경치를 희망하며 몽골여행에 나선 분들도 있지만 초원에 있는 고대인의 유적을 통해 자신의 정체성을 확인할 수 있을 뿐만 아니라 광활한 초원에 펼쳐진 자연의 아름다움을 만끽할 수 있다.

몽골 동서횡단여행을 할 때 가장 인상적이었던 게 마을 입구에 세워진 수많은 돌무덤과 사슴돌이다. 원형이나 사각형 돌무덤군은 적석총이다. 한 달 동안 본 적석총 숫자가 수 백기에 달한다.

마을 규모가 크고 영웅의 흔적이 남아있는 적석총 앞에는 사슴돌이 세워진 곳이 많다. 몽골 전역에서 발견되는 사슴돌은 청동기시대로 거슬러 올라가는 '시간여행자'이다. 돌 표면에 주로 사슴을 표현하기 때문에 고고학계에서는 20세기 초반부터 '사슴돌'이라고 부르고 선사시대 청동기 및 초기 철기시대 유목민들의 역사·예술·문화·신앙 그리고 사회조직을 연구하는 데 있어서 귀중한 기념물이다.

방사성 탄소연대측정 실험결과로 밝혀진 사슴돌의 역사는 히르기수르와 유사한 기원전 14~8세기로 후기 청동기시대이다. 대부분의 사슴돌은 히르기수르 앞에 세워져 있다. 히르기수르는 몽골 초원에 있는 돌무덤을 말한다.

사슴돌은 아시아와 유럽 두 대륙에 걸쳐 분포되어 있다. 현재 몽골을 중심으로 우크라이나의 우랄산맥에서 바이칼 호수에 이르는 넓은 고원에 약 15,000여개의 사슴돌이 있다. 사슴돌 분포의 중심이자 출발점은 몽골이다. 등록된 사슴돌 중 80% 이상이 현재 몽골에 있다.

사슴돌은 청동기시대 유목민 사회의 특정 집단인 부족, 민족의 우두머리나 귀족들을 위해 세운 석상이 분명하며, 그 위에 새겨진 문양, 제단의식에 유목민의 세계관과 샤머니즘의 관점이 깊게 배어있다.

사슴돌은 일반적으로 상, 중, 하의 3개 부분으로 구성되어 있다. 맨 윗부분은 사람이나 사람 얼굴 또는 하늘과 우주가, 중앙부위는 동물들이, 맨 아래 허리띠 아래로는 무기 및 기타 도구가 있다.

대부분 사슴돌의 정수리 부분은 둥글거나 평평하며 0.5m에서 3.5m 크기이다. 사슴돌은 인간의 얼굴이나 말로 대체되기도 했지만 이는 아주 희귀한 사례. 사슴돌은 해가 떠오르는 동쪽을 향하고 있다.

영원불멸을 꿈꿨던 옛 선인들이 만든 사슴돌

당시를 살았던 유목민들은 왜 무덤 앞에 사슴돌을 세웠을까? 인류는 문화를 발전시키면서 기호를 통해 정보를 전달하는 다양한 방법을 창안했다. 글자가 없던 당시는 그림을 통해 그들의 생각을 표현했다.

청동기시대를 살았던 카라수크인들은 사슴을 이승에서 저승으로 데리고 가는 동반자로 간주했다. 고대 북방민족의 사슴 관련 신앙과 습속 가운데 가장 널리 알려져 있는 것이 황금뿔 전설이다. 전설 내용 중 하나는 태양이 사슴뿔에 얹혀 하늘을 지나다녔다는 전설이다.

사슴돌은 죽은 자를 위해 사람을 상징해서 만들었다는 것이 분명하며, 제작하기 전 미리 4면을 조각한 석판 위에 사람 얼굴, 장식품 등을 표현했다. 석상 맨 윗부분이 주로 경사진 모양으로 제작되며 동쪽을 향한 좁은 면을 정면으로 삼고, 윗부분에 사람 얼굴을 상징하는 3열의 선, 양쪽 넓은 면 윗부분에는 원형 귀걸이 문양, 아래쪽으로는 원형 및 타원형 구슬 모양의 작은 문양이 전체를 감싼다.

역사와 문화에 관심있다면 꼭 봐야 할 '오시깅 으브르' 사슴돌

므릉에서 홉스굴로 가는 도중에 있는 '오시깅 으브르(Uushigin Uver)'는 사슴 문양이 새겨진 직립한 사슴돌 14기가 있다. 그 중 일부는 황토색 바탕에 흰색으로 멋진 문양이 새겨져 있으며 제물을 바치던 제단인 케렉소르(Keregsuur)가 있다.

가장 독특한 14번 사슴돌은 머리 부분에 여자 모양이 새겨져 있는데 이런 사슴돌은 몽골에서도 희귀한 사례다. <돌 샤먼과 북몽골의 나는 사슴돌(Stone Shamans and Flying Deer of Northern Mongolia)>의 저자 윌리엄 휘츠휴(William W. Fitzhugh)는 사슴돌이 현대인에게 던져주는 의미에 대해 다음과 같이 기술하고 있다.

"사슴돌은 청동기 후기시대를 살았던 사람들과 기술을 보여준다. 이들을 분석해보면 동물형태의 예술과 샤머니즘, 의례, 순록 사육, 사냥, 의인화한 동물, 의례 모습, 극지방 예술과 문화에 대한 실마리를 던져준다"

몽골은 7~8세기경 내륙지방에 속한 아시아의 교차로였다. 튀르크계 몽골인들은 알타이를 넘어 서쪽으로 언어, 문화를 전파했고 우리와 닮은 퉁구스계 몽골인들은 북시베리아를 건너 극동과 동북아시아, 알래스카로 전파해 나갔다.

홉스굴 여행을 계획하고 있는 여행자라면 '오시깅 으브르(Уушгийн өвөр - Uushgiin ovor)'에 들러 옛 선인들의 정취를 느껴보는 게 어떨까?

한국에서 4시간, 사방이 눈 천지인 설국에 가는 법

죽기 전에 사방이 눈에 둘러싸인 설국을 방문해 보고 싶었다. 그것도 원주민들이 하얀 순록을 키우고 있는 마을을 방문하고 싶었다. 하지만 북극이 가까운 알래스카나 시베리아까지 도전하기에는 쉽게 엄두가 나질 않는다.
해결책이 있다. 한국에서 가깝고 쉽게 갈 수 있는 몽골 최북단 다르하드 지역에서 순록을 기르며 사는 차탕족 마을을 찾아가면 된다.

교통편이 열악한 다르하드 저지대

몽골 북부지역은 수천 년 동안 튀르크어를 쓰는 시베리아 부족들과 부리야트족, 위구르족, 몽골족으로 이루어진 스텝 부족 대연맹 사이에 위치한 국경지대였다. 시베리아 부족 중 일부가 지금까지 몽골에 살고 있는데 그 중 홉스굴 아이막 북쪽의 차탕족이 유명하다.

홉스굴에서 서쪽으로 약 50km쯤 가면 벽처럼 높이 서있는 산맥 뒤로 다르하드라는 넓은 평원이 자리 잡고 있다. 이곳은 대초원과 숲, 호수 300여 개가 어우러져 황량하고 신비로운 풍경을 연출한다. 차탕족마을로 가는 도중에 얼어붙은 차강노르에서 홉스굴 쪽에 장엄하게 펼쳐진 눈 덮인 산맥을 바라보니 남미의 파타고니아 모습이 떠올랐다.

이 지역은 접근하는 루트가 워낙 어려워서 계곡의 거주민들 중 일부인 차탕족만 여전히 전통적 생활방식을 유지하며 살고 있다. 이곳은 강력한 샤머니즘의 중심지로 신목(神木)에 하닥을 걸쳐놓은 모습을 자주 볼 수 있었다. 몽골에서 가장 물이 좋은 지역이며 흰 잉어와 송어가 많이 서식한다. 또한 연어와 타이멘(몽골연어)도 잡힌다.

자연 그대로의 모습이 살아있는 '홉스굴 올란 타이가 특별보호구역'

여름철에는 습지가 많고 고도가 낮아 벌레가 들끓어 모기장과 살충제를 단단히 준비해야 하기 때문이다. 뿐만아니라 여름에는 진창길이 되어 차강노르의 호수 인근부터 말을 타야 하는 험난한 길이라 몽골인들도 쉽게 가지 못한다고 한다.

승마 경험이라고는 작년 알타이 타완벅드를 올라갈 때 해본 5시간 정도라서 자신이 없다. 그래서 선택한 계절이 겨울이다. 겨울에는 영하 40도 가까이 내려가기 때문에 모든 길이 얼어붙어 차량 운행이 가능하다.

가이드를 하며 4륜구동차량을 운전하는 '저리거'뿐만 아니라 푸르공 운전사 '바인졸'도 이 지역은 처음이라고 한다. 해서 홉스굴 주도인 '므릉'에 도착하자마자 홉스굴이 고향인 '저거'가 합류했다. 길을 안내해줄 가이드 역할 뿐만 아니라 교대로 운전하기 위해서다.

므릉의 사슴돌 유적지 '오시깅 으브르' 탐방을 마친 일행의 다음 목적지는 '올랑 올(Ulaan Uul)'이다. 홉스굴쪽으로 가던 차량이 도로를 벗어나 왼쪽으로 방향을 틀자 사방이 눈으로 덮여 있었다.

유목민 게르와 축사가 있는 양지쪽 산자락에는 군데군데 눈이 녹아있다. 염소와 양들은 앞발로 눈을 헤치며 풀을 뜯고 있었다. 일행을 태운 차는 러시아 국경이 가까운 북쪽을 향해 계속 나아간다.

죽기 전에 설국에 가보겠다고 용감하게 도전했지만 일말의 두려움이 엄습한다. 차가 눈에 미끄러져 예기치 못한 일이 생기는 건 아닐까? 차량이 눈속에 갇혀 오도가도 못하는 건 아닐까? 완전히 얼어붙지 않은 홉스굴 얼음 위를 달리던 차량이 빠졌지만 건지지 못했다는 뉴스가 생각났다. 혹시 몰라서 여분의 통에다 기름을 준비했지만 불안하다.

걱정하던 일이 발생하기도 했다. 설원을 달리던 푸르공이 180도 빙그르르 돌기도 하고 때론 360도 돌기도 했다. 다행

인 것은 도로가 아니고 전후좌우로 차량이 없어서 차량이 미끄럼을 탄 것 뿐이다.
날은 어두워지는데 우리가 쉴 곳이 나오지 않는다. 여러 채의 통나무집이 보여 반가운 마음에 가보았지만 문이 굳게 닫혀 있다. 눈길을 헤치며 앞에 가는 거대한 트럭을 추월하자 승용차가 몇 대 보인다. 행색으로 보아 관광객인 그들을 보며 안심이 됐다. 그들 중에는 지역을 잘 아는 가이드가 있어 쉴 곳이 가까워졌다는 걸 알았다.
앞서가던 승용차에서 관광객들이 멋지게 생긴 어워를 배경으로 촬영하고 있었고 '홉스굴 올란 타이가 특별보호구역'이라는 안내판이 붙어있다. 제대로 오긴 왔나 보다. 보호구역으로 들어가는 입구를 중심으로 작은 어워들이 멋진 자태를 보여준다.

영하 40도 가까운 날씨가 준 쓰라린 체험

"선생님! 저 어워가 지금껏 보았던 어워들과 다른 점이 없습니까?" 그러고 보니 지금껏 본 천여 개의 어워와 다른 점이 있었다. 삼각형 '티피'처럼 생긴 어워 끝에 조각한 새 한 마리가 앉아있었다.

한국에서 말하는 '솟대'의 모습과 똑같다. 새는 인간과 하늘과 땅과의 메신저 역할을 한다. 샤머니즘은 모든 만물을 존중해야 한다는 자연법적 인식체계가 기저를 이룬다. 그렇다면 한국에서 볼 수 있는 솟대와 이 지역의 솟대가 오랜 세월 형성된 문화적 연결고리는 아닐까?

차탕족 마을을 방문하기로 결심하고 그곳의 겨울 기온을 체크하니 영하 40도 가까이 내려간다는 기록이 있었다. 군시절 남한에서 가장 추운 곳인 화악산 아래에서 3년을 지내보았기 때문에 괜찮을 것 같았다. 당시 한겨울 추위가 영하 20도를 넘나들었고 가장 추울 때는 영하 30도에 가까웠기 때문이었다.

깜깜한 밤에 올란 올에 도착해 '저거' 지인의 통나무집에 숙소를 잡았다. 배낭과 짐을 나르기 위해 차문을 열면 살을 에는 듯한 추위가 폐부를 찌른다. 차 문을 여는 순간 냉기 때문에 기침이 나온다. 다행히 숙소 주인이 난로에 장작불을 지펴놔 실내는 따뜻했다.

일행 모두는 두꺼운 겨울 침낭속으로 들어가 잠을 청했지만 불이 꺼지면 큰일날 것 같아 새벽까지 난로 당번을 하고 있는데 새벽 4시쯤 중무장을 한 '저거'가 밖으로 나가 푸르공에 시동을 걸었지만 꿈쩍도 않는다. 숙소로 돌아온 그는 커다란 토치를 들고 차량 밑으로 들어가 엔진을 데우기 시작했다. 무려 두 시간 동안이나 엔진을 데우자 시동이 걸리기 시작했다. 저리거도 30분 동안이나 씨름을 하다 겨우 시동을 걸었다. 차탕족 티피에서는 너무 추워 네 명 모두 잠을 이루지 못했다.

호수에서 점심을 먹기로 했다. 커다란 버너에 불을 붙이고 라면을 끓여 먹은 시간은 딱 30분. 장갑을 끼고 라면을 먹었는데도 동상이 걸릴 것 같았다. 동행한 신익재 씨의 눈썹은 얼어붙었다.

뿐만 아니라 호수에서 두께 1m쯤 되는 얼음을 깨서 고기잡는 현지인들이 잡은 고기 두 마리가 채 2분도 안 되어 얼어 죽었다. 그렇게 험난한 지역에서 살아가는 그들의 모습에 고개가 숙여졌다.

새벽 4시쯤 중무장을 한 '저거'가 밖으로 나가 푸르공에 시동을 걸었지만 꿈쩍도 않는다. 토치를 들고 차량 밑으로 들어가 엔진을 데워야 했다.

라면을 끓여 먹은 시간은 딱 30분. 장갑을 끼고 먹었는데도 동상이 걸릴 것 같았고 눈썹은 얼어붙었다. 현지인들이 잡은 고기 두 마리가 채 2분도 안 되어 얼어 죽었다.

지도에도 안 나오는
유목민의 집을 찾아서

순록과 함께 사는 차탕족 마을

일행이 차강노르를 거쳐 차탕족이 산다는 마을까지 가는 도중에는 설원에 말도 보이지 않았다. 말은 영하 30도 추위에도 눈쌓인 초원에 서서 잠을 잔다고 들었는데 말이 보이지 않은 걸 보니 차탕족이 사는 곳이 춥긴 추운가 보다.

관광객을 싣고 몽골 전국을 돌아다니는 푸르공 운전사 바인졸도 이곳에 와본 적이 없다고 한다. 그저 GPS를 따라 러시아 국경이 가까운 북쪽으로 나아가며 타이가 숲속을 살필 뿐이다.

그때다. 차량 바퀴 자국을 따라 천천히 푸르공을 운전하던 바인졸이 갑자기 왼쪽으로 방향을 틀었다. 그 곳을 바라보니 쭉쭉 뻗은 타이가 숲속에서 한 줄기 연기가 올라가고 있었다.

아, 저기 사람이 살고 있는가 보다. 차가 숲속으로 들어가니 길가에 서 있는 나뭇가지들이 차량 측면을 긁는다. 100여 미터를 더 가니 원뿔 모양의 천막집과 순록들이 있는 차탕족 마을이 나왔다.

몽골 북부에 살고 있는 '차탕족'은 '순록을 기르는 사람들'이라는 뜻이다. 그들은 오로지 순록만 길러서 생계를 유지한다. 그들은 계절의 변화에 따라 1년에 5~10번 이동하는 진정한 유목민이다.

마을에는 사진으로만 보던 차탕족 집인 '오르츠(orts)' 몇 채가 보였다. 차탕족은 몽골 유목민들이 사용하는 게르를 사용하지 않는 대신에 북아메리카 원주민 거주지인 티피와 비슷한 '오르츠'를 선호한다.

차탕족 마을 주민이 오르츠 한 채를 통째로 빌려줘 들어가니 밑변 지름이 5m에 높이 4m쯤 된다. 오르츠는 전통적으로 자작나무 껍질로 만들지만 지금은 상점에서 캔버스 천을 사서 만든다.

밖에 캔버스 천을 두르고 안에는 동물털로 만든 펠트를 덧대어 냉기를 막았지만 영하 40도 가까운 추위를 견디기 어려워 모두 잠을 이룰 수 없었다. 밤새 잠을 안 자고 난로에 불을 피웠지만 음식과 물만 아니라 수성인 약품도 얼어 버렸다.

가운데 난로가 있고 천막 주변을 따라 4개의 나무 침대가 놓여 있었다. 나무 침대라고 해서 한국인 기준의 침대를 연상하면 안 된다. 그보다 더 작다. 원뿔형으로 생긴 천막이라 시렁이 없기 때문에 침대 밑은 수납공간이 되어 온갖 살림살이가 들어 있었다.

차탕족은 러시아 연방의 투바 공화국에 거주하는 투바족의 일부이며 투바어와 몽골어를 모두 사용한다. 차탕족은 현재 400~500명으로 약 250명이 타이가 지대에서 산다.

면적 10만㎢의 몽골 북부 타이가 지대에 사는 그들은 진정한 유목민으로 순록이 좋아하는 특정 종의 풀과 이끼를 찾아 작은 '아일'(야영지)을 자주 옮겨다닌다. 샤머니즘은 차탕족에게 중요한 삶의 일부이다. 샤먼은 전통방식으로 병을 고치며 치유자 역할도 한다.

순록과 차탕족

순록 젖은 짜서 치즈를 만들고 뿔은 조각품을 만들거나 약용으로 사용한다. 순록은 이동수단으로 사용하며 고기를 먹기도 한다. 순록 수컷은 90kg까지 짐을 실을 수 있기 때문이다.

일행이 도착해 '오르츠'에 여장을 풀자 동네 사람들과 아이들이 순록뿔로 만든 조각품을 팔기 위해서 우리를 찾아왔다. 그들이 부르는 값이 약간 비싸다는 느낌이 들었지만 그들을 돕는다는 마음으로 기꺼이 샀다.

차탕족과 순록이 줄어들고 있다

차탕족들은 순록의 털로 옷을 만들어 입기도 하고 뿔은 도구를 만드는 데 사용하기도 한다. 차탕족은 자연환경에 대한 놀랄만한 지식을 소유하고 있다. 아플 때는 샤먼에게 의지하며 주변의 동식물을 이용한다.

공산체제와 강제집산화 이전에는 차탕족 가구마다 충분한 순록을 보유하며 완전한 자급자족 생활을 했었다. 그 당시 가을에는 딸기류, 잣, 야생감자를 채취했고 추가적인 생계수단으로 낚시와 사냥을 했다.

순록을 기르며 순박한 생활을 하던 차탕족과 순록이 줄어들고 있다. 여행사들은 타이가 여행상품을 팔면서 돈을 벌었지만 차탕족은 한 푼도 벌지 못했다. 분별없는 사람들은 차탕족과 대화하는 대신에 사진 찍기에만 급급하며 쓰레기만 버리고 간다.

사라져가는 차탕족을 위해 몽골 정부가 나섰다. 2012년 차탕족 마을을 방문한 몽골 대통령은 차탕족 노인과 어린 자녀가 많은 가족에게 정부가 급료를 지급할 것이라고 선언했다.

우리 일행은 운이 좋은 셈이다. 아침에 일어나 천막을 걷고 밖에 나서니 마을 주민들이 순록 등에 짐을 싣고 있었다. 오르츠 주인에게 물으니 오늘 다른 지역으로 이동한단다.

그런데 오르츠 옆에 묶어둔 순록 한 마리 모습이 이상하다. 한쪽 뿔이 없고 몸에는 노란 하닥을 둘렀다. 주인에게 물어보니 어제 그 순록이 다쳐서 오늘 잡을 예정이란다. 하닥은 몽골이나 티베트 사람들이 상서로움과 극진한 정성을 표시할 때 신에게 바치거나 상대방에게 선사하는 가늘고 긴 비단 천을 말한다.

차탕족은 가족처럼 여기던 순록을 죽이기 전에 신의 가호가 있기를 빌고 있었다. 집주인이 말을 타고 다른 곳을 향해 이동을 시작하자 순록 40여 마리가 줄지어 따르고 있었다. 그들의 뒷모습을 바라보며 열악한 가운데서도 자연을 사랑하며 자연에 순응해 살아가는 그들의 안녕을 빌었다.

하늘을 두려워한 초원의 유목민들

모든 문명은 신화를 바탕으로 시작되며 신화는 그 문명의 영혼을 보여준다. 유라시아와 알타이 문화권 지역의 신화나 영혼은 샤머니즘이다.

현대인은 샤머니즘을 미신으로 간주하며 부정한다. 일리있는 이야기다. 하지만 과학이 발전되기 전 사람들은 배 타고 먼바다 끝까지 항해하면 떨어져 죽는다고 생각했다. 수평선만 바라보고 지구가 둥글지 않고 평평하다고 여겼기 때문이다.

16세기 이전 사람들은 코페르니쿠스가 지동설을 주장하기 전까지 지구가 우주의 중심에 있고, 태양을 비롯한 모든 천체는 지구의 주위를 돌고 있다는 천동설이 옳다고 여겼다.

그렇다고 지동설 이전의 천동설을 아예 없었던 거로 할 수 있을까? 천동설도 지동설도 인간의 지혜가 발전해가는 과정이다. 어쩌면 지금 우리가 철석같이 믿고 있는 과학도 시간이 지나면 "미신에 불과했다"며 부정될지도 모른다.

몽골에 티베트불교가 국교로 자리잡기 전 몽골인들의 종교는 샤머니즘이었다. 몽골에 티베트불교가 들어오기 전까지 몽골인들은 샤머니즘을 당연시 여겼고 몽골에 97년간 간섭을 당했던 우리 선조들도 마찬가지였다.

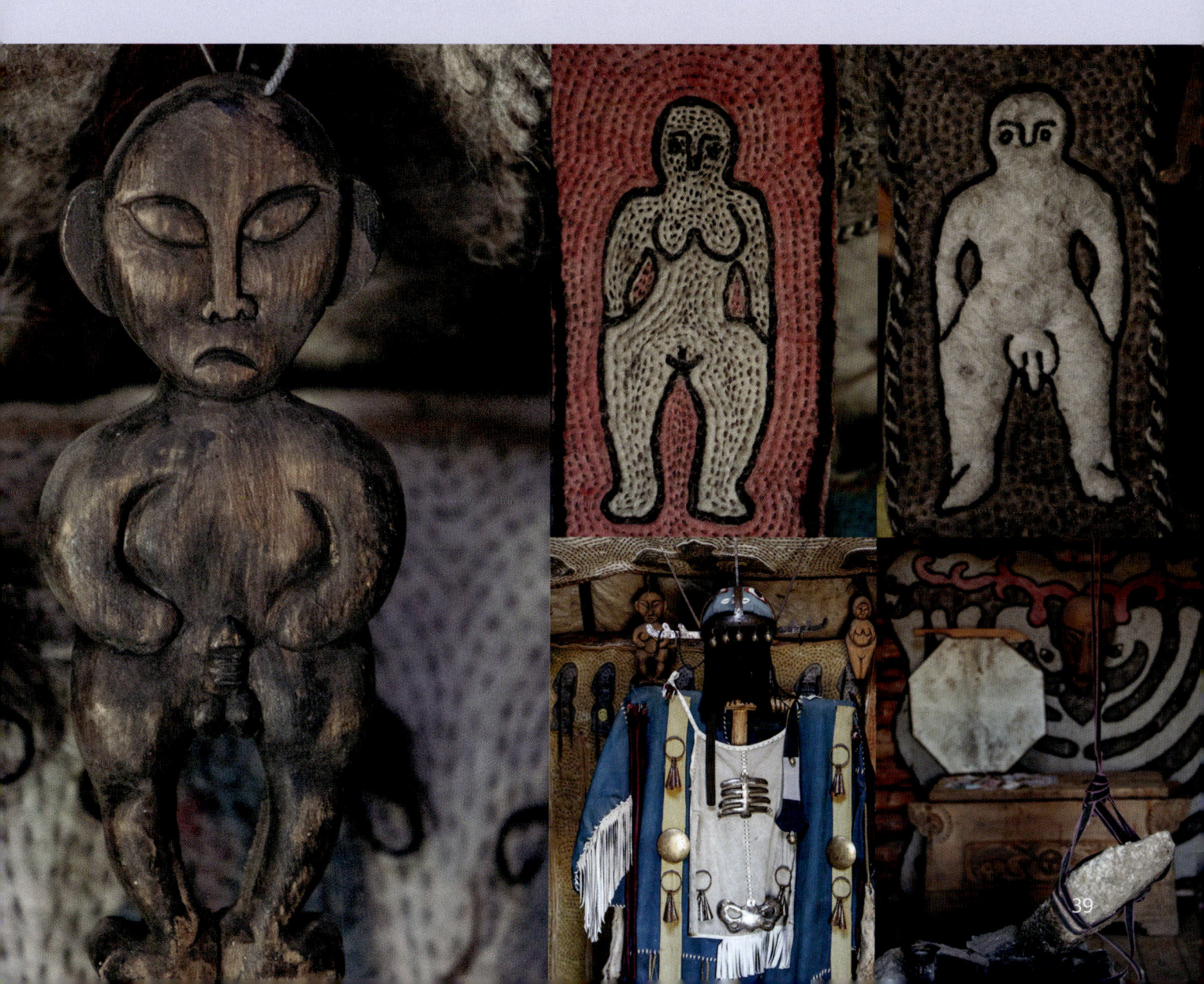

몽골 샤머니즘이 강력하게 살아있는 다르하드 지역

몽골인들은 오랜 세월 동안 광활한 초원의 유목민과 삼림의 사냥꾼으로 살아왔다. 그들은 대자연 속에서 벌어지는 온갖 자연현상을 두려워하며 하늘과 조상의 노여움을 사지 않으려고 노력했다.

또한 사람들은 감사와 두려움의 대상에게 제사를 드렸다. 시간이 지나면서 이러한 생각과 행위는 자연 숭배, 조상 숭배, 천신 숭배 등 각종 민간신앙이나 샤머니즘으로 체계화되어 몽골인들의 정신세계에 깊은 영향을 미쳤다.

13세기에 쓰인 몽골의 역사서 〈몽골비사〉 내용이다.

"하늘과 대지의 힘을 믿고 샤먼을 특별한 존재로 신봉했고, 높은 산이나 잎이 무성한 나무를 숭배했으며, 오논 강과 헤를렌 강 등 특정한 강도 숭배의 대상으로 삼았다."

우리 문화의 뿌리찾기에 관심이 있는 필자가 몽골인들도 쉽게 접근해보지 못했던 홉스굴 서쪽 다르하드 저지대에 사는 차탕족 마을을 방문한 연유는 차탕족 샤먼을 만나보고 싶었기 때문이다. 차탕족은 마을에 중대한 일이 있거나 아플 때 샤먼에게 의지한다.

차탕족 마을로 가는 길가 커다란 신목에는 하닥이 걸려있고 샤먼들이 제례를 지낸 흔적을 많이 볼 수 있었다. 천신만고 끝에 차탕족 마을에 도착했는데 아쉬운 소리가 들려왔다. 날씨가 추워서인지 샤먼이 아랫마을로 내려가 버렸다는 전갈을 받았다.

잊을 수 없는 생일상 받은 지인

샤먼을 못 만나 속상한 마음을 달래준 건 설경이다. 한 점 때묻지 않은 눈에 둘러싸인 타이가 숲과 멋진 산들. 눈 덮힌 설원에 몇 마리 가축을 제외하고는 아무도 없다. 순백의 설원에서 아무도 거리낄 것 없는 자유를 느꼈다. 죽기 전에 또다시 이런 멋진 광경을 볼 수 있을까?

캄캄한 밤이 되어 숙소인 '올란 올' 마을에 돌아와 차강노르 호수에서 고기잡던 어부에게서 사온 물고기로 매운탕을 끓여 먹고 잠이 들었다. 5일 동안 눈쌓인 길을 1,000km 이상 차를 타고 달렸더니 허리가 뻐근하고 피곤하다.

다음날은 동행했던 이민숙 씨의 생일이라 음식솜씨가 좋은 강명자 씨가 미역국을 끓여주기로 했다. "새벽에 일찍 일어나 난로에 불을 지피고 떠날 준비를 해야지"하며 침낭에서 나오려는데 눈이 떠지질 않는다. 그때다. 도마위에서 마늘 써는 소리가 내 어린 시절 추억을 불러일으켰다. "탁!탁!탁! 탁!탁!탁!"

내 어린 시절 시골 겨울밤은 무지하게 추웠다. 창호지에서 새어 들어오는 외풍은 시베리아 바람 같아 형제들은 이불을 뒤집어쓰고 잤다. 그런데 새벽마다 나를 깨우는 소리가 있었다. 일찍 일어난 어머니는 발목까지 빠지는 눈을 헤치고 장독대 옆에 묻어놓은 무를 꺼내 곤히 잠자고 있는 형제들 머리맡에서 도마위에 무를 올려놓고 썰었다.

"탁!탁!탁! 탁!탁!탁!" 일어나라는 말을 하지 않아도 지속적으로 들려오는 도마질 소리는 우리들 눈을 뜨게했다. 어머니는 우리들에게 먹일 '무시밥(무우밥)' 재료를 만들고 있었다.

먹을 것이 부족하던 당시는 조금이라도 양을 늘리기 위해 보리밥에 무를 잘게 썰어 넣고 밥을 한다. 어머니는 솥 중앙에 쌀 한 줌을 놓고 밥을 짓는다. 아버지만 쌀밥을 드리기 위해서다. 강명자 씨의 칼질 소리에 어릴적 추억에 빠졌던 나는 침낭에서 빠져나와 맛있는 미역국을 먹고 홉스굴로 향했다.

'부리야트족은 신이 내리면 성무(成巫) 의식인 차나르를 치른다. 자작나무 암수 한 쌍으로 부친목(echeg mod. 왼쪽)과 모친목(ekh mod. 오른쪽)을 꾸민다. 부친목 꼭대기에는 하닥(khadag. 푸른 천)이 걸려 있는데 하늘을 상징한다. 또 부친목 옆과 앞에 우르모드(Üürmod. 새집나무) 두 그루를 세운다. 무당신인 웅고드들이 이 나무에 내려와서 앉는다는 강신목이다. 이곳에 양털로 새집과 새알을 세 개 만들어 올려놓는다.

우르모드에는 오색 천을 짧게 잘라 매달아 놓는 신에게 바치는 천인 잘름(Jalama)을 건다. 흰색, 검은색, 빨강색, 파랑색, 노랑색의 오색은 각각 흰 토끼, 청솔모(날다람쥐), 사슴, 족제비, 담비이고, 숲에서 사는 총명한 다섯 동물을 상징한다. 이 동물들은 신의 세계로 가서 신을 모셔오는 역할을 한다. 다섯 동물을 매달기도 하였으며 흰 천에 웅고드의 모습을 그려 매달아 놓거나 옷을 걸어 놓는다.

우르모드는 강변 아침에 뜬 해를 가장 먼저 맞을 곳의 큰 숲 앞쪽이나 빈터에 만든다. 죽은 무당이나 망자의 영혼에 제사를 지내고 신령들이 자연의 물을 마시고 한쪽 산에 등을 기대고 다른 한 쪽 산에 발을 올려 쉬며 산간에서 놀고 있으리라는 의미이다.' <홉스굴 인근 지역의 신당과 그 위치. 어트거니 푸레브>

몽골의 푸른 진주라 불리는 홉스굴

푸른진주라 불리는 홉스굴은 시베리아 타이가 지대 깊숙한 136km까지 뻗은 특별한 호수이다. 국경 너머 시베리아의 바이칼 호와 마찬가지로 거대한 산에 둘러싸인 호수는 그 어떠한 비교도 불허한다. 서몽골 염호인 옵스 호(Uvs Nuur)에 이어 몽골에서 두 번째로 큰 호수로 넓이가 2,760㎢에 달한다. 최대 수심이 262m로 몽골에

서 가장 깊은 호수이다. 또한 세계에서 14번째로 큰 담수원으로 세계 담수의 1~2%를 담당한다.
인근에는 다르하드족, 부리야트족, 차탕족들이 살며 불교보다는 샤머니즘을 신봉한다. 그런데 영하 40도에 가까운 한겨울 추위가 홉스굴 호수 풍경을 완전히 바꿔놨다. 1m 이상 두꺼운 얼음이 언 호수에는 커다란 유람선들이 꼼짝할 수 없이 묶여있고 얼음을 깨고 낚시하는 사람들을 태운 자동차와 오토바이가 쌩쌩 달리고 있었다.

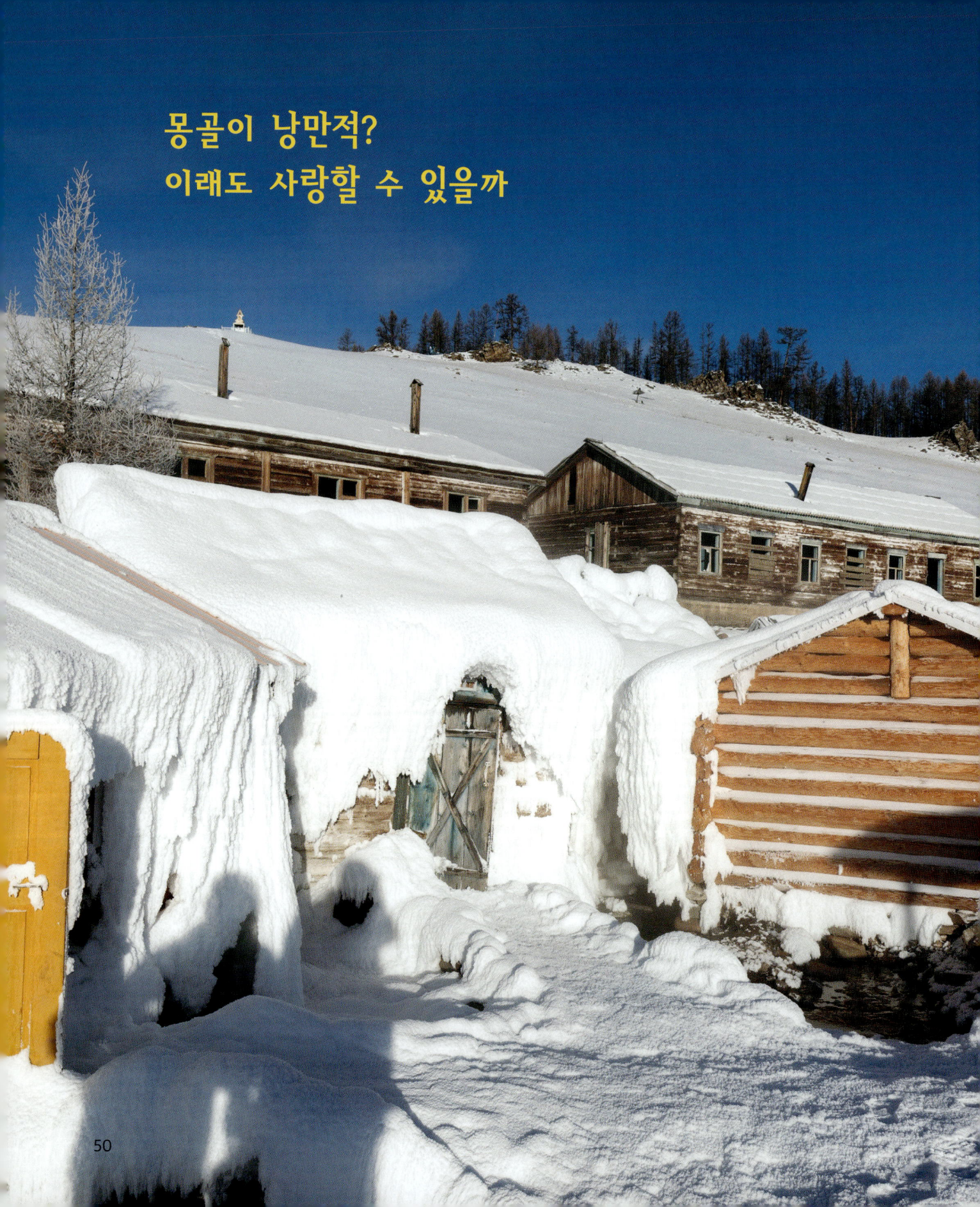

몽골이 낭만적?
이래도 사랑할 수 있을까

영하 40도까지 내려가는 곳, 몽골 홉스굴 호수와 볼나이 온천

몽골여행이 주는 매력은 끝없는 대초원에서 풀 뜯는 가축과 말 탄 유목민들의 모습이다. 어떤 이는 낙타를 타고 사막을 거니는 모습에 매료되었다고 한다. 반면에 몽골을 구석구석 돌아본 여행자는 숨어 있는 비경을 보고 감탄하기도 한다.

위에 예로 든 여행자들은 몽골 외양의 매력에 빠진 경우다. 하지만 몽골 외양에 반한 사람이 몽골 속살을 들여다 보았을까? 몽골 대초원 풀숲에 떨어진 수많은 가축 배설물과 악착같이 달라붙는 해충들까지도 사랑할 수 있을까? 아마도 배설물 널린 몽골 초원에 텐트를 치고 모기와 싸워본 사람은 위 판단에 대해 유보할지도 모른다.

사람도 마찬가지다. 첫눈에 반한 대부분은 외양에 비친 모습에 반한다. 하지만 어느 정도 시간이 지나 거품이 빠지고 상대방 내면의 아름다움을 보았을 때야 진정한 사랑이랄 수 있다.

홉스굴 호수의 남쪽 관문 '하트갈'

몽골에서 가장 아름다운 곳 중 하나를 들라면 러시아 국경과 가까운 몽골 북부지방에 자리한 홉스굴 일대를 들 수 있다. 이곳은 다른 몽골지역에 비해 시베리아와 비슷해 겨울이 춥고 길며 여름에는 들꽃이 만발하는 아름다운 곳이다.

여름에는 승마, 하이킹, 산악자전거뿐만 아니라 찬란한 홉스굴 호숫가를 따라 카약과 보트를 타기에 안성맞춤인 곳이다. 러시아와 몽골간 국경지대에는 순록을 기르며 전통 생활양식을 보존하며 살아가는 차탕족의 고향이기도 하다. 차탕족은 공산체제에서 수십 년간 억압 당했음에도 불구하고 샤머니즘을 고수하고 있다.

홉스굴의 남쪽에 하트갈(Khatgal) 마을이 있다. 호수가 내려다 보이는 하트갈에는 형형색색의 지붕과 비포장 골목길, 통나무집과 게르들이 관광객을 맞이하고 있다.

몽골에서 두 번째로 큰 호수인 홉스굴은 북동쪽으로 195km 떨어진 시베리아의 바이칼 호보다 2,300만 년 후에 지각변동으로 탄생했다. 열목어나 철갑상어같은 물고기가 많고 아르갈리 산양, 아이벡스, 흑담비, 곰, 엘크, 울버린이 산다. 또한 먹황새, 알타이 스노콕(꿩 종류) 등의 조류 200여 종이 서식한다. 여름에는 이곳을 찾는 관광객이 많이 오기 때문에 여러 척의 유람선을 운항한다.

홉스굴을 여행하려면 6~8월이 꽃과 새들이 절정을 맞는 시기지만 6월초까지 매우 추워서 산 위의 눈이 남아 있는 곳이 많다. 9~10월에는 단풍이 들기 시작하며 동시에 눈이 내리기 시작한다. 10월부터 다음해 3월까지는 혹독한 겨울 날씨다.

겨울에는 두께 120㎝의 얼음이 얼어 자동차 통행이 가능하다. 일행이 차를 타고 홉스굴 호수를 지나갈 때 보니 곳곳에 자동차를 타고 고기 잡으러 온 낚시객들이 얼음에 구멍을 뚫어놓고 고기가 잡히길 기다리고 있었다.

'하트갈'에서 홉스굴의 오른쪽 해안을 따라 북쪽으로 가면 불나이 온천이 있고 200여 km를 더가면 러시아와 국경이 나온다. 그곳에는 '영원한 설산'이 있다.

진퇴양난인 상황에서 만난 유목민가족

차탕족 마을 방문을 마친 다음 일정은 홉스굴 건너 동쪽 '찬드망은드르(Chandmani-Öndör)'에서 북서쪽으로 약 60km 떨어진 곳에 위치한 '볼나이 온천'(Булнай рашаан-Bulnai hot spring)이다. 온천에는 수온이 48도에 달하는 온천 주변에 통나무 집이 있다.

스마트폰 지도에 볼나이 온천이 있는 GPS 자료를 입력해 놓고 호수를 건너 무릎까지 쌓인 눈길을 따라 차가 달린다. 얼마나 추운지 유목민은커녕 동물들도 보이지 않는다. 간간이 보이는 유목민 집도 비었다. 저리거가 몽골 유목민 집에 대해 설명했다.

"겨울에는 날씨가 너무 추워 가축들을 데리고 조금이라도 덜 추운 곳으로 이동하기 때문에 이 집은 유목민들이 여름에 가축을 키우는 곳입니다."

희미하게 난 바퀴 자국을 따라가다 갈림길을 만나 어느 길로 가야 할지 몰라 망설이고 있는데 저 멀리서 자동차 한 대가 온다. 그가 알려준 방향으로 갔지만 타이가 숲속으로 들어갈 뿐 집이 전혀 보이지 않는다. 날은 어두워지고 기온은 영하 40도 가까운 날씨다.

하트갈에서 몇 시간을 달려 왔는데 되돌아갈 수도 없다. 방법은 조금 더 가 공터에서 텐트를 치든지 운 좋으면 유목민이 사는 집을 만나든지 두 가지 방법밖에 없다.

다행히 우리는 커다란 겨울용 텐트를 준비했다. 텐트 안에는 나무를 땔 수 있는 난로가 있고 소형텐트와 에어매트도 있다.

얼어 죽지 않으려면 이중 텐트 속에서 겨울용 침낭에 들어가 잠을 청하고 난로에 불을 피우는 수밖에 없다.
군복무 시절 대한민국에서 가장 추운 강원도 사창리에서 일명 '빼치카'(보일러 대용) 당번병을 했던 필자는 일행이 얼어 죽지 않도록 할 자신은 있었지만 영하 40도 날씨라는 중압감이 나를 엄습했다. 일행이 위험을 무릎쓰고라도 돌아갈까? 아니면 텐트를 칠까? 망설일 때 푸르공을 운전하던 바인졸이 결단을 내렸다.
"고우(Go)!"
맞다! 사람이 난관에 처했을 때 망설이면 안 된다. 눈속에 난 희미한 자동차 바퀴 자국을 따라 한참을 가니 넓은 공터가 나오고 저멀리 어둠 속에서 불빛이 새어 나온다. 인가가 있다는 의미다. 우리 모두는 반가움에 "와!" 하는 탄성을 질렀다.

통나무집과 게르가 보이는 유목민 집 가까이 다가가 경적을 울리니 게르문을 열고 젊은 여인이 나온다. 홉스굴 출신 '저거'가 가서 사정을 설명하자 그녀는 통나무집에서 자라고 하며 앞장선다.
6평쯤 되어 보이는 통나무집에는 나무판자로 만든 간이침대 세 개가 있고 중앙에 난로가 있다. '저거'의 설명에 의하면 남편과 시어머니는 오전에 하트갈에 나갔고 새댁의 아이들과 여동생만 게르에 있단다.

생각해 보았다. 내가 만약 그 새댁이라면 깜깜한 밤에 이웃도 없는 게르에 낯선 남자 5명과 여자 2명이 찾아왔는데 집을 빌려줄 수 있을까? 다행히 집에는 전화가 있었고 '저거'가 남편과 통화가 되어 양해를 구한 것 같았다.
우리가 저녁을 못 먹은 줄 안 새댁과 여동생은 저녁밥을 해주고 난로에 넣을 장작들을 썰매에 가득 싣고 왔다. 젊은 가족들의 배려에 깊이 감동했다.

다음날 새벽이다. 일행이 곤히 잠든 통나무집에 여동생이 찾아와 아침을 해주고 우리가 목표로 삼았던 '볼나이 온천'을 안내해 주겠다고 한다. 유목민 집에서 볼나이 온천은 20km 떨어진 거리이다.

차 한 대가 간신히 지나갈 수 있는 임도를 한참 헤치며 온천에 도착해서야 만약에 길도 제대로 만들어져 있지 않은 길을 밤에 찾아 나섰더라면 큰일날 뻔했다. 몇 년전부터 온천을 개발한 회사가 영업을 중단하여 진입로 관리가 되지 않고 험한 고개를 넘어야 하는 쉽게 접근할 수 없는 곳이다.

볼나이 온천에 가니 온천에서 뿜어져 나온 수증기와 눈에 통나무집들이 동화 속에나 나올 법한 모습으로 하얀 눈을 뒤집어쓰고 있다. 날씨가 엄청 추운가 보다. 관광객은 물론 관리인도 없다. 동행한 신익재 씨와 저리거가 온천에 들어가 공짜 온천욕을 했다.

온천을 구경하고 돌아와 아주머니한테 사례를 한 일행이 돌아오는 길에는 자작나무 숲이 있었다. 자작나무가 죽어 썩은 자작나무에는 하얀 눈을 뒤집어쓴 말굽버섯이 달려 있었다.

하트갈을 거쳐 울란바타르로 돌아오는 도중에 행복감에 빠졌다. 생각지도 않은 곳에서 48도 온천수보다 훨씬 더 따뜻한 몽골 인심을 보았기 때문이다.

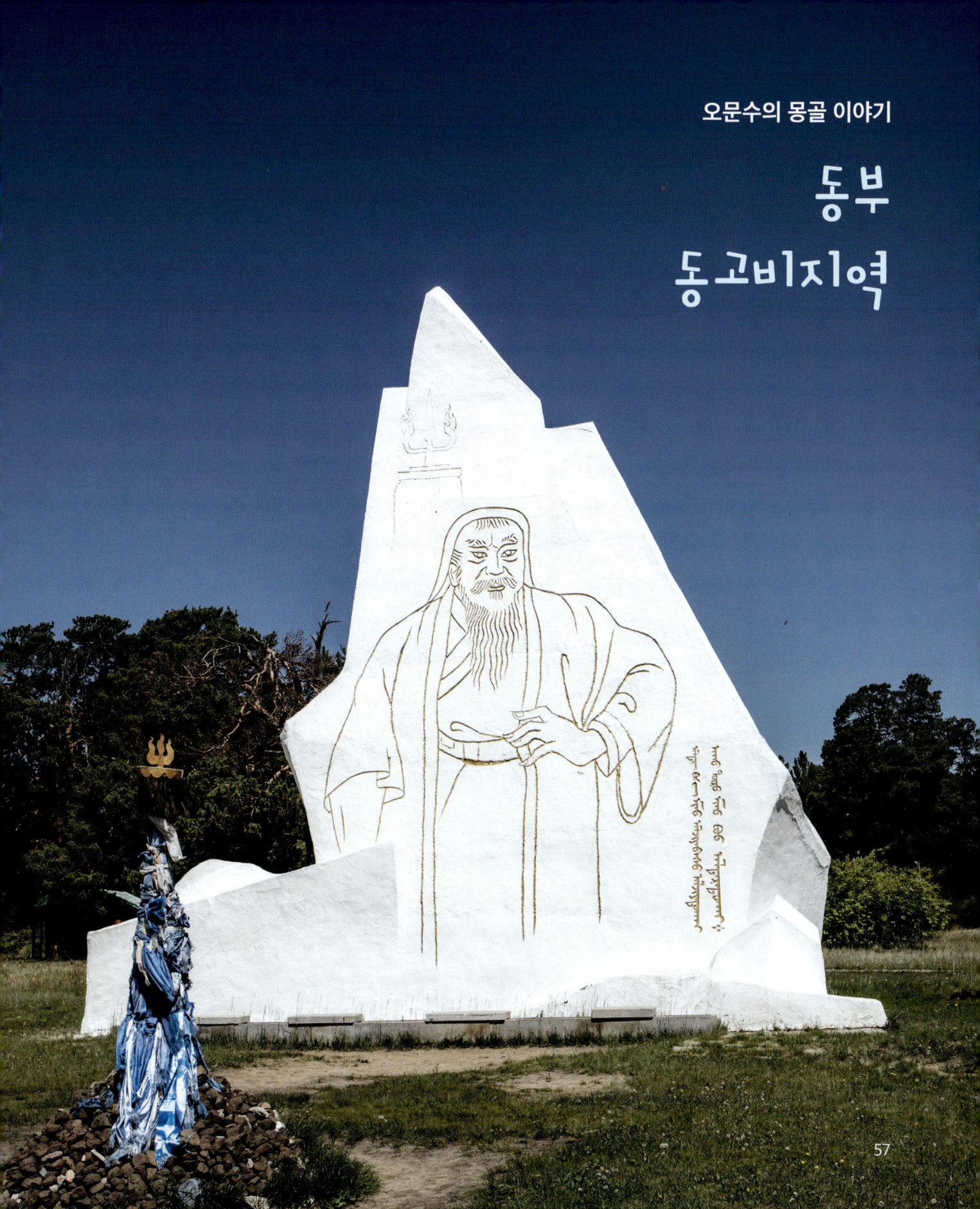

오문수의 몽골 이야기

동부
동고비지역

"몽골은 볼 게 하나도 없대요"
누가 그래요?

"한동안 안 보이더니 해외여행 다녀오셨습니까?"
"아! 예, 한 달 동안 몽골여행 다녀왔습니다."
"몽골이요? 뭘 볼 게 있다고. 갔다 온 사람이 몽골은 볼 게 하나도 없다던데요."
"허허! 누가 그래요"
몽골 동부 처이발산부터 서쪽 끝 알타이 타완벅드까지 한 달간(6.2~7.1)의 여행을 마치고 집에 돌아왔을 때 만난 지인과의 대화다. 집에 돌아온 후 몽골 꿈을 꾸며 몽골에 관한 책 10여 권을 읽는 동안 "몽골이 볼 게 없다"는 사람들에게 답을 해야겠다는 생각이 들었다.

끝없이 펼쳐진 대평원... 정말 볼 게 없다고?

차를 타고 어디를 가나 푸른 산과 맑은 물, 멋진 계곡을 만날 수 있는 대한민국에서 살던 분들이 몽골의 대평원 앞에 서면 막막하기만 하다. 듬성듬성 풀 몇 포기만 자라고 뜨거운 태양 빛을 가려줄 나무 한 그루 없는 곳. 마실 물 한 모금 찾기 힘든 곳. 방향을 알려 줄 이정표 하나도 보이지 않고 물어볼 사람도 보이지 않는 곳. 그곳이 몽골이다.

몽골 대평원에는 진정 아무것도 볼 게 없는 것일까? 아니다. 몽골초원에는 실개천 같은 물이 흐르기도 하고 그 물을 생명줄처럼 여기며 동물과 생사고락을 같이하는 유목민들의 게르가 있다. 차만 타고 다니지 말고, 호텔에서만 주무시지 말고 유목민 게르에서 잠자거나 초원에 텐트를 쳐보시라.

한가로이 풀을 뜯는 말과 소, 양과 염소, 낙타의 숨소리를 들어보시라. 하루 종일 여행하다 텐트를 치기 위해 땅바닥을 휘저으면 온갖 똥들이 굴러다닌다. 아침이면 풀잎에 맺힌 이슬과 예쁘게 피어난 꽃에서 꿀을 얻기 위해 날아다니는 나비와 벌도 있다.

어디 그뿐인가? 동물 똥을 굴려 집을 짓는 쇠똥구리와 하루살이, 모기들이 창궐하며 이들을 잡아먹고 사는 새들도 있다. 초원 곳곳에는 사막쥐와 타르박이 구멍속에서 조심스럽게 고개를 내밀고 하늘을 주시한다. 언제 어디서 그들을 덮칠지 모를 매와 독수리가 그들을 호시탐탐 노리며 하늘을 선회하고 있기 때문이다. 밤하늘을 바라보면 수많은 별과 은하수가 머리 위로 곧바로 떨어질 것 같은 생각이 든다.

몽골이 한국인에게 주는 의미 중 가장 중요한 것 중 하나는 한민족의 뿌리가 이곳이라는 점이다. 뿐만 아니다. 한국어가 우랄 알타이어군에 속하고 문화적 동질성을 갖는 점이 많다. 몽골 서쪽 알타이산맥 인근에 가면 우리가 책속에서만 보고 배웠던 암각화가 지천으로 널려있었다.

한국인들은 잠시라도 휴대폰과 대중매체와 떨어져 살지 못한다. 문명의 이기이기도 하지만 때론 공해다. 이럴 때 몽골 깊숙한 오지에 들어가 보시라. 이럴 때면 본의 아니게 문명과 떨어져 자신을 되돌아보는 시간을 갖기도 한다.

기암괴석과 수려한 자연경관을 자랑하는 테를지(Тэрэлж-Terelj)

일행의 첫 방문지는 테를지다. 울란바타르에서 55km쯤 떨어진 테를지는 1964년 관광지로 개발되었고 1993년 국립공원으로 지정됐다. 기암괴석과 멋진 자연경관을 자랑하는 관광의 명소로 몽골인들은 물론 외국 관광객들이 가장 많이 찾는 몽골 최고의 휴양지 중 하나이다.

여름철에는 에델바이스를 비롯한 각종 꽃들이 수를 놓는다. 온갖 야생화가 만발한 푸른 초원과 울창한 전나무 사이로 기기묘묘한 모습을 자랑하는 바위산. 초원 여기저기에 흩어져 있는 하얀 게르 주위에서 한가롭게 풀을 뜯는 동물들은

한 폭의 그림이다.

해발 1,600m에 자리한 테를지는 하이킹, 암벽등반, 수영, 래프팅과 승마도 즐길 수 있다. 테를지에 가면 관광객들이 꼭 들르는 아리아발사원이 있다.

라마사원인 아리아발사원 문고리 옆에 쥐모양이 새겨져 있어 저리거한테 이유를 묻자 "쥐는 겨울에 먹을 음식을 미리 보관하는 것처럼 재산을 열심히 모으라" 는 뜻이라고 한다.

치병목으로 사용되는 자작나무엔 말발굽버섯이 널려 있어

몽골의 동부 모습은 서부의 모습과는 확연히 달랐다. 강에는 맑은 물이 흐르고 풀과 나무가 자란다. 10여 년 동안 몽골을 오갔던 신익재 씨가 입을 열었다.

"몽골 인구 절반이 몽골 동부에 살고 그 절반이 울란바타르에 삽니다. 그만큼 이곳 동부가 살기가 좋다는 뜻이죠."

능선을 따라 산 위로 올라가자 어워와 함께 자작나무 군락지가 보였다. 껍질을 하얗게 두른 자작나무는 추운 지역에서 자라는 나무다. 샤머니즘을 신봉했던 북방민족은 치병을 위해 신목을 선택했다.

신목을 고대 몽골어로 '사글라가르 모돈(Saglagar Modun)'이라 칭했는데, 사글라가르 모돈이란 saglagar(무성한 가지)와 modun(나무)의 합성어이다. 샤먼들은 특정 수종에 속하는 나무만을 신목으로 간주하는 습관이 있다.

특정 수종이란 지역과 민족에 따라 차이가 있지만 크게 자작나무, 버드나무, 소나무, 상수리나무가 있다. 자작나무는 타이가 지대나 그 주변에 속하는 지역 즉, 흑룡강 하류에서 한반도에 이르는 지역에서 숭배되고 있다. 이 나무들은 모두 의술과 관계되는 치병목이다.

자작나무의 즙은 자양강장과 피부병의 치료에 탁월한 효능을 지니고 있다. 또 온천욕을 할 때 잎이 달린 자작나무 가지로 팔, 다리, 어깨를 두드리면 혈액순환이 잘 이뤄진다.

자작나무는 약리효과 외에도 껍질 자체가 좀이 슬지 않는 마분지와 같은 성격을 지니고 있기 때문에 장례 때 동물의 그림을 그려 부장하는데 쓰이기도 한다. 신라 천마총의 천마도가 바로 자작나무 껍질 위에 그린 것이다.

껍질은 방충 방수능력이 있기 때문에 지붕이나 카누 및 신발 재료로 사용될 뿐만 아니라 신위(神位)나 샤먼의 인형을 보관하는 통으로도 사용된다. 자작나무에 기생하는 버섯이 암에 효능이 좋다는 차가버섯과 말발굽버섯이다.

내 차 앞으로 붕 날아온 소...
세상에 이런 일이

초원 어디서나 동물들과 만날 수 있는 몽골

도로를 횡단하던 소가 붕 날아와 내 차 앞에 떨어져 깜짝 놀랐다. 일행과 함께 몽골 동부도시 처이발산을 떠나 울란바타르로 돌아오던 중 목격한 광경이다.

몽골은 대개 초원 가운데 도로가 나있다. 따라서 동물들이 도로 건너편 초지로 이동하는 경우가 흔하다. 몽골 도로 옆에는 로드킬을 당해 죽은 동물들을 흔히 볼 수 있다. 동물을 사랑하는 몽골 운전사들은 동물이 비켜 가도록 미리 경적을 울리고 동물이 없을 때 도로를 지나간다.

하지만 갑자기 뛰어드는 동물 때문에 피하다가 사고를 당하기도 하고 차에 치여 동물이 죽기도 한다. 로드킬이 발생하면 예전에는 운전사가 동물값을 변상해줘야 했지만 지금은 법이 바뀌었다고 한다. 주간에는 동물 주인에게 책임이, 야간에는 운전기사에게 책임이 있다고 한다.

도로를 건너는 가축마다 특성이 있다. 동작이 빠른 말은 차가 나타나 경적을 울리면 재빨리 달려간다. 몸무게가 나가는 소는 느리다. 양과 염소는 구름처럼 몰려가다 차가 빵빵거리면 길을 비켜준다. 하지만 동작이 가장 느린 동물은 낙타다. 낙타는 길을 비켜나서도 흘끔흘끔 쳐다보며 멋진 모델이 되어 주기도 한다.

1인당 약 20마리의 가축을 기르는 몽골

푸르공 조수석에 앉아 초원을 응시하고 전방을 향해 달리고 있는데 로드킬이 발생한 놀라운 광경을 보았다. 소 한 무리가 도로를 횡단하고 있었다. 반대쪽 차선에서는 승용차가 횡단하는 소 가까이에서 속도를 줄이고 있었다. 우리 차량들은 소들에게, 길을 비켜달라는 의미로 경적을 울렸다. 하지만 몇 마리는 계속 도로를 건너가고 있었다.

하는 수 없어 푸르공이 차를 세워 소가 지나가길 기다리는데 반대쪽에서 오던 승용차가 소를 받았다. 세상에! 천천히 오는 작은 승용차가 그렇게 힘이 센지는 몰랐다. 받힌 소가 붕 떠서 내가 탄 차 앞에 떨어졌다. 소가 발버둥쳤다. 입에서 동시에 "앗!"하는 신음소리가 나왔다. 소가 발버둥쳤지만 도와줄 방법이 없었다. 쓰러진 건 사람이 아니다. 일으켜 세우려다 소가 무슨 짓을 할지도 몰랐다. 어찌할 수 없었다.

세상에는 동물들이 인간과 가까이 지내는 나라들이 많다. 인도의 도시에는 아예 소들이 거리를 어슬렁거린다. 아르헨티나와 브라질 등에서도 가축을 많이 기른다. 하지만 인구수에 비해 몽골처럼 가축을 많이 기르는 나라가 있을까?

2016년도 몽골 통계청이 밝힌 가축 수는 6150만 마리다. 몽골인구가 약 310만 명이니 1인당 약 19마리의 가축을 기르고 있는 셈이다. 그것도 몽골인들이 '5축(소, 말, 양, 염소, 낙타)'이라 부르는 가축에 관한 통계이니 돼지나 닭, 개까지 포함하면 더 늘어날 것이다.

초원에는 수많은 동물이 풀을 뜯어 먹고 있었다. 끝없는 초원에는 듬성듬성 풀이 자라고 있었다. 초원은 기후변화로 인해 비가 내리지 않아 물이 부족해졌다. 하지만 수많은 가축이 풀을 뜯어 먹어버려 사막화는 더욱 심해져만 가고 있었다. 제레미 리프킨이 쓴 《육식의 종말》에는 육식의 폐해가 잘 나와 있다. 소 한 마리의 연간 온실가스 배출량은 4t으로 승용차 한 대가 내뿜는 2.5t의 1.5배이다. 전 세계 가축이 내뿜는 메탄가스는 연간 1억t으로 이는 전체 메탄가스 발생량의 15~20%에 달하고 산성비를 만드는 암모니아 배출의 60%를 차지한다고 한다.

겨울철에만 사료를 주는 몽골은 다르지만 소고기 1인분을 줄이면 22명이 곡식을 먹을 수 있다고 한다. 축산 농장과 사료생산을 위해 아마존 70% 벌목, 20%의 목초지가 황폐화 된다.

세기적 인물 칭기스칸...
그러나 그의 운명은
순탄치 않았다

정복자, 전략가, 위대한 법 제정자... 다양한 평가의 칭기스칸
칭기스칸은 전 세계에 정복자로 알려져 있지만 몽골인은 그를 위대한 법 제정자로 기억하며, 1995년 워싱턴포스트에서 사용한 '세기의 인물(Man of the Millennium)'이란 칭호를 자랑스럽게 여긴다.
'칭기스'는 몽골어로 '위대하다'란 뜻이고 '칸'은 군주를 의미한다. 따라서 '칭기스칸'은 사해의 군주, 세계의 군주라는 의미를 지니고 있다. 그래서일까? 몽골인들에게 있어 칭기스칸은 신처럼 존경받는 존재다.
몽골에 가면 칭기스칸이란 이름이 널려있다. 화폐에 그려진 초상화, 공항 명칭, 보드카 명칭뿐만 아니라 음식명에도 칭기스칸 요리가 있다. 그럴만도 하다.
12세기 초까지도 유라시아 대륙에 살던 유목민들은 살아남기 위한 투쟁 속에서 이합집산하며 쇠락을 거듭하고 있었다. 당시 초원은 나이만, 메르키트, 메레이트, 타타르, 몽골의 5개 주요 부족이 중원을 장악하기 위해 서로 견제하며 합종연횡을 계속하고 있었다.
이때 초원 통일을 꿈꾸는 지도자가 나타났다. 쇠락한 몽골 부족의 리더인 예수게이 바아토르가 그다.

한때 몽골의 지도자였던 카불칸의 손자인 그는 강력한 부족인 타타르와 맞서 싸우는 한편 다른 부족과의 세력 균형을 쌓았지만 다른 부족으로부터 원한을 쌓았다.

결혼하러 가던 여인을 납치한 부친의 납치극은 아들인 테무진에도…

예수게이는 메르키트의 젊은 지도자 칠레두와 결혼하러 가는 허엘룬을 납치해 결혼했다. 예수게이에 의한 허엘룬 납치는 아들인 테무진의 비극적 운명의 시작이었다.

납치되어 예수게이와 결혼한 허엘룬은 하필 타타르족 적장인 테무진을 포로로 잡던 날 태어났다. 사내아이는 주먹을 꽉 쥔 채 태어났는데 주먹 안에 복사뼈만한 핏덩이를 쥐고 있었다. 그것은 사람들에게 용기, 전투, 승리로 해석된다.

예수게이는 아들에게 적장의 이름인 테무진이라는 이름을 지어줬다. 예수게이는 테무진이 아홉 살이 되었을 때 옹기라트의 지도자 데이 세첸의 딸인 버르테와 약혼을 시켰다. 세력확장을 위한 일종의 정략결혼이었다.

많은 원한을 샀던 테무진의 부친 예수게이는 정적으로부터 독살당했다. 남편이 죽자 세력이 약화된 부족을 이끌던 허엘룬은 엉언 강에서 고기를 잡으며 어렵게 생활하고 있었다. 온 가족의 단결이 절실한 상황에서 단합을 깨는 자가 있었다.

테무진의 이복동생 벡테르는 사냥한 동물과 물고기를 가로채곤 했다. 테무진은 초원의 법칙에 따라 이복동생인 벡테르를 활로 쏘아 죽였다. 테무진의 기질을 알아챈 메르키트족은 그를 제거하기로 결정했다. 부족장을 잃은 부족은 쫓기는 신세가 됐고 예수게이에게 신부를 빼앗겼던 메르키트족은 복수를 위해 나섰다.

남아있는 부족과 함께 보르칸 칼돈산에 숨어있던 테무진은 안전한 곳을 찾아 산으로 기어올랐다. 테무진이 야영지로 돌아왔을 때 가족은 붙잡혀 갔고 그의 아내 버르테도 끌려갔다.

충성스러운 조력자들과 함께 이웃 동맹세력을 모은 테무진은 어린 시절 피를 나눈 의형제 자모카와 힘을 합쳐 아내를 빼앗아 간 메르키트족을 공격해 아내 버르테를 되찾아 왔다.

테무진과 함께 집에 돌아온 버르테는 얼마 지나지 않아 사내아이를 낳았다. 테무진은 원수의 아이를 손님처럼 찾아온 아이라는 의미의 '조치(나그네)'라는 이름을 붙여줬다.

이제 몽골초원에는 테무진과 자모카 두 영웅만 남았다. 둘 다 지략이 뛰어나고 용맹했지만 자모카는 많은 추종자가 있었고 테무진은 왕족의 혈통이 흐르고 있었다는 점이 달랐다.

엉언 강 상류에 자리한 유목지는 하늘의 신탁이 내려온다는 성스러운 곳이다. 결별의 시간이 다가오자 테무진은 샤먼 집단을 장악했고 샤먼들은 테무진을 하늘이 보낸 지도자라고 선전하기 시작했다.

"하늘은 테무진에게 이 대지를 통치케 할 것이다."

하늘에는 두 개의 태양이 있을 수 없었다. 자모카와의 마지막 결전을 앞둔 순간 자모카의 추종자들이 자모카를 사로잡아 왔다. 테무진은 자모카의 눈 앞에서 그를 배신한 자들의 목을 치게 했다. 자모카는 친구인 칭기스칸에게 부탁했다. "내가 죽음을 당할 때 피를 쏟지 않게 해달라". 자모카는 커다란 카페트에 돌돌 말려 죽었고, 그대신 장례식은 성대하게 치러졌다.

1206년 봄, 엉언 강가에서는 각 족장과 장로, 전사들이 참석한 가운데 쿠릴타이(제국의회)가 소집되었다. 쿠릴타이는 테무진을 칸으로 선출했고 그에게는 칭기스칸이라는 칭호가 붙었다.

칭기스칸은 뛰어난 체력, 강한 목표의식, 강철 같은 의지를 가진 사람이었다. 남들의 조언을 즐겨 듣고 종교적 신앙이 깊었다. 그는 위기의 순간마다 몽골족의 최고신에게 깊은 경배를 올렸다.

그는 이념이나 종교보다 현실을 중시해 법률을 제정했다. 아내 버르테가 납치된 후 납치가 부족간에 끊임없는 반목을 낳는다는 걸 깨닫고 법으로 금지했다. 종교박해가 사회폭력의 근원이라고 보고 모든 이에게 종교의 자유를 허락했다.

그는 교역과 의사소통을 활성화하기 위해 모든 정복지에 역참제를 실시했고 상인들은 이를 숙소로 활용했다. 또한 물품에 부과하는 세금을 감면하고 과세 기준을 통일했다. 이러한 법령으로 몽골제국은 각 대륙을 넘나드는 최초의 자유무역지대가 되었다.

칭기스칸이 만든 법 '예케 자삭(Yeke Jasag)'속에는 만물은 모두 존중해야 한다는 자연법사상(샤머니즘)과, 정치적으로 직접 참여주의를 통한 권력분립(제천행사), 자유무역을 중시한 원대한 사상이 들어있다.

칭기스칸이 세운 대몽골제국의 이념인 팍스 몽골리카는 세계의 모든 사상과 이념을 끌어안았던 인류통합 모델이 되었다.

21세기에...
여자와 외국인은
출입금지라니

몽골의 3대 성산, 보르한 할돈 산(Бурхан халдун, Burkhan khaldun)에 가다

몽골 동북부에 있는 보르한 할돈 산은 비옥한 땅과 풀숲이 어우러져 살기 좋은 곳이다. 이곳은 칭기스칸 세대의 유목민들과 21세기를 살아가는 몽골인들에게는 신성한 영역이자 영혼의 안식처이다.

몽골 동북부 이흐 헨티에 자리한 보르한 할돈 산은 주봉이 해발 2,362m의 산이다. 이곳에서 발원하는 강은 벅드강, 엉언 강, 헤르렌 강 등이 있다. 헨티의 보르한 할돈 산은 칭기스칸과 그 자손이 묻혀 있다는 설이 내려오지만 정확한 위치는 알려지지 않았다.

보르한 할돈 산은 몽골인들이 신성하게 여기는 곳이다. 몽골 정부에서 제사 지내며 관리하는 성산 중 하나이다. 칭기스칸은 1294년 몽골 3대 성산인 보르한 할돈 산, 오트공텡게르산, 벅드한산에서 사냥을 금지했다.

몽골 정부에서는 1818년 국가보호구역으로 지정해 사냥, 방목을 금지하였다. 1995년 몽골 민주화 정부에서도 칸 켄티 국가지정 특급 자연보호구역으로 지정했다. 2010년 12월부터 여성 및 외국인은 보르한 할돈 산 20km 앞까지만 갈 수 있다. 아쉬웠지만 할 수 없이 발길을 돌릴 수밖에 없었다.

약 800기의 고분과 유적이 산재한 이곳은 고고학적인 중요성이 인정돼 세계문화유산으로 등재됐다. 몽골인들은 이곳에 칭기스칸이 영면한 곳으로 보고 몽골 설날인 차강사르에 보르한 할돈 산을 찾는다. 몽골의 고대신화와 고구려 유화와 주몽의 설화를 공유하고 있는 헤르렌 강이 발원하는 곳이다.

평평하고 바람이 흩날리는 초원에서 산은 중요한 존재로 여겨졌다. 하지만 몽골에 존재하는 많은 산 중에서도 보르한 할돈 산은 특별히 중요한 산이다. 몽골인들은 이 봉우리를 국가의 탄생지로 여기기 때문이다.

 멀리 보이는 보르한 할돈 산은 여름임에도 산정상에 눈이 쌓여 있었고 산 정상부는 도넛처럼 가운데가 움푹 패어 있었다. 칭기스칸은 푸른 하늘을 보며 정신적 안식처를 찾고자 할 때마다 숲이 무성한 이곳을 찾았다고 한다.

가는 곳이 곧 길이 되는 곳

보르한 할돈 산으로 가는 길은 험난한 도로의 연속이었다. 한국인들이 연상하는 도로는 아스팔트가 곱게 깔려 있고 중앙선이 잘 그려진 자동차 길일 것이다. 하지만 몽골의 지방도로를 따라 여행을 꿈꾸는 분들은 몽골 도로가 한국처럼 잘 정돈됐을 것이라는 기대를 버려야 한다. 아니! 한국의 비포장도로를 꿈꾸는 것도 사치랄 수 있다. 뻥뚫린 몽골초원에 난 길은 한두 개가 아니다. 많으면 10여 개가 되기도 한다. 의아해할 수도 있지만 몽골초원을 달려보면 이해가 된다.

길이 없는 초원을 달리는 맨 선두차가 달리면 후속 차량이 바퀴를 따라간다. 그 길을 따라 차들이 계속 달리면 바퀴 자국이 깊게 나 울퉁불퉁해진다. 그 길에 비라도 한 번 내리면 바퀴 자국은 물길이 돼 다음 차량은 더 이상 그 길을 이용할 수 없다. 그러면 다음 차는 새로운 길을 달리고 그 길은 새로운 길이 된다.

중국의 사상가 루쉰은 그의 저서 ≪고향≫에서 다음과 같이 말했다. "길이란 마치 땅 위의 길과 같은 것이다. 본래 땅 위에는 길이 없었다. 한 사람이 먼저 가고 걸어가는 사람이 많아지면 그것이 곧 길이 되는 것이다."

몽골초원의 길이 그렇다. 앞선 차량이 가면 뒤 차량이 따르고 또 다음 차량이 그 길을 따라와 길이 됐다. 그런데 초원에 난 길은 루쉰의 말이 모두 맞는 건 아니다. 차량이 수십번 지나간 자리는 깊게 패이고 만다. 더 이상 이용할 수 없어 새로운 길로 가야만 했다. 루쉰의 '길' 사상은 우리처럼 한 곳에 머물며 편안하게 사는 정착민들에게 꼭 맞는 얘기이지만, 유목민들에게는 반만 맞는 이야기다. 자동차를 타고 유목민이 사는 몽골초원을 달리다보면 몽골인들이 얼마나 강인한가를 짐작할 수 있다. 자연에 순응하며 살지만 때론 자연이 주는 냉혹한 시련에 맞서는 유목민들의 강인함을 경험할 수 있는 곳이 몽골이다.

엉언강(Онон гол, Onon river) 상류 주변을 따라 올라가는 길은 험로의 연속이었다. 우리를 태운 차량의 운전사들 중 보르한 할돈 산으로 가는 길을 제대로 아는 사람이 거의 없었다. 가기도 힘들뿐만 아니라 가보려고도 하지 않은 것 같다. 며칠 전 내린 비 때문에 초원길 웅덩이에 물이 고이고 차량이 진창에 빠져 헛바퀴만 돌기가 예사다.

일행이 모두 내려 진창에 빠진 차를 밀었지만 소용이 없다. 하는 수 없어 몽골초원의 절대 강자인 푸르공이 나서 진흙탕에 빠진 차량을 견인하고 나서 진창을 빠져나왔다.

"동물에 대한 예의가 아니다"

답사단은 한국에서 여러 가지 반찬을 준비해갔다. 밥도 커다란 밥솥과 버너를 준비해 먹는 것에 부담이 없었다. 하지만 육식을 하는 몽골 운전사들이 먹을 양 한 마리를 잡기로 했다. 목적지까지 가는 도중에 유목민 집에 들러 양 한 마리를 샀다. 식사를 준비하는 동안 양을 잡는 걸 볼 수 있었다. "가축을 지켜주는 신에게 예의가 아니다"라며 사진은 찍지 말았으면 하고 부탁했다.

발이 묶인 양을 들고 간 저리거 사촌이 하늘을 향해 두 손 모아 합장했다. 이어 칼로 명치 윗부분을 조금 자른 후 작은 틈으로 손을 집어넣어 맥만 짚더니 양을 죽였다. 잠깐 몸을 떤 양은 "매애" 하는 소리도 없이 죽었다. 고통을 최대한 줄여주기 위한 배려라고 한다. 양이 숨을 거두면 가죽을 벗겨 땅바닥에 펼쳐 놓는다. 그리고는 칼 하나 대지 않고 관절을 분해하고 내장을 뜯어서 옮겨 놓았다. 인간의 동반자인 가축에 대한 존경심의 발로였다.

사람의 뼈로 만든 피리,
누가 왜 만드나 했더니

몽골에서 가장 동쪽에 위치한 행정중심지 처이발산

울란바타르를 떠난 고조선유적답사단 일행이 예기치 않은 비를 만나 애를 먹으며 밤에 도착한 도시는 처이발산이다. 초원에 텐트 칠 준비까지 하고 몽골여행에 나선 일행에게 비만 안 오면 문제가 없다. 하지만 야속한 비는 계속 내리고 차에서 내려 초원을 살펴보니 텐트 칠 형편이 못 된다. 예상 외로 많은 비가 내렸기 때문이다.

처이발산 시내에 있는 모든 호텔과 숙소를 뒤졌지만 방이 없었다. 집 떠나면 개고생이라는 걸 아는 답사단 일행들이라지만 걱정이 이만저만 아니다. 몇 개 있는 빈 방은 나이 든 분들과 부부들에게 양보하고 그래도 야영 경험이 있는 분들은 커다란 방에서 함께 자기로 했다.

호텔 담당자와 상의해 가장 커다란 방에 있는 침대를 빼내고 방바닥에 침낭을 폈다. 늦은 저녁 시간이라 인근 가게에서 한국 군만두와 비슷한 호쇼르를 사와 분배한 후 화장실에서 라면을 끓이고 방 중앙에 자리를 마련하고 보드카를 마시

며 안도했다. 그래도 다행이다. 따뜻한 물로 샤워를 하고 비록 라면과 호쇼르를 먹었지만 비 갠 내일을 꿈꿀 수 있었기 때문이다. 거대한 아파트단지로 가득한 처이발산은 음울한 인상을 줬다. 러시아군이 주둔했던 도시이기 때문인지 러시아식 건물이 많았다. 도시의 절반은 1990년 러시아가 갑자기 철수한 뒤 심각하게 약탈당했다고 한다.

수백 년 전 몽골에서 네 번째로 큰 도시였던 처이발산은 무역중심지였고, 동북아시아를 관통하는 대상로가 지나는 길목이었다. 1941년 스탈린의 추종자였던 독재자 호를로강 처이발산이 권좌에 있을 당시 그의 이름을 따서 도시의 이름을 지었다.

아침 일찍 일어나 처이발산 도시 주변을 흐르는 헤르렌 강으로 갔더니 돌에 BTS라는 글자가 새겨져 있었다. 세계각국에 알려진 BTS의 위력을 알 수 있어 흐뭇했다. 문화가 경쟁력이라는 걸 실감할 수 있었다. 이들이 오랜 옛날부터 불렀던 "헤르렌 강의 노래"는 우리의 "아리랑"의 원조라는 설이 있기도 하다. 사람이 서있는 돌비석위에 "헤르렌 강의 노래" 가사와 곡이 수록되어 있었다

처이발산은 바이칼에서 흡스골, 보르한산으로 이어지는 초원길로 중국 후륜페이얼 초원과 흥안령을 너머 우리 민족의 이동로의 중간 기점으로 지금도 북한에서 탈출한 난민들이 목숨을 걸고 찾아오는 곳이다.

다음날 들른 곳은 처이발산 기념관이다. 박물관 외관은 허름했다. 하지만 몽골의 습속을 간직한 소중한 자료가 많이 전시되어 있었다. 몽골 유목민들이 사용하는 생활 도구와 의복 및 부리야트족 샤먼도 있었다. 무엇보다 눈에 띈 것은 스탈린을 추종했던 처이발산에 관한 자료가 많이 전시되어 있었다.

사람의 다리뼈로 만든 피리 '깡링(KangLing)'과 '퇴빠(Thipa)'에 놀라!

그중 가장 인상적인 건 사람 두개골을 이용한 법구 용품과 16~17세 여자 아이 허벅지뼈로 만든 피리였다. 안내인한테 "누가 이런 걸 만들었느냐?"고 묻자, "티베트불교도들이 만든 것"이라고 했다. 여자 아이 허벅지뼈로 만든 피리는 몇 년 전 용산에 있는 국립박물관에서 열린 '티베트유물 관람전'에서 본 적이 있다. 궁금해 몽골문화해설사와 알 만한 지인들에게 물어도 답이 없었다. 궁금해 목말라 하던 필자에게 반가운 답이 왔다. 동국대에서 인도철학을 공부한 궁인창 씨가 자세한 내막을 알려줬다. 티베트불교에서 사용하는 법구(法具)는 사람의 뼈로 만든 '깡링(KangLing)'과 '퇴빠(Thipa)'가 있다.

"어떻게 사람의 뼈로 법구를 만들 수 있어?" 하고 놀라는 사람도 있겠지만 심오한 뜻이 숨겨져 있었다. 부처를 공양하기 위해 만드는 도구를 사람의 뼈로 만듦으로써 이 세상의 모든 것은 한순간이며 무상(無常)함을 깨달을 수 있다고 한다. 티베트어로 다리는 '깡(Kang)'을 뜻하며, '링부(Lingbu)는 피리를 뜻해 둘을 합성한 '깡링'은 '다리뼈로 만든 피리'라는 뜻이다.

법구는 죽을 때 청정한 죽음을 맞이한 16~60세 사이의 죽은 이의 뼈로 만들며 가장 완벽한 뼈는 세속에 물들지 않은 브라만계급의 아이 뼈라고 한다. 또한 뼈는 반드시 불교신자의 것이라야 한다.

▲ 티베트불교에서는 사람의 뼈를 이용해 불교용품을 만들었다. 부처를 공양하기 위해 만드는 법구(法具)를 사람의 뼈로 만듦으로서 이 세상의 모든 것은 한순간이며 무상(無常)임을 깨달을 수 있다고 한다. 왼쪽에 반짝거리는 바가지 처럼 생긴 것이 사람 두개골로 만든 법구이고 오른쪽에 보이는 것이 처녀 허벅지뼈로 만든 피리이다.

10시간을 달려 찾아낸 '별 5만개'짜리 호텔의 수준

처이발산에 도착한 일행의 다음 목적지는 몽골의 동쪽 끝에 있는 할힌걸(Халхын гол)이다. 몽골어 '걸(Гол, Gol)'은 우리의 '강'에 해당한다. 할힌걸에는 '할흐강'이 흘러 '할힌걸'이라 불렸다. 울란바타르에서 1천 km나 떨어진 도시 할힌걸은 도시라고 부르기에는 그렇고 차라리 우리의 행정단위인 '리' 정도의 마을이다.

처이발산에서 할힌걸까지는 장거리이고 초원길이기 때문에 중간에서 야영하기로 했다. 마트에서 다음 행선지 중 먹을 식량과 마실 물을 준비한 후 위풍당당하게 길을 나섰다. 차가 시가지를 벗어나자마자 곧바로 초원길이다.

울퉁불퉁하고 먼지 나는 초원길이지만 몽골 여행에 이골이 난 세 명은 해지는 서쪽 하늘의 석양을 바라보며 룰루랄라 잡담을 즐기고 있었다. 야영할 텐트도, 먹을 양식과 반찬, 침낭도 준비됐으니 밤이 깊어지더라도 걱정될 게 없다.

5대양 6대주를 돌아본 필자가 몽골 여행을 즐기는 이유 중 하나는 어디에 가서 야영을 해도 걱정할 필요를 못 느끼기 때문이다. 총기 사고가 빈번한 미국은 말할 필요도 없고 유럽이라고 해서 아무 데서나 야영이 가능할까?

유럽 배낭여행을 하며 여권과 카드도 분실해 보았고 소매치기에게 배낭 속 소지품을 도난당할 뻔했다. 남미에서는 소매

치기와 강도가 언제 어떤 방식으로 접근해올지 몰라 긴장을 풀 수 없었다.
하지만 몽골 초원에서 수십 번 야영을 했지만 단 한 번도 신변의 불안을 느껴본 적이 없었다. 이동이 천직인 노마드인지라 동병상련의 정을 느끼는 걸까? 길을 물으면 언제든지 친절하게 대답해주는 사람들과 낯선 사람들에게 친절한 몽골인들. 특히 한국인들에 대한 호감은 남다르다.
반면 몽골인들을 학살했던 중국과 러시아인들에 대한 적개심과 만주사변을 일으키고 몽골을 거쳐 소련까지 정복하려 했던 일본인들에 대한 의구심은 상당하다. 한국에 시집 온 몽골 여인과 노동자들까지 포함하면 3만여 명이 살고 있으니 몽골 인구의 1%가 살고 있는 셈이다. 10여년 전 한국을 방문했던 몽골 정치인이 한국과 연방제를 하자고 제안했다는 이야기도 있으니.

깜깜한 초원길을 10시간 달려 도착한 할힌걸

처이발산을 떠나 한 시간을 달려 야영할 자리를 찾다가 "큰일났다!"며 계기판을 보여준다. 기름을 넣지 않고 달려온 것이다. 인근에는 유목민들이 사는 마을도 게르도 심지어 가축도 안 보이는 대초원길이다. 이곳에서 기름이 떨어져 차가 멈추면 기름통을 들고 얼마나 걸어가서 기름을 얻어온단 말인가!
난감해진 우리는 차를 돌려 다시 처이발산까지 되돌아가 기름을 가득 채우고 가던 길로 달리기 시작했다. 앞에서 먼지를 날리며 달리던 12톤 트럭들을 따돌리고 할힌걸을 향해 달리며 야영할 장소를 둘러보아도 풀이 무릎까지 차오르는 스텝지대다.

'이흐 브르한(Ikh Burkhant)' 불상. 1864년에 100명의 장인에 의해 만들어진 불상은 사암, 화강암, 벽돌, 천연 진흙과 다른 광물을 혼합해 만든 벽돌로 불상을 만들었다. 30미터 크기의 불상은 부처의 공덕으로 동쪽 국경을 보호하기 위함이라고 한다.

밤 12시가 넘으니 아예 지나가는 차량도 없다. 그런데 차 앞길에서 불쑥불쑥 튀어나오는 야생동물과 가축들은 왜 그리 많은지. 그림으로만 보았던 여우보다 더 작은 여우와 토끼들을 30여 마리 만났다. 풀숲으로 도망가면 될 텐데 초원에 난 차량 바퀴 자국을 따라 줄기차게 도망가는 모습을 보며 웃느라 잠이 깼다.

GPS를 따라 운전했지만 몇 번이나 길을 헤매다 아예 야영을 포기하고 할힌걸에 도착하니 새벽 3시다. 초원길 330km를 달려 무려 10시간 만에 가로등이 켜진 도시 할힌걸에 도착했다. 마을에서 텐트를 칠 수는 없어 동네를 돌아보니 호텔이라고 적힌 글씨가 보여 전화를 하니 아주머니가 들어오란다.

창고 같은 문을 열고 들어가니 목제침대가 네 개 있고 식탁 하나가 중간에 놓여있었다. 강행군에 지쳐서 침대 위에 놓인 이불을 걷어내고 각자 지참한 침낭속으로 들어가 잠자리에 들었다. "바깥 날씨는 추워졌는데 불도 물도 화장실도 없지만 바람과 추위를 피할 수 있는 이곳이 천국입니다. 몽골 하늘에 5만개의 별이 떴으니 별 5만개짜리 호텔에서 잠자게 되어 행복합니다."

다음날 아침 늦잠을 자고 일어나 식탁에서 아침을 해먹고 밖에 있는 푸세식 화장실에 들렀다가 길거리로 나오면서 우리가 잤던 호텔을 바라보니 동네마트, 호텔, 가라오케를 겸한 가게였다. 웃으며 동네를 한 바퀴 돌아보다 눈에 할힌걸 박물관이 보였다.

박물관에는 제2차세계대전에서 중요한 분기점이 되었던 할힌걸(Халхын гол, Khalkhin goll)전투가 벌어졌던 당시의 상황과 사진들이 전시되어 있었다. 한편 전투의 상대방이었던 일본은 노몬한(Nomonhan)전투라고 기록했다.

제2차 세계대전의 분기점이 된 할힌걸 전투

만주 침략을 노리고 있던 일본은 1931년 9월 만주사변을 일으켜 1932년까지 만주지역을 거의 장악하고 같은 해 3월 일본의 괴뢰국가인 만주국을 수립한 뒤 대륙침략의 전진기지로 삼는다. 만주(몽골 동부의 더르너드 아이막과 시베리아 접경지역)를 침공한 일본은 계속해서 서쪽으로 진격했다. 당시 일본은 시베리아를 통합하고 몽골을 장악해서 자국과 구소련 사이에 완충지대를 설정할 속셈이었다.

1939년 5월 몽골군 기병 80여 명이 말에게 풀을 먹이기 위해 할흐강을 건넜다가 일본군과 충돌한 사건이 벌어졌다. 몽골과 상호원조조약을 맺은 소련군이 기계화부대를 투입시켜 일본군을 거의 궤멸시켜 버렸다. 그러자 일본군은 만주에 주둔한 항공기와 탱크병력을 동원해 대대적인 공격에 나섰다.

반격에 나선 소련군이 대규모의 항공기와 기갑부대를 동원하자 일본 관동군은 기갑부대를 철수시켰고 남은 보병부대는 화염병과 대전차 총검술에 의존하는 자살공격에 나섰다. 전투에 동원됐던 일본군 23사단은 병력의 70~80%를 잃고 거의 전멸되다시피했다. 기갑부대에 맞서 화염병과 총검술로 대항한 어처구니 없는 일본군. 일본작가 무라카미 하루키가 이 전투에 관해 쓴 글을 보면 당시의 상황을 알 수 있다.

"노몬한(할힌걸)의 패배는 일본인의 비근대적 전쟁관과 세계관이 소비에트라는 새로운 전쟁과 세계관에 의해 철저하게 격파되고 유린당한 최초의 체험이었다."

일본군을 완전히 격파한 소련은 일본과 불가침조약을 맺고 동부전선에 있던 소련군을 서부전선으로 이동시켜 전선에 투입시켰다. 할힌걸전투 종료 이튿날 독일이 폴란드를 침공해 유럽에서 2차대전이 발발했기 때문이다. 전쟁사가들은 말한다. 만약 일본군이 소련군을 이기고 소련군이 동부전선에 묶여있었더라면 세계역사는 달라졌을 것이라고.

우리와 몽골 민족간
연결고리일지 모를 할힌걸 석인상

일본작가 시바 료타로가 고민하던 문제 중 하나는 "일본 국민은 어디서 와서 어디로 가고 있는가?"였다고 한다. 한국인이라고 예외는 아니다. 특히 이번에 상당한 인내심과 노력을 들여 동몽골여행을 고집한 이유이기도 하다.

동몽골에서 고대 한민족의 기원과 관련된 코리족 이동설화나 유적이 전승되고 있는 지역은 더르너드아이막 할힌걸 솜의 보이르호수 주변과 수흐바타르 아이막 다리강가 솜 지역이다. 몽골의 '아이막'은 우리의 '도'에 해당하는 행정구역 명칭이고 '솜'은 우리의 '군'에 해당하는 행정구역 명칭이며 몽골어 '골'은 우리의 '강'을 지칭한다.

이러한 전승은 몽골 동부지역 다리강가 출신의 언어학자인 '소미야바아타르' 교수의 저서 ≪몽골, 한국민족의 기원과 언어문제≫에서도 언급되어 있을 정도로 몽골학자나 해당 지역민들한테는 일찍부터 알려져 있다고 한다.

할힌걸은 흥안령 북부의 흑룡강 중상류 일대에서 만주로 나갈 때 대흥안령 북단의 눈강 루트와 함께 주요한 교통로 역할을 하고 있다. 때문에 할힌걸 지역은 역사적으로 대전투가 많이 일어난 곳이다.

아주 오랜 옛날 '맥족(코리)'이 북방에서 내려와 이곳에 잠시 머물다 동남쪽 '부여'로 이동해 갔다는 구전설화가 전해내려오고 있다. 고구려의 전신이랄 수 있는 코리족의 이동에 관한 구전설화가 전승되고 있는 할흐골 솜은 동몽골의 광활한 대초원인 메넨긴탈 동쪽에 위치해 있다. 대흥안령의 남단에서 발원해 몽골과 중국 국경을 이루며 흘러온 할흐강이 보이르호수로 흘러 들어간다. 할힌걸 일대는 칭기스칸의 몽골족이 발흥할 때 '타타르'족의 유목지이자 대량의 마필을 생산한 지역이다. 칭기스칸이 여타세력과 전면전에 앞서 타타르족과 생사를 건 사투를 벌여 이곳부터 장악한 이유도 말의 확보 때문이었다. 끝없는 초원에는 풀이 무성하게 자라고 염소와 양보다 말과 소를 기르는 경우가 훨씬 많아 이곳이 양질의 목축지임을 알 수 있었다.

답사 목표로 했던 할힌걸 석인상, 몽골 정부서 보호

다음은 《유라시아 초원제국의 역사와 민속》의 저자 박원길 교수가 1992년 7월 23일에 할힌걸 일대를 방문했을 때 '잠수렌수렝' 촌로로부터 코리족의 이동설화를 녹취해 기록한 내용이다.

"할힌걸 유역은 농경과 어로, 수렵과 목축을 모두 겸해서 할 수 있는 곳이다. 또한 중국이나 만주로 이동하는 길목 역할을 하고 있다. 따라서 옛날부터 수많은 민족이 거쳐갔다. 아주 오랜 옛날에 코리 사람들이 이곳에 살았다. 보이르호수 가에는 지금도 코리왕의 초상이라고 하는 석인상이 남아있다. 이 석인상을 경계로 동쪽에는 코리 사람이 서쪽에는 몽골 사람이 살았다. 이곳 할힌걸에 살고있는 몽골인과 코리족간에는 왕래가 잦았으며 서로 결혼하기도 하였다. 예컨대 초원에서 양쪽의 여자들이 오줌을 누다 서로 만나면 몽골 여자들은 왼쪽 손을 코리족 여자들은 오른쪽 손을 흔들어 서로 간에 우의를 표시했다. 코리인들은 할힌걸에 성을 쌓고 살았다. 지금은 잊어버려 기억을 할 수가 없다. 그러나 코리 사람들은 이곳에 오랫동안 머무르지 않고 동남쪽으로 이동해 갔다."

맥족계 민족의 건국설화는 주몽(朱蒙, 성장하여 東明成王이 됨)설화이다. 주몽설화의 개요는 코리국 혹은 부여 출신 주몽이 하늘의 아들이며 활쏘기에 능숙하기 때문에 지배 세력의 미움을 받아 지지세력을 이끌고 남쪽으로 내려와 나라를 세웠다는 내용을 담고 있다.

박원길 교수가 기록한 석인상을 찾아서 동쪽 초원으로 계속 나가다 몽골인들이 '애기 어워'라고 부르는 어워를 둘러보았다. '애기 어워'를 둘러본 순간 깜짝 놀랐다. 500여 기 이상의 어워를 보았지만 정사각형 어워는 처음이었기 때문이다.

해지기 전에 보이르호수에 가야하기에 바삐 달리는데 게르가 보였다. 아주머니가 가리킨 곳에는 찾던 석인상이 있었다. 두근거리는 가슴을 부여잡고 가까이 다가가니 책에서 여러 번 보았고 울란바타르 국립박물관과 처이발산 박물관에서도 보았던 석인상이다. 동쪽을 바라보며 오른손에 그릇을 들고 있는 석인상은 의자에 앉아있었다.

몽골인들이 사용하는 털모자를 쓰고 대초원을 바라보는 대리석 석인상. 근방에 대리석이 나올만한 지형이 없기 때문에 권력자의 동상이지 않을까? 형언할 수 없는 감정이 올라왔다. 저 석인상이 정말 우리의 조상인 코리족 왕일까? 석인상 옆에 세워진 안내문을 보니 13~14세기에 세워진 것이며 몽골정부에서 3번이나 조사 보호 중이라는 기록이 있었지만 석인상에 대한 내력을 정확하게 밝히지 못하고 있다는 느낌을 받았다.

초원을 바라보니 400여 미터 아래에 또 다른 석인상이 보인다. 해지기 전에 보이르호수에 도착하기 때문에 서둘러 또 다른 석인상에 도착하니 머리가 잘려 땅에 떨어져 있었다. 잘린 머리를 주워 올려놓자 사진에서 보았던 석인상이 나타났다. 안동립 동아지도 대표는 고조선과 고구려지도 등 9편을 자비로 제작해 필요한 사람들에게 제공했다. 고구려지도를 살펴보니 할힌걸 바로 아래에 만주 하얼빈, 장춘에 이어 압록강이 나타났다. 그제서야 우리의 선조들이 만주를 거쳐 한반도로 내려왔을 거라는 사학계의 주장에 수긍이 갔다. 할힌걸이 한반도와 가까운 곳이라는 확신이 들었기 때문이다.

주채혁 교수는 "이 지역에 대한 집중적인 조사가 한민족 이동에 대한 미스터리를 풀 수 있는 키가 될 수 있다"라고 말했다. ≪한국인의 기원≫ 저자 이홍규 교수의 한국인 DNA 추적로를 보면 아프리카→페르시아→티베트 서부 및 중앙아시아→알타이산맥→바이칼호수 일대→내몽골, 만주 및 한반도 일대로 흥미롭다.

석인상 답사하다가
국경경비대 조사받기도

동몽골을 방문한 시기는 9월말. 겨울 채비를 단단히 하고 오라는 말에 따라 두꺼운 겨울 잠바와 내복을 준비해 배낭에 담고 떠났는데 수흐바타르 아이막 다리강가 솜을 코앞에 두고 눈이 왔다. 몽골의 '아이막'은 우리의 '도'에 해당하는 행정구역 명칭이고 '솜'은 우리의 '군'에 해당하는 행정구역 명칭이다.

동몽골에서 고대 한민족의 기원과 관련된 설화나 유적이 전승되고 있는 지역은 더르너드아이막 할힌걸 솜의 보이르호수 주변과 수흐바타르 아이막 다리강가 솜 지역이다. 이 지역에는 한반도에서 볼 수 있는 석인상과 비슷한 모습의 석인상이 여럿 있다. 아니! 어쩌면 우리 석인상의 원조일지도 모른다. 한국 여행자들을 쉽게 만나볼 수 없는 몽골 오지를 찾은 이유이기도 하다. 몽골 동부에서 가장 아름다운 풍광을 자랑한다는 다리강가에는 크고 작은 화산분화구와 작은 호수들, 모래언덕이 군데군데 있다. 이 지역은 공산주의 정권이 들어서기 전까지 귀족정치체제 하에 있었고 초원은 베이징에 거주하는 황제의 말을 기르는 왕실 방목지로 이용되었다.

다리강가에서 신성시 여겨지는 산 실링벅드

오늘날 다리강가는 신성한 산들로 유명하다. 그 중에 가장 유명한 산이 실링벅드로 다리강가 동쪽 약 70km 떨어진 곳에 있는 사화산을 신성시하고 있다. 옛날에는 '여성 등반 금지'라는 규정이 있었지만 요즘은 가능하다고 한다.

중산간 쯤에 차를 세워두고 정상 등반에 나섰다. 갑자기 초속 30~40미터의 눈보라가 몰아쳐오니 몸을 가누기 어려웠고 거의 수평으로 내리치는 눈이 얼굴올 때리니 아프기까지 했다. 화산분화구를 보려던 계획은 완전히 수포로 돌아가고 차를 세워둔 곳에 오니 눈이 10cm 정도 쌓여있었다.

정상에 오르면 깃발로 뒤덮인 커다란 어워가 있는데 퀴퀴한 냄새가 난다. 봉헌한 음식, 우유, 동전이 주변에 널려있기 때문이다. 다리강가와 실링벅드를 연결하는 길위에는 '몽골의 홍길동'이랄 수 있는 '토로이반디(Toroi-Bandi)' 좌상이 있다. 그는 만주 지역 통치자의 말을 훔친 후 실링벅드 산에서 숨어지냈다. 저리거씨는 '토로이반디'에 대한 일화를 들려줬다.

"토로이반디는 실존했던 인물로 부자들의 물건을 훔쳐 가난한 사람들에게 나눠줬기 때문에 그의 일생을 본받고 싶어하는 몽골 청년들이 실링벅드를 찾아와요. 제 어릴 적에 북한에서 수입해온 ≪홍길동전≫을 상영했는데 어떤 친구는 30번도 더 보았다고 해요. 그때까지 몽골 영화 주인공들이 하늘을 날아다니거나 동에 번쩍 서에 번쩍하는 영화가 없었거든요. 그 영화가 어찌나 인기가 있었던지 영화관 앞에서 줄 서있던 어린이들이 한꺼번에 넘어지면서 한 명이 압사당한 일도 있었어요."

수십 개 석인상이 있는 다리강가 스텝지대

다리강가 주변 스텝지대에는 수십 개의 '발발'(인간 형상으로 조각된 석상)이 있다. 대부분 머리가 잘린 석인상은 13세기와 14세기 몽골시대에 만들어진 것으로 한 손에 들린 컵에 음식을 공양하는 모습이다.

실링벅드산 뒤편 초원에는 호르깅 혼디(Khurgiin Khundii) 석인상 7개가 있다. 제주도에 있는 석상과 비슷한 석인상 6개는 현무암으로, 나머지 한 개는 암회색 화강암으로 만들어졌다. 주위가 화산분출로 이루어진 지대이기 때문에 현무암 석인상은 이해할 수 있지만 화강암으로 만든 석인상은 지역을 관장하는 권력자였을 것으로 추정된다.

초원을 굽어보는 석인상 대부분은 신발을 신고 모자를 썼다. 그 중 2개는 수흐바타르 박물관으로 이전해 전시 중이라고 한다. 땅바닥에 떨어져있던 머리를 원위치에 올려 놓자 옛모습이 드러났다.

사람이 거의 살고 있지 않는 초원에 서있는 석인상이 왜 머리가 잘렸을까? 머리 잘린 석인상에 대해 ≪알타이의 제사유적≫의 저자 블라지미르 D. 꾸바레프는 다음과 같이 설명했다. "중앙아시아와 중부아시아의 많은 연구가들은 석상을 연구하면서 그들의 특수한 파괴현상에 대한 결론에 도달했다. 그들은 이러한 현상이 튀르크인의 적들과 관계가 있다고 보았다. '세메레치예' 지역에는 우상숭배를 반대하는 이슬람인들이 유목민족의 세계로 침투하였다.

다른 연구자에 의하면 현대 튀르크어족의 주민들은 째려보는 것을 무서워하기 때문에, 또한 석상이 사람이나 가축 등에 해를 가하지 못하게 석상의 머리 부분을 부수었으며 완전히 없애거나 땅속에 파묻는 경우도 있었다고 한다."

동몽골을 찾은 가장 커다란 목표 중 하나인 '람트(Lamt)석인상'을 찾아야하기 때문이었다. GPS를 보며 길도 없는 초원을 한참 헤매다 젊은 유목민을 만나 석인상을 물으니 "이 근방에 그런 게 있느냐?"며 반문한다.

모자를 쓰고 가까이 서있는 키 110cm의 석인상은 한손에 그릇을 들고 있었고 뒤편에는 무덤을 발굴한 흔적이 보인다.

람트 석인상이 간직한 비밀은?

'람트 석인상'은 13~14세기 몽골의 역사와 문화 민족을 추정해볼 수 있는 요소들을 제공하고 있다.

사암으로 만든 석인상은 오른손에 그릇을 들고 의자에 앉아있다. 다른 석인상과 차이가 나는 것은 모자에 매듭 장식이 있다는 점이다. 평화로운 몽골 가정을 묘사한 이 석인상은 몽골에서 여태껏 본 석인상 중 가장 아름다운 모습이었다.

여기저기를 둘러보는데 국경경비대 군인이 다가와 카메라를 보잔다. 카메라 속 사진이래야 석인상과 아름다운 경치가 전부인데도 부대로 가잔다. 너무한다 싶으면서도 시키는 대로 하는 수밖에 없다. 네 번에 걸친 카메라 검사와 승용차에 실린 짐 검사까지 마친 군인들은 한국에서 자료조사차 왔다고 하니 또 다른 석인상 위치까지 알려줬다.

차를 타고 다른 석인상을 보러 가는 중 퍼뜩 떠오른 게 있다. "내가 몽골에 단단히 미치긴 미쳤나보다! 3년 전에는 몽골 서쪽 끝 알타이 산맥 인근에서 암각화를 조사하다 국경경비대에 불려갔는데 이번에는 몽골 동쪽 끝 다리강가 지역에서 석인상을 조사하다 국경경비대에 끌려가다니!" 암각화가 있는 서쪽 끝 국경 알타이산맥은 몽골 중국 러시아 국경이 맞닿은 지역이고 다리강가 석인상은 몽골 동쪽 끝에 있어 중국과 국경선이 맞닿는 곳에 있다.

귀국해 글을 쓰기 위해 여러 가지 자료를 조사했지만 학자들이 면밀하게 조사해놓은 자료가 없다. 단지 몇 명의 학자들이 더르너드아이막 할힌걸 솜과 수흐바타르 아이막 다리강가 솜 주변에 살았던 사람들이 한반도로 내려왔을 거라는 주장만 있었다. 한참 자료 조사를 하다 <뉴제주일보>가 2018년 12월 발행한 '서재철의 오지기행' 기사 하나가 눈에 띄었다. 기사에는 "2018년 8월 9일 한국과 몽골 학자들이 다리강가 지역 석인상을 조사한 후 람트인 석인상 앞에서 제주에서 가지고 온 돌하르방 모형을 들고 '조우식(遭遇式)'을 하면서 감격해했다"는 내용이 있었다. 한국 역사학자들이 본격적인 조사를 통해 석인상에 숨겨진 비밀을 파헤쳐주기 바라며 다음 행선지로 향했다.

개체 수가 급감하는
몽골 가젤, 실제로 보니

할힌걸에서 한국인들의 조상일지도 모를 석인상을 확인한 일행이 하룻밤 묵기로 선택한 곳은 보이르호숫가에 있는 '보이르 패밀리리조트'. 여름철 이외에는 손님이 없어 주변 캠프장은 모두 철수했는데 간판에 적힌 번호로 전화하니 주인이 나타나 문 열어준다. 리조트는 제법 깨끗하고 웬만한 시설은 다 있었다.

둥근 돔 형태의 글램핑 시설에 침대, 에어컨, 냉장고, 식탁은 물론 따뜻한 물로 샤워도 가능했다. 밤새 들려오는 파도 소리는 피곤한 몸을 녹이는 자장가였다. 주방 아주머니가 호수에서 잡았다는 메기를 손질해 가져와 기름에 튀겨준 아침밥을 먹고 캠프장을 출발했다.

다음 목표는 수흐바타르 아이막 다리강가솜. GPS를 보며 포장도로를 찾는데 1m크기의 잡초가 우거져 포장도로가 보이지 않는다. 한 시간 정도 헤매다 드디어 깨끗하게 포장된 왕복 2차선 도로를 찾았다. 포장도로를 만난다는 건 인근 어딘가에 커다란 도시나 마을이 있다는 것이지만 마을이 없는 곳에 포장도로가 있는 건 또 다른 이유가 있었다.
원유 운반 트럭 외에는 거의 차가 없는 초원에는 가축을 기르는 유목민도 마을도 보이지 않는다. 보이는 건 오직 수백 마리씩 떼를 지어 수풀 속으로 달아나는 가젤 무리들 뿐이다. 길가에 차를 세우고 커피를 끓이는데 10여 미터 앞에 가젤 한 마리가 차에 치여 죽어 있었다. 4km쯤 달리니 또 한 마리가 죽어 있었다.

몽골 가젤
동부지역여행의 하이라이트는 지프를 타고 달리다 만나는 가젤 무리이다. 최대 만마리의 몽골 가젤로 이뤄진 무리가 스텝지대를 쏜살같이 내달리는 모습을 멀리서 바라보면 폭풍이 몰아치는 듯한 기분이다. 끝없는 평원에 먼지구름이 일어나기 때문이다.

저명한 생물학자인 조지 샬러(George Schaller)가 이곳을 처음 방문했을 때 그는 "어마어마한 수의 가젤무리를 보았고 이를 야생동물이 연출해 내는 세계적인 장관 중 하나"라고 했다. 하지만 안타깝게도 생계와 야생동물 고기 판매를 목적으로 한 무차별적인 포획 때문에 지난 10년 동안 가젤의 수가 50% 이상 급감했다.

현재 야생에 남아있는 몽골 가젤의 수는 100만에서 200만 마리로 추측된다. 매년 전체 개체수의 약 20%에 해당하는 20만 마리가 불법으로 포획되고 있다고 한다. 목축업을 하는 가정의 약 60%가 매년 약 8마리의 가젤을 사냥한다.

요즈음 동몽골초원의 주인 가젤의 서식처가 위협받고 있다. 지나치게 많은 가축의 방목, 도로 건설, 울타리 설치 등으로 가젤의 서식지가 줄어들고 이는 가젤 개체수를 줄이는 또 다른 요인이다. 광업도 가젤을 위협하고 있다. 더르너드 아이막 남동 지역에서 석유를 채굴하기 위해 한때 사람이 살지 않던 지역에 각종 대규모 시설이 건설되었고 수천 명의 노동자들이 몰려 왔다.

몽골의 미래를 점 쳐볼 수 있는 동몽골유전지대

우리가 달리는 포장도로는 몽골에서 생산된 원유를 싣고 중국까지 달리는 산업도로인 셈이다. 300여km에 달하는 원유 운반도로에는 원유를 가득 실은 커다란 중국 트럭들이 쌩쌩 달리고 있었다.

몽골에는 원유 정제시설이 없어 중국이 채굴하고 원유까지 중국으로 가는 도로의 시작점은 몽골 유전지대이다. 일행이 속상했던 것은 유전이 없는 지역은 울퉁불퉁한 비포장 도로였다. 속 보이는 중국 모습이지만 힘없는 사람들의 설움을 보는 것 같아 씁쓸했다. 첫 번째 유전지대를 지나 두 번째 유전지대를 가니 50여 개의 유정에서 펌프질하는 기계들이 보였다. 몽골이 하루빨리 채굴 방법을 배우고 정유해 부국이 되기를 바랐다.

날이 어두워지기 전에 에르덴차강 솜에 들러 차에 기름을 넣고 가게에서 먹을 것과 식수를 산 후 실링벅드를 향해 출발했다. 저녁에 눈이 온다는 예보를 듣고 마을 호텔에서 숙박할 것인가를 논의했지만 할힌걸의 호텔이나 별반 다를 게 없을 거라는 생각에 초원에서 야영하기로 결정한 후 길을 떠났다.

조그만 개울가에 널린 가축똥을 치우고 텐트를 설치해 밥을 한 후 침낭속으로 들어가니 천국이 따로없다. 아침에 일어나니 텐트를 때리는 소리가 들렸다. 따다닥! 따다닥! 침낭속에서 천막을 바라보니 눈이 쌓였다. 아직 9월인데! 몽골은 몽골이다. 텐트 안 온도는 영상 17도인데 바깥 날씨는 9도 정도다. 바람이 세차게 불어 체감온도는 훨씬 낮을 것 같다.

텐트에 쌓인 눈을 털고 초원을 달리는데 앞에서 소떼를 몰고 오는 유목민이 보인다. 유목민에게 다가가 갈 길을 물으니 친절하게 알려주는 몽골 유목민. 물도 충분하지 않은 초원에서 가축똥으로 불을 지펴 보온과 식사를 하는 유목민의 강인함에 고개가 숙여졌다.

몽골인들은 '이걸' 보면 모두 말에서 내린다

동몽골에 있는 석인상을 살펴본 후 하룻밤 묵기로 예정한 곳은 다리강가 마을. 울란바타르에서 남동쪽으로 730km 떨어진 다리강가는 수흐바타르 아이막 초원 한가운데 있는 마을이다.

일행이 해지기 전에 다리강가에 도착할 예정이었는데 늦어진 이유가 있다. 제주도 돌하르방과 연관이 있을 거라는 추측하에 다리강가 '람트 석인상'을 조사하다가 국경경비대에 불려가 한 시간 이상 조사받느라 어두운 밤에 '강가호' 인근 펜션에 도착했다. 하지만 날씨가 추워져 관광객이 오지 않자 관리인이 철수해 버린 것이다.

하는 수 없어 깜깜한 밤에 다리강가 마을로 들어가 호텔을 찾았지만 아예 호텔이 존재하지 않았다. 다만 여행자들이 묵을 수 있는 게르가 있다는 소식을 듣고 게르에 여장을 풀었다. 비록 소똥을 태워 방을 덮힌 숙소지만 추운 밤에 들판에서 야영 텐트를 설치하는 것보다는 훨씬 나았다.

자연보호구역으로 지정된 강가호

다리강가에서 남동쪽으로 약 13km쯤 떨어진 곳에는 9월 말부터 10월 중순까지 수천 마리의 고니가 날아드는 '강가호'가 있다. 몽골 정부에서는 새를 보호하기 위해 호숫가 주변에 철조망을 치고 자연보호구역으로 지정했다.

호숫가 주변에는 '노래하는 샘'이라고 불리는 깨끗한 샘에서 맑고 깨끗한 샘물이 솟아 나온다. 아무 노래라도 불러보라고 졸랐지만 그냥 신성시 하느라 이름 지은 것 같아 노래 부를 시도도 하지 않았다.

다리강가 알탕어워

지방이지만 비교적 세련된 도시 다리강가의 도로에는 이름과 숫자가 붙여져 있었다. 아기자기한 마을의 스카이라인을 지배하고 있는 것은 알탕어워이다. 13~14세기부터 몽골인들의 숭배 대상인 알탕어워는 2004년 대통령령에 의해 도지정 숭배대상으로 지정됐다. 일종의 도지정 문화재인 셈이다.

아침 일찍 다리강가 마을에서 1km쯤 떨어진 알탕어워에 올랐다. 그리

높지 않은 어워였지만 화산 분화구에서 흘러내린 작은 자갈이 깔린 길은 미끄러웠다.

넓은 면적의 옛 분화구에 쌓여 있는 돌무더기 정점에는 사리탑이 있다. 오직 남자들만 오를 수 있는 정상 사리탑 밑변은 지름이 9m로 3층으로 되어 있다. 1820년에 지어진 바트 차강 사리탑은 소련이 몽골을 지배하던 1937년에 파괴되었고 현재의 사리탑은 차강 사리탑 자리에 새로이 건설되었다.

알탕어워 산기슭에는 2개의 사리탑이 있다. 이곳은 여자도 방문이 가능한데 그들은 많은 양의 음식을 공양한다. 사리탑을 돌아본 후 돌무더기 어워에 가까이 가니 수흐바타르 아이막에서 왔다는 몽골 남성 2명이 나무에 하닥을 걸치고 어워에 우유를 뿌린 후 시계 방향으로 돌고 있었다. 정상에서 내려와 주차장으로 오니 여성들은 남편들을 기다리고 있었다.

몽골을 대표하는 풍물 중 하나인 어워

알탕 어워는 전국에서 가장 유명한 어워 중 하나다. 1999년 8월 열린 알탕 어워제에는 10만 명이 참석했고 남자들은 정상에 올랐지만 알탕 어워에 오를 수 없는 여자들은 다리산 주위를 돌며 참배했다고 한다.

어워는 우리나라 산골 고갯마루에 서있는 돌무덤을 생각하면 된다. 어워의 일반적인 형태는 흙이나 돌을 쌓아올린 뒤 그 위에 버드나무 가지를 묶어 세운 것이다. 어워의 기능은 단순히 이정표나 지역 경계의 구실을 수행하는 어워와 신앙대상으로서의 어워이다.

어워 주위에다가 말젖술, 술, 천조각, 향, 가루향, 아롤, 치즈 등 정성이 깃든 물품을 바친다. 몽골인들은 어워를 만나면 모두 말이나 차에서 내려 술이나 우유를 바칠 때는 하늘과 땅, 사람을 위해 3잔을 공중으로 뿌린 후 시계 방향으로 주위를 3번 돈 다음 주위의 돌 하나를 집어 어워에 던진다.

그러나 부리야트 지방 같은 곳에서는 어워가 대개 나무로 이루어져 있고 환경 여건상 그 주변을 돌기가 불가능할 경우에는 돌 대신 헝겊을 매달고 주변을 도는 대신 두 손을 합장하여 참배하거나 머리를 나무에 대고 기도하는 것으로 그친다.

신앙대상으로서 공동체 어워에 속하는 다리강가의 알탕어워는 청나라 시절 이곳을 근거로 활약한 의적 토로이 반디의 전설이 깃들어 있을 만큼 유명한 어워다. 알탕어워에서는 4년마다 대제를 지내며 국가의 안녕과 가축의 번영을 기원한 후 제의가 끝난 뒤에는 전국적인 나담축제가 열린다.

몽골 유목민은 자유롭고 한가하다?

봄은 유목민들에게 가장 어려운 시기

유목민은 초원에서 목축을 하거나 정해진 지역에서 이동하며 목축 생활하는 사람을 일컫는 말이다. 이에 반해 한 곳에 정착해 일터와 집을 오가는 사람들을 정주민이라고 부른다. 다람쥐 쳇바퀴 돌듯 일터와 집을 오가는 정주민들이 꿈꾸는 것은 구속에서 벗어나 아무것도 없는 초원에서 말을 타고 지평선 너머 끝까지 달려보는 것이다.

몽골여행에 나선 여행자들이 노마드의 꿈을 꾸며 비행기로 3시간 반쯤 날아가면 푸른 하늘 아래 끝없는 초원에 둥그런 하얀 집이 점점이 펼쳐져 있는 몽골이 나타난다. 몽골 여행을 꿈꾸며 상상하는 사람들은 '아름다운 시골 지역, 드넓은 초원, 험준한 산지, 맑은 호수. 풍부한 야생환경과 수많은 가축'을 상상할지도 모른다.

그러나 이 같은 느낌은 그곳에 살아보지 않은 제삼자의 상상력으로만 그려진 유목민의 삶이다. 필자가 몽골을 여행하는 동안 외국 여행자와 전혀 접촉해보지 못한 몽골 오지 유목민 게르에서 잠을 자본 건 이번이 두 번째이다. 그야말로 진정한 몽골 유목민과 숙박을 한 셈이다.

몽골 북쪽 홉스굴 인근 유목민 집에서 1박 할 때는 경황이 없어 대화할 수 없었다. 하지만 이번 여행에서 머무른 유목민 게르에서는 비록 짧은 시간이지만 보고 듣고 느낄 수 있는 여유가 있었.

모기 씨의 친정집이기 때문이다. 비록 2박 3일간의 짧은 기간이지만 그를 통해 유목민의 애환에 대한 많은 이야기를 들을 수 있었.

유목민은 자유롭게 떠날 수 있을까?

정말 유목민은 떠나고 싶을 때 자유롭게 떠날 수 있을까? 이에 대한 답은 "아니올시다"이다. 유목민은 목축환경에 따라 가축을 몰고 몽골초원을 이동한다. 유목민은 물을 따라 이동하는 것이 아니라 초목을 따라 이동한다.

겨울이 오기 전 유목민들이 이동하는 곳은 가축을 먹일 수 있는 겨울 목초지다. 오직 초원의 법칙에 따라 이동하는 유목민들은 겨울이 오기 전에 겨울 목초지를 정한다. 그들은 바람을 피할 수 있고 일조량을 최대한 확보할 수 있는 곳을 계산해 정한다.

잘못된 초지 선택의 결과는 가축을 죽일 뿐만 아니라 유목의 붕괴를 초래한다. 그들은 가족 중 가장 경험 많고 나이 많은 연장자의 선택을 따라 선택한다.

끝간데 없는 초원에 팽이를 거꾸로 세워놓은 것 같은 유목민 게르를 상상하면 목가적 분위기와 함께 모든 게 평화로울 것만 같은 모습이다. 그러나 상상으로만 그렸던 유목민 생활을 자세히 들여다보면 한가롭지가 않다.

그들의 하루 일과는 동트기 전부터 시작된다. 밤에도 선잠을 잘 때가 많다. 밤낮으로 가축을 돌봐야하고 호시탐탐 노리는 늑대로부터 가축을 보호해야 하기 때문이다. 초원에서 밤에 개가 짖으면 주위에 늑대가 와 있다는 증거이다.

동몽골 국경도시인 자밍우드 인근에서 몽골의 5축(말, 소, 낙타, 양, 염소) 1,000여 마리를 기르는 어트건바야르씨로부터 가축의 습성을 들었다. 소는 아침저녁 출퇴근을 하고 양과 염소는 밤이면 우리로 몰아온다. 덩치가 큰 말과 낙타는 자기들이 알아서 먹고 잔다.

유목민 아이들이 학교갈 나이가 되면 인근 도시로 나가 학교 기숙사에서 생활하다 방학이 되면 집으로 돌아온다. 모기씨도 초등학교와 중학교는 기차역이 있는 인근 마을로 가서 학교를 다녔고 고등학교는 좀 더 큰 도시인 샤인산드에 있는 고등학교를 졸업한 후 대학은 수도인 울란바타르에서 다녔다. 사막지대인 모기씨 게르는 한여름이면 섭씨 30도 가까이 올라간다고 했다.

"온도가 30도에 달할 때 인근에 개울도 나무도 없는 초원에서 어떻게 살아요?"

"그렇게 더울 때는 게르를 둘러싸고 있는 맨 아랫부분 천을 들어 올리면 시원한 공기가 들어와 괜찮아요."

몽골은 우리의 여름처럼 습도가 높지 않아 그늘 속에 들어가면 견딜만하다. 영하 40~50도를 넘나드는 혹독한 겨울에 차탕족 집인 '오르츠' 원뿔 끝은 하늘이 보이고 외부 냉기가 그대로 스며든다. 고비사막을 여행했을 때 40도가 넘는 더위와 목타는 초원에서 가축들의 피를 빨아먹는 모기들의 공격을 받기도 했다. 왜 모린후르(마두금) 소리가 구슬프면서도 힘이 있겠는가? 그건 사람이 아닌 초원이 만들어준 노래이기 때문이다.

유목민이 가장 무서워 하는 것

유목민들에게 가장 힘든 시기는 풀도 없고 가축들이 새끼 낳는 봄이다. 유목민들이 가장 무서워하는 것은 '조드'이다. '조드'는 '극심한 가뭄과 한파'를 의미하며 2010년 몽골에 조드가 닥쳐 1,032만 마리의 동물이 얼어 죽기도 했다.

'조드'로 가축을 잃어버린 유목민들은 낭인이 되어 수도인 울란바타르로 모여들어 커다란 사회문제가 되기도 했다. 도시에서 안락한 환경을 맛본 젊은이들은 힘든 환경인 시골로 되돌아가지 않는다고 한다.

몽골 고비사막 바양작에서 여수로 시집온 지 20년이 넘는 바야르 씨에게 "몽골로 되돌아갈 생각은 없어요?"라고 묻자 "몽골은 모든 게 불편하잖아요. 이제 못 돌아가요"라는 답변이 돌아왔다.

2022년 몽골 인구는 336만 명이지만 전체 인구의 절반이 수도인 울란바타르에 살고 있다. 몽골 정부는 시골에서 도시로 이주하는 것을 권장하고 있기 때문에 오늘날에는 전체 인구의 약 60-70%가 도시에 거주하고 있다. ㎢당 인구밀도가 2명인 몽골에서도 머지않아 유목민이 사라지지 않을까? 낯선 외지인에게도 문을 열고 수태차를 대접해주는 순박한 유목민이 그립다.

유목민에게 늑대는
어떤 존재일까?

늑대 포획엔 실패했지만 몽골인들도 보기 힘든 야생마 확인

사진 안동립 제공

오아시스 마을을 떠나 향한 곳은 동몽골 국경도시 자밍우드 인근 '모기'씨의 고향집이다. 모기 씨는몽골을 방문할 때마다 살림을 도맡아 해주었다. 웅금 솜에서 몽골과 중국과의 국경도시 자밍우드까지의 거리는 약 300km. 산도 강도 마을도 안 보이는 대평원이다. 그저 보이는 것이라고는 대초원에서 살아가는 토끼와 몽골가젤 뿐. 아참! 한 가지 잊은 게 있다. 이들 초식동물을 먹이로 삼아 살아가는 여우와 늑대.

여우는 조그만해 들쥐나 마못, 토끼를 잡아먹고 산다. 하지만 문제는 몽골초원의 최강자 늑대. 유목민들에게 애증의 대상인 늑대는 먹을 것이 부족한 겨울철이 되면 유목민이 기르는 농장에 접근해 가축을 잡아먹는다.

튀르크계 몽골인들의 탄생 설화에 의하면 늑대는 그들의 조상이기도 하다. 유목민들이 꼭 필요한 경우가 아니면 늑대를 죽이지 않는 데엔 그런 연유가 있기도 하지만, 약하고 병든 야생동물을 처리하는 청소동물 때문이기도 하다.

개과에 속한 포유동물인 늑대는 개와 비슷하게 생겼지만 더 건장하고 귀가 서 있으며 꼬리는 내려뜨리고 있다. 꼬리를 뺀 몸길이는 105~125㎝이고, 꼬리 길이는 33~43㎝, 몸무게는 14~37㎏이다. 가족생활을 하며 집단적으로 사냥한다.

야생마 발굽(왼쪽)과 집에서 기르는 말발굽(오른쪽).

유목민들이 기르는 커다란 개와 천적 관계인 늑대지만 싸움에 관한한 유목민 개들보다 한 수 위인가 보다. 2년 전 차탕족 마을을 방문했을 때 차탕족 촌장이 전하는 말이 생각났기 때문이다. "늑대와 개가 1:1로 싸우면 늑대가 이기고 1:5로 싸우면 개가 이겨요"라는 말을 들었기 때문이다.

웅곰 솜을 떠나 초원길을 달려 해질무렵에야 중국과 연결되는 기찻길을 만났다. 다행히 이곳부터는 포장도로인데도 속도를 내지 않았다. 깜깜한 밤에 말이 갑자기 도로로 뛰어나와 말을 피하다 사망사고가 났었다고 설명해줬다. 과연 조금 더 가니 말 여러 마리가 도로변에서 갑자기 튀어나와 반대편쪽으로 달려가 깜짝 놀랐다.

드디어 깜깜한 밤에 별만 빛나는 초원에 오직 모기씨 막내 동생이 사는 게르가 딱 한 채다. 동생 어트건바야르 씨 게르에 들어서니 열렬한 환영과 더불어 양고기를 맛있게 조리해 내놓는다. 멀리 한국에서 귀한 손님이 오셨다고 양 한 마리를 잡아 한 상 가득 내놓은 '마흐'는 양고기의 각종 부위와 얇게 썬 감자를 넣고 끓인 음식이다. 너무 맛있게 배불리 먹어 잠잘 때 약간 불편했지만 그 맛을 잊을 수 없다. 어트건바야르 씨에게 질문을 했다.

"가축은 몇 마리나 키워요? 그리고 여기도 늑대가 나타나 양을 잡아먹어요?"

"소, 말, 낙타, 양, 염소 포함해 1,000마리쯤 키워요. 겨울이 되어 먹을 것이 부족해지면 늑대가 나타나 양이나 염소를 잡아먹기 때문에 늑대사냥을 합니다. 지금까지 8마리의 늑대를 잡았습니다."

몽골 동서남북 전역을 돌아보고 3만여 km를 돌아보면서 궁금한 것은 거의 다 보았지만 한 가지 못본 게 있었다. 바로 늑대다. 몽골에서 본 것은 오직 박제한 늑대뿐이라 궁금했다. "그러면 살아있는 늑대를 보여줄 수 있어요?" 라고 묻자 내일 새벽에 늑대를 보러가자고 했다.

다음날 새벽 4시 50분, 일행은 겨울 잠바를 차려입고 늑대가 출몰한다는 중국 국경지대를 향해 출발했다. 몽골 전통복장인 델을 입고 등에 총을 가로로 짊어진 모기씨 막내 동생이 오토바이를 탄 채 앞장서고 우리는 저리거씨 4륜구동 차량을 타고 뒤따라갔다.

새벽에 늑대 사냥을 하는 이유를 설명해줬다. 늑대는 동틀 무렵에 사냥하기 위해 나타난다는 것. 하늘에는 별과 초승달이 빛나고 사방은 고요하다. 흥분된 마음으로 늑대가 나타난다는 언덕에 올라 중국 국경선이 있는 곳을 바라보니 잡초 우거진 대초원이다.

멀리서 동이 터오고 사방이 약간씩 밝아질 무렵 한참 동안 망원경을 응시하던 그가 "늑대 한 마리가 나타났어요!"라며 망원경을 내 손에 쥐어줬다. 그가 가리키는 초원을 바라봤지만 늑대는 어디론가 사라져버렸다. 그가 오토바이를 타고

초원을 달렸다. 아무도 없는 초원에 오토바이와 차량이 나타나자 놀란 몽골가젤들이 달리기 시작했다. 저멀리 동물 한 마리가 쏜살같이 달려간다. "저기 늑대다!" 하고 큰소리로 외치자, "이건 늑대가 아니고 야생마에요"라고 한다. 늑대를 쫓아가던 어트건바야르 씨가 다가와 늑대가 중국국경선에 쳐놓은 철조망 사이로 넘어 가버렸단다. 국경선에서 총소리가 나면 큰일이니 총을 쏘지 못했단다. 그 사이 국경선 근방에서 풀뜯던 몽골가젤 수백마리가 먼지를 날리며 달려간다. 망원경으로 초원을 바라보다가 야생마를 보여주겠다며 따라오란다. 이곳에 몇 마리 남지 않은 야생마는 도저히 길들여 키울 수 없는 종류란다. 야생마는 지그재그로 방향을 틀며 엄청난 속도로 달려갔다.

울란바타르 서쪽에는 호스타이 국립공원이 있다. 이곳에는 거의 전멸될 뻔했던 야생마 '타키'종을 복원해 몽골정부에서 보호하고 있다. 하지만 이 지역에서 사는 야생마는 타키와 다른 종이다. 몇 마리 남지 않은 야생마가 잘 살기를 바라며 게르로 돌아왔다.

오래전에 잡았던 야생마 발굽을 보여주며 키우는 말보다 빨리 달리는 이유를 설명해줬다. 야생마 발굽은 안쪽이 약간 둥그렇게 홈이 패어있어 땅을 박차고 달리는 데 훨씬 유리하게 생겼다. 키우는 말발굽을 대조해보니 금방 이해가 됐다.

길도 없고 울퉁불퉁한 초원을 오토바이를 타고 달리면 위험하다고 한다. 얼마 전에도 오토바이가 전복돼 사망한 사고가 뉴스에 나왔다고 한다. "울퉁불퉁한 초원길을 오토바이를 타고 어떻게 야생마와 같은 속도로 달릴 수 있느냐?"고 묻자, 웃으며 자신의 비밀을 얘기해 줬다.

"어릴 적에 몽골인들의 최대 축제인 나담축제에 참가해 승마분야에서 1등했어요. 초원에서 말 달리면서 터득한 방법을 응용했죠."

몽골 사람이 생각하는,
세상에서 기가 제일 센 곳

열차를 타고 베이징에서 울란바타르를 지나 러시아로 여행하려는 사람들이 반드시 거쳐야 하는 곳은 '동고비'라 불리는 도르노고비(Dornogovi) 아이막이다. 몽골 남북을 종단하는 기차가 이곳 심장부를 지나기 때문이다. 몽골의 행정구역 명칭 '아이막'은 우리의 '도'에 해당한다.

기차 밖으로 보이는 풍경은 끝없이 펼쳐진 척박한 땅과 기차역 플랫폼에 가끔씩 돌아다니는 사람 모습 뿐이다. 이곳은 우라늄 개발과 소규모 정유산업이 지역 경제를 이끌어가는 데 철도가 중요한 역할을 한다.

울란바타르에서 450km 떨어진 도르노고비 아이막 행정 중심지 사잉샨드(Sainshand)는 인구 2만 5천 명이 사는 제법 큰 도시다. 사잉샨드는 두 지역으로 나뉜다. 주거지역과 상업지구가 밀집한 기차역 인근, 그리고 남쪽 2km쯤 떨어진 지역에 세워진 발전된 시내이다.

일행과 열흘 동안 여행하면서 초원만 바라보다 시가지에 들어서니 제법 깨끗한 건물과 도로 및 상가가 보여 여태 봐왔던 몽골 분위기와 확연히 다르다.

누구보다 사잉샨드를 잘아는 '모기'씨가 "박물관을 구경하는 것보다 하마링 사원으로 가자"고 해 한 시간여를 달려 도착한 곳은 1821년 '단잔라브자'가 건설했다는 하마링 사원. 1930년 러시아가 몽골을 지배할 당시 벌어졌던 불교 박해 당시 파괴되었던 하마링 사원은 후일 몽골인들이 재건했다. 많은 현지인들이 그가 살아있는 신이었다고 믿었기 때문이다.

몽골의 붉은 모자 불교종파 지도자였던 노용 호닥트 단잔라브자(1903~1956)는 동굴과 게르에서 홀로 앉아 몇 달이고 글을 썼다고 한다. 작가, 예술가, 사회비평가였던 그는 무술, 탄트라, 요가, 전통 의학의 전문가이기도 했다.

하마링사원에 가면 종탑이 나온다. 이곳에서 '에너지의 중심부' 삼발라(Shambhla)에 도착했음을 알리기 위해 종을 세 번 쳐야 한다. 불교 용어인 '삼발라'는 티베트의 깊숙한 곳에 있다고 전해지는 현자들이 살아가는 이상향이다. 1853년 단잔 라브자는 사람들에게 "나는 3년 안에 죽을 것이다. 하지만 너희들은 이곳에 와서 내 영혼과 이야기할 수 있다"라고 말했다.

실제로 그는 3년 후에 사망했고 사람들은 그 자리에 '어워'를 쌓았다. 현재 삼발라 주변에는 108개의 사리탑이 자리하며 매년 9월 10일이 되면 이곳에서 축제가 열린다. 삼발라는 108개의 불탑으로 쌓여 있으며 동서남북 같은 모양의 그림이 있다.

죄를 씻는 금문의 의미가 있는 서문을 통해 입장하며 '지혜의 눈'을 보며 명상한다. 그 후 자신의 몸, 혀, 마음의 죄를 씻는다 하여 자신의 말과 행동에서 잘못한 것들을 회개 묵상하고 종이에 자신의 이름을 써서 불태운다. 삼발라에 들어가니 과연 많은 사람들이 신발을 벗고 땅바닥에 누워 신성한 유적의 기를 받고 있었다.

낙타를 울리는 몽골초원의 악기 모린후르

하마링 사원을 돌아본 일행은 사잉샨드 시가지에 있는 호텔에서 하룻밤 묵기로 했다. 야영과 유목민 게르에서 자다가 열흘 만에 호텔에 숙소를 정했지만 샤워할 물이 신통치 않았다. 저녁밥을 먹던 중 "사잉샨드에 사는 친구가 모린후르 연주자를 모셔와 두 분을 위해 공연해주기로 했습니다."

악기의 끝에 말 머리가 새겨져 있어 '모린후르(馬頭琴)'이라 불리는 악기는 우리의 해금이나 중국의 '얼후'를 닮았다. 모린후르의 구조는 단순하다. 달랑 두 줄로 되어 있지만 보기와 달리 오묘하며 애절한 소리를 낸다.

얼핏 들으면 달리는 말발굽 소리 같기도 하다. 모린후르 소리는 사람의 가슴을 쥐어짜기도 하고 격하게 고동을 치기도 한다. 두 줄을 문질러 말이 달리는 소리를 내기도 하고, 두 발을 치켜들고 투레질을 하거나 큰소리로 울부짖는 소리를 낸다.

'홀겐' 씨는 사잉샨드 시립예술단에서 모린후르을 연주하는 음악가다. 박수를 보내며 '앙코르'를 외치자 아리랑을 연주해줬다. 그가 연주하는 음악을 듣는 동안 몽골의 '비암바수렌 다바아' 감독이 몽골의 전설을 토대로 만든 <낙타의 눈물>이라는 다큐멘터리 내용이 떠올랐다.

"몽골 고비사막에서 하얀털을 가진 새끼 낙타가 태어난다. 난산으로 지친 어미 낙타는 새끼에게 젖을 주지 않고 젖을 먹기 위해 가까이 다가오는 새끼를 뒷발로 차기까지 했다. 보다 못한 낙타주인은 이웃 마을에 사는 모린후르 연주자를 초대한다. 유목민들은 예로부터 어미 낙타가 새끼에게 젖을 주지 않을 때 모린후르를 연주해 어미의 심금을 울렸다고 하며 이를 후스(Hoos)라고 한다. 모린후르에서 울려오는 구슬픈 소리에 낙타는 눈물을 흘리고 다가오는 새끼낙타에게 젖을 물린다"

영혼의 소리 '허어미'

몽골의 고유한 전통 음악에는 모린후르 연주외에도 '허어미'가 있다. 허어미는 몽골고유한 창법이다. 사람의 목청과 배, 머리 등을 이용해 두 가지 이상의 소리를 내는 독특한 창법으로 2010년 유네스코에 인류무형문화유산으로 등재됐다. 허어미는 인두(咽頭)에서 나는 소리란 뜻으로 학계에서는 '허어메이'라는 음악용어로 표기하고 있다. 허어미는 3-4개의

고중저 음을 한 사람의 가수가 동시에 발성하는 특수한 발성 기법이다. 즉, 기초음으로 된 지속 저음을 내는 동시에 일련의 선택된 배음 혹은 기초음의 부분음들을 강화함으로써 휘파람 소리와 같은 두 개 이상의 소리를 내는 방식이다.

허어미의 고향은 알타이 산지이다. 3천~4천미터에 달하는 알타이 산지에서 밤하늘 가득한 달빛이나 별빛이 바위그림을 비치면 마치 동화 같은 세계가 펼쳐진다. 이곳이 바로 허어미의 고향으로 허어미는 몽골 허어미와 토바 허어미로 나뉜다. 허어미의 기원에 대하여 몽골학자인 '바드라이'는 다음과 같이 3가지로 분류한다. 알타이산의 새소리. 물소리. 바람소리 등과 같은 자연의 소리. 동물을 부르기 위한 신호음. 샤만이 신을 부르기 위한 부르짖음.

독자 여러분도 시간이 나면 허어미를 들어보시라. 처음 허어미를 들으면 깜짝 놀랄지도 모른다. 사람 입에서 어떻게 저런 소리가 나지? 하고 귀를 의심할지도 모른다. 다중으로 발성되는 신비하고 놀라운 소리를 들으면 영혼의 소리로 들릴 수 있다.

낙타는 남았는데,
역사 속으로 사라진 '티로드'

s
몽골 야생양과 야생염소를 보호하는 '처이르 벅드' 산

울란바타르로 귀환하는 길에 잠시 점심을 준비하려고 들른 곳은 '처이르벅드' 산 근처. 그동안 험난한 여정과 외국인을 한 번도 만나보지 못했던 오지의 유목민 게르에서 이틀을 지내며 행복했던 마음을 추스르기 위해 잠시 멈췄는데 뜻하지 않은 장면을 만났다.

몽골을 바라보는 시각은 천차만별이다. 몽골에서 초원과 가축만 보고 온 사람은 "몽골에 뭘 볼 게 있어서 가느냐?"고 타박하지만 사전에 공부하고 간 사람의 눈에는 몽골이 달리 보인다. 따라서 여행을 떠나려면 사전에 철저한 준비와 공부가 필요하고 그래야만 여행지의 진면목을 볼 수 있다.

'처이르(Choyr)'는 고비숨베르아이막에 있다. 울란바타르와 멀리 떨어져 있지 않은 처이르에는 야생양인 '아르갈'과 야생염소인 '양기르'가 멸종되는 것을 방지하기 위해 국가에서 지정한 보호구역이 있다.

수많은 바위가 널려있는 험준한 바위산은 아르갈과 양기르가 살기에 적합한 곳이기도 하다. 바위와 바위 사이에 풀밭이 있어 야생양과 야생염소가 먹고 살기에 적합한 환경이 조성되었을 뿐만 아니라 바위 때문에 인간이 쉽게 접근할 수 없기 때문이다.

저리거씨의 설명에 의하면 "러시아군이 이곳에 주둔했을 때 아르갈과 양기르를 많이 잡아 먹어 멸종위기에 처했지만 러시아군이 철수하자 몽골 정부에서 보호구역으로 설정했다"고 한다.

중국에 '차마고도'가 있었다면, 몽골에는 '녹차의 길'이

산 정상에 야생동물 몇 마리가 보여 촬영해 확대해보니 야생염소인 양기르가 일행을 내려다보고 있었다. 떼지어 날아다니는 까마귀떼를 구경하다가 산자락으로 가니 낙타 여러 마리가 등에 짐을 매단 조각상이 나타났다.

고비사막이라 살아있는 낙타가 흔한데 왜 초원에 낙타조각상이 있을까? 하고 의아해 하며 가까이 다가가니 몽골어와 영어로 된 안내문이 자세히 기록되어 있었다. 몽골어는 읽을 수 없어 영어로 적혀 있는 설명 첫 문장은 '녹차의 길(The Tea Road)'이다.

녹차는 현재 세계 어디에서든 맛볼 수 있는 음료 가운데 하나다. 하지만 처음부터 전 세계인들이 즐겨마시던 음료는 아니다. 녹차가 유럽에 전해지기 전까지 녹차는 동양인들이 마시는 성스럽고 신비로운 음료였다.

녹차에 대해 최초로 "잎을 끓여 만든 음료"라고 정의한 역사적 기록은 진(265~420) 시대의 것이다. 중국 최고의 번성기였던 당 시대에 상류층, 학자, 승려들 사이에서 차를 즐겨 마시기 시작했다. 송나라까지 이어진 차의 유행은 점차 중산층과 노동 계급에까지 확산되었다.

당 시대에 교역이 번창하면서 차는 고대 대상로를 통해 수출되었다. '차마고도'는 윈난과 쓰촨, 티베트, 미얀마까지 이어졌고, 북쪽으로는 '실크로드'가 중앙아시아, 서아시아, 지중해까지 이어졌다. 이후 시베리아를 통해 중국과 러시아를 연결하는 '티로드'도 열렸다. 다음은 안내판에 적힌 '티로드' 설명문을 정리한 내용이다.

낙타를 이용하는 '티로드'는 동양과 서양문명을 잇는 가교가 됐다. 자료에 의하면 '티로드'는 중국 남부에서 시작해 몽골을 경유해 러시아를 거쳐 대영제국까지 13,000km에 달했다. 이 교역로는 해상무역이 시작되기 전까지 아시아와 유럽을 잇는 최단거리의 길로 '티로드' 주변에 위치한 나라들의 발전에 중대한 영향을 끼쳤다.

몽골을 통과하는 지정된 길에는 20여 개의 역이 있었다고 믿어지며 처이르 벅드 산 뒤편에도 역이 있었다. '캐라반'은 일명 '대상(隊商)'이라고 불리며 낙타나 말 등에 짐을 싣고 떼지어 다니면서 특산물을 팔고 사는 상인의 집단을 뜻한다.

처이르벅드 산 중턱에 새겨진 조각상으로 몽골인들의 기도처

중국남부 녹차를 낙타로 몽골과 러시아를 경유한 '티로드'에 대해 설명하고 있는 안내문

이들은 사막이나 초원, 비단길과 같은 곳을 가로질러 다니므로, 도적 떼로부터 상품을 보호하기 위해 모여 다녔다.

녹차를 운반하는 핵심 운반 수단은 낙타다. 유목민에 의해 수세기 동안 길들여진 낙타는 참을성이 강하다. 잘 훈련된 낙타는 날씨와 환경에 따라 다르지만 하루에 90km를 간다. 추운 계절에 장거리를 가는 캐라반은 인간과 동물에게는 도전적인 일이었다. 이들은 출발 15일 전에 훈련을 마치고 10월 초에 출발한다. 잘 훈련받은 낙타는 70~100일 정도는 쉽게 여행한다.

캐라반에는 보통 15마리 이상의 낙타가 참여하고 최소 3명의 여행자가 동반된다. 맨 앞에선 리더는 전방에 있는 장애물을 확인하고 마지막 낙타의 목에 달린 방울소리에 귀를 기울인다. 만약 방울소리의 리듬에 변화가 생기면 캐라반은 즉각 이동을 멈춘다. 'Seat Arranger'라 불리는 중간과 맨 마지막 동행자는 짐이 잘못되지는 않았는가를 책임진다.

중국 남부에서 시작해 몽골과 러시아를 거쳐 영국까지 이어진 '티로드'는 해상무역이 발달함에 따라 사라졌다. 동서양의 가교역할을 하며 인류문화 발전에 지대한 영향을 끼쳤던 '티로드'는 역사속으로 사라졌고 낙타와 대상들의 흔적만 남아있어 쓸쓸한 생각이 들었다.

오문수의 몽골 이야기

알타이 서부지역

마지막 야생마 '타히'가 사는 호스타이 국립공원

환경보호 활동의 승리

몽골 동북부지방을 돌아본 일행은 울란바타르에서 휴식과 재정비를 하고 서부지역의 알타이산맥 타완벅트로 향했다. 서부 첫 일정은 인간에게 결코 길들여지거나 교배가 불가능한 말이 살고 있다는 호스타이국립공원((Khustain National Park)이다.

1993년 설립된 호스타이국립공원은 울란바타르 남서쪽 약 100km 떨어진 곳에 있다. 50,620헥타르의 보호구역에는 스텝지대와 삼림스텝환경이 보호되고 있다. 공원에는 야생마 '타히'(Takhi) 뿐만 아니라 '마랄'(아시아 붉은 사슴), 스텝가젤, 사슴, 야생돼지, '마눌'(작은 야생 고양이), 늑대, 스라소니가 서식하고 있다.

사육마와 교배가 불가능하고 인간에게 결코 길들여지지 않는 야생마 '타히'

우리 주변에서 살아가는 대부분 동물은 어쩔 수 없이 인간과 가까워지며 길들여지거나 야생을 떠나 가축화되기도 했다. 특히 인간을 위해 고기나 털을 제공해야 하는 동물들은 말할 것도 없다.

유목 생활을 통해 삶을 영위하는 몽골인들에게 5축(말, 소, 양, 염소, 낙타)은 가족이나 마찬가지다. 헌데 몽골에는 인간에게 결코 길들여지지 않은 말이 있다고 한다.

오후 3시, 일행과 함께 호스타이 국립공원관리공단에서 입장권을 끊고 본격적으로 탐사에 나섰다. 구불구불한 탐방길 주변에는 작은 토끼만한 타르박이 땅속에서 고개를 내밀었다가 굴속으로 숨는다. 나지막한 구릉을 몇 개 넘어가자 외국인 관광객들이 몰려 사진을 찍고 있는 곳이 나왔다.

그 곳에는 몇 마리의 말들이 야산에서 풀을 뜯거나 시냇가에서 물을 마시고 있었다. 말로만 들었던 야생마 '타히'(Takhi)다. 보통 말보다 머리가 크고 다리가 짧은 타히. 타히는 중앙아시아, 특히 몽골 평원에 서식하고 있는 세계 유일의 야생마다.

'타히'는 영어로 '프셰발스키의 말'(Przewalski's horse)이라는 말로도 알려져 있으며 종마 세 마리의 혈통에서 이어져 내려오고 있다. 프셰발스키(Przewalski)는 1879년 이 말을 처음으로 발견한 러시아 탐험가다. 호스타이 국립공원관리공단 전시실에는 사라졌던 '타히'를 복원한 기록이 자세히 나와 있었다.

'타히' 종 복원은 당대 최고의 환경보존운동 성공 사례

1969년 몽골 서부에 사는 한 목동이 진귀한 '타히'를 멀리서 목격했다. 그것은 아주 작은 '타히'가 야생에 남아있다는 사실을 알려주는 특별한 사건이었다. 하지만 그것은 마지막 목격담이기도 했다. 밀렵과 지나친 방목으로 인한 목초지 감소와 인간의 타히 번식지 침범으로 생긴 결과다. 과학자들은 타히가 야생에서 멸종했다고 선언해야 했다.

하지만 타히가 모두 사라진 것은 아니었다. 다른 국가의 일부 동물원에 10여 마리가 살고 있었다. 환경보호활동가들의 소모임에서는 이 동물을 헌신적으로 번식시켜 언젠가는 몽골에 다시 들여올 수 있으리라는 희망을 품고 있었다.

몽골 공산정부와 사이가 좋지 않았던 환경운동가들은 1990년대 초 몽골에 민주주의 시대가 열리자 정부와 협력해 몽골에 타히를 재반입하기 시작했다. 1992년부터 2004년 사이에 호스타이국립공원, 고비알타이, 타힝 탈, 자브항의 호밍 탈로 재반입되었다.

타히는 현재 호스타이국립공원에 300마리, 타힝 탈에 80마리, 호밍 탈에 12마리 이상이 살고 있다. 이 프로젝트가 직면했던 정치적 도전과 수송의 어려움을 고려하면 타히의 재반입은 우리 시대 최고의 환경보존 성공담에 속한다. 2013년 호스타이국립공원에서만 40마리의 새끼 타히가 태어났다.

타히는 전 세계에 마지막 남은 야생마이자 프랑스 동굴벽화에 묘사된 것과 같은 말의 전신이다. 미국이나 호주에서 발견된 것처럼 방랑하는 단순한 야생마가 아니라 DNA 조성에 있어 2개의 추가 염색체가 있어 유전적으로 다른 종이다.

호스타이국립공원에서는 해마다 평균 5마리의 새끼 타히가 늑대에게 잡혀 먹힌다. 국립공원관리공단에서는 경비원을 두어 멀리서 돌아다니는 타히를 망원경으로 관찰하고 있었다.

'웅고트'(Ungot) 무덤 옆 552개 석인상... 튀르크 상류층을 위한 기념물

4륜 구동차를 타고 여행하는 일행은 호스타이국립공원 안쪽 깊숙히 있는 튀르크 유적들을 살펴보기 위해 공원에서 1박 한 후 웅고트 무덤으로 갔다.

이 지역은 서기 6~8세기 중앙아시아 튀르크 칸에 속했던 32개의 석인상이 있었다. 무덤에는 판석묘와 함께 양, 사자 모양을 한 비석이 서 있었다. 또한 평원 위 2.1km까지에 걸쳐 552개의 '발발'(Balbal)이 서 있었다. 고고학자들의 견해에 따르면 이 비석들은 튀르크 상류층을 위한 것이라고 한다.

'발발'(Balbal)은 제주도 돌하르방이나 여수 좌수영성 인근에서도 볼 수 있는 석인상을 말하는 것으로 기골이 장대한 석상 혹은 수호신상 역할을 하는 돌비석이다.

국립공원을 거쳐 다음 여정으로 가는 길가에는 국립공원에서 마음껏 뛰놀고 있는 야생마 타히와 붉은 사슴 무리들이 달리고 있었다. 다음 목적지를 향해 길을 나서며 야생동물들의 자유로운 삶을 빌었다.

전성기 짧았던 옛 몽골의 수도
그래도 방문하는 이유

카라코룸의 역사

13세기 중반, 카라코룸은 활기찬 곳이었다. 1220년 칭기스칸이 수도를 건설하라는 명령으로 세워진 카라코룸은 오고타이 시기에 완성되었다. 몽골 수도 건설로 카라코룸은 아시아 전역과 유럽의 상인, 고위 관리, 기술자들이 모여 사는 활기찬 도시였다. 카라코룸은 행정, 교역, 문화 중심지였을 뿐만 아니라 유럽과 아시아를 연결하는 접점이기도 했다.

30년간 번영을 누렸던 카라코룸이 저물기 시작한 시기는 쿠빌라이가 수도를 베이징으로 이전하면서부터다. 수도가 베이징으로 바뀌고 몽골제국이 몰락하면서 카라코룸은 버려졌고 1388년 복수심에 불탄 명의 군인들에 의해 파괴되었다.

카라코룸은 역사가 짧아 크게 번영할 수 없었다. 재미있게도 몽골인들은 카라코룸에 거의 살지 않았고 대부분 수 km 떨어진 스텝 지대의 게르에 사는 걸 선호했다. 때문에 이 도시에는 주로 장인, 학자, 종교지도자와 외국인 포로들이 살았다.

카라코룸의 특징은 4개의 성문이 있는 성벽으로 둘러싸여 있었다. 성문마다 시장이 있어서 동쪽에는 곡식, 서쪽에는 염소, 남쪽에는 황소와 사륜마차, 북쪽에서는 말을 팔았다. 몽골제국은 종교적 관용으로 유명하다.

몽골의 칸들이 모든 종교에 대해 관용을 베풀었던 도시에는 12개의 종교가 공존했다. 모스크, 불교사원, 네스토리우스 기독교 교회가 몽골인들의 마음을 얻기 위해 경쟁했다. 심지어 오고타이의 아내와 쿠빌라이의 어머니 같은 권력자도 네스토리우스 기독교 신자였다.

에르덴 조 사원 북문으로 나가 북서쪽으로 300m쯤 걸어가면 거북 바위가 있다. 예전에는 돌 거북 네 개가 고대 카라코룸의 경계를 표시하며 시의 수호자 역할을 했었다. 거북은 영원의 상징으로 여겨진 동물로 거북 등에는 비문이 새겨진 석비가 수직으로 세워져 있었다.

몽골 최초의 불교사원 에르덴 조

1586년 알타이칸이 세운 에르덴 조 사원은 몽골 최초의 불교 사원이다. 사원은 방치와 번영을 반복하다 1937년 스탈린의 숙청 시기에 완전히 문을 닫게 되었다. 에르덴 조 사원은 비록 과거의 그림자만 남아있다 할지라도 아직도 많은 이가 찾는 중요한 사원이다.

경내에 60~100여 채의 사찰과 약 300채의 게르가 있었으며 전성기에는 승려가 1,000명까지 거주했다. 사찰 건물은 단 3채를 제외하고 모두 파괴되었으며 수많은 승려가 죽임을 당하거나 시베리아 강제노동 수용소로 보내졌다.

주요 사찰 건물은 16세기에 지어졌다. 벽화, 탕카, 참 가면 등 공예품 대부분은 18세기에 만들어졌다. 사원은 벽을 따라 15m마다 일정한 간격을 두고 108개의 스푸타가 서있다. 108은 불교에서 성스러운 숫자이다.

탕카는 탱화를 의미하며 티베트어로 '춤추다'라는 어원을 지니고 있는 종교가면극 '참'은 신에게 제사 지내고 재앙을 쫓는 종교 법회로 라마나 승려들에 의해 행해지는 불교 의식 무용이다.

엘승 타사르하이 (Elsen Tasarkhai)

울란바타르에서 서쪽으로 280km 떨어진 어워르항가이 아이막(Uvurkhangai Aimag의 Burd soum)에 위치하고 있다. 울란바타르-하르호린 고속도로가 통과해서 쉽게 접근이 가능하다.

엘승 타사르하이는 몽골 엘스 사구 (Mongol Els Sand Dunes)의 일부로 길이가 약 80km, 폭이 5km이다. 이 지역은 모래 언덕, 희귀한 수풀이 있는 언덕 및 강 근처의 작은 숲으로 둘러싸여 있다.

고대 몽골 수도인 카라코룸(Kharakhorum)에서 동쪽으로 80km 떨어져 있다. 엘승 타사르하이는 '고립된 모래언덕'을 뜻하며 초록 대초원의 한가운데 있는 사막이다. 고비의 홍고린엘스와 같은 느낌의 모래 언덕을 트래킹하거나 낙타체험도 할 수 있어서 미니 고비라고도 한다. 북쪽으로 몽골인이 신성시하는 카노 칸(Khögnö Khan Uul) 자연 보호구 (Хөгнө Хан Уул)가 469㎢의 면적에 걸쳐있다. 이 지역에서는 유적지와 자작나무 숲 포풀러 자생지와 샘이 있어서 야생 산양(Maral stag), 늑대, 사슴, 여우, 각종 매를 관찰할 수도 있다.

몽골여행에서 알게된 '가시내'의 의미

인류 역사상 가장 넓은 영토를 소유했던 나라는 어디일까? '해가 지지 않는 나라'였다는 영국? 천년의 역사를 가진 채 팍스 로마나 신화를 이룬 로마? 아니다. 중국에서 출발해 중앙아시아를 거쳐 동유럽까지 제패한 몽골제국이다.

몽골알타이답사 여행단이 두 번째 밤을 새운 곳은 카라코룸이다. 카라코룸은 칭기스칸이 건설하기 시작해 오고타이칸이 건설을 마무리한 세계 최대 몽골제국의 수도였다.

답사단이 탄 차가 카라코룸 시가지로 들어설 때 본 마을은 한국의 읍내만한 규모다. 원 순제는 1368년 명(1368~1644)에 의해 베이징에서 카라코룸으로 철수했지만 명 영락제가 침략하여 파괴하여 웅장했던 왕궁의 모습은 사라졌다. 원나라에 관계된 유물도 자갈 크기로 부숴 땅에 묻어 버렸기 때문에 넓은 왕궁터가 남아 있고 1990년 민주화 이후부터 고고학적인 발굴이 시작되었다.

고려말 원나라의 지배를 당하면서 몽골로 끌려간 선조들의 흔적은 오직 박물관에서만 찾아볼 수 있었다.

≪한·몽 문화교류사≫에 기록된 자료에 의하면 고려를 정복한 원은 해마다 한 두 차례 16~18세 소녀 400~500명을 뽑아 원나라에 공녀로 보냈다. 이 때 고려 민간에서는 원으로 끌려가지 않기 위해 여자들이 남장을 하고 다녔는데 이들을 가리켜 가시내(가짜 사내아이의 준말)란 신조어가 탄생했다.

이 당시 원으로 끌려간 고려인 숫자는 공주, 시녀, 노비, 공녀, 상인들을 포함해 약 20만 정도로 추산되며, 고향으로 돌아오지 못했던 이들은 훗날 몽골지역에서 고려촌을 형성, 몽골인들에게 고려풍속을 전했다.

이러한 시대적 배경에서 온갖 설움과 역경을 이겨내고 제2황후의 자리에 오르게 된 기황후는 고려출신 내시들과 슬기롭게 원 왕실을 장악하기도 했다.

몽골에서는 한반도를 가리켜 '무지개가 뜨는 나라'라는 '솔롱고스'라고도 불렀다고 하지만 셀렝게 강의 비옥한 토지의 원주민인 발해유민국을 솔롱고스라고 한 기록인 ≪몽골원류≫가 최초이다. 지금도 한국에 대해 호감을 표시한다.

징기스칸의 4명의 황후 중 한 분인 홀랑(Khulan Khatn)은 발해(유민국) 백왕의 공주로 솔롱고스 즉 고려인이다. 황후 홀랑의 출생지인 사이한이 흐틀(сайханы хөтөл, saihani hotel)에 징기스칸과 홀랑을 기리는 기념비가 있다. 이 셀렝게 강 일대는 솔롱고스의 원주지로 알려진 곳이다. 《몽골원류》《알탄톱치》

몽골유목민들의 집 게르... 의외로 편안해

카라코룸 박물관에 입장했다. 동행한 가이드는 "고려에 대한 기록이 있다며 우리나라를 솔롱고스, 또는 고올리라고 적혀있다"고 말했다. 전시된 자료를 보며 실망했다. 세계최대국가였던 수도의 박물관 규모치고는 너무나 작고 빈약했기 때문이다. 물론 중국과 러시아의 지배를 받아 핍박을 받고 주요한 유물을 강제로 반출당한 사실은 알고 있지만 좀 심하다는 생각이 들었다.

카라코룸 박물관 견학을 마친 일행은 가까운 곳에 있는 야영장에 여장을 풀었다. 오르혼 강변에 자리한 아나르(Anar-석류)캠프장은 깨끗하고 샤워실과 화장실이 갖춰져 숙박하기에 불편함이 없었다.

바깥바람이 의외로 차가웠지만 게르 안에 배치된 침대에서 침낭을 펴고 자니 편안하다. 게르 내부를 보면 한가운데 난로가 자리 잡고 문은 항상 남쪽을 향한다. 북쪽은 상석으로 집안 어른 자리이며 종교의식에 쓰는 물건들이 놓인 한 쌍의 수납함이 있고 침대 하나는 북동쪽에 있다. 동쪽은 부엌 살림살이를 놓아두는 공간으로 여성 몫이다. 서쪽은 안장, 굴레 같은 마구를 보관하는 공간으로 남성 몫이다. 아이락(마유주) 통은 벽에 걸어놓는다.

아이들과 함께 한집에서 사는 어른들이 부부관계는 어떻게 했을까. 부부가 초원에 나가 말 옆에 올가미를 세워 놓으면 부부관계 중이니 방해말라는 뜻이라고 한다. "인구가 적어 고심하는 몽골정부에서는 다산가정에는 어머니 상을 제정해 훈장을 준다. 아침에 일어나 세수하러 가다 튀르키에인들을 만났다. 그들은 튀르키에와 몽골 연관성을 연구하기 위해 왔다고 한다. 한국과 튀르키에는 형제국이라며 친근감을 표시한 그들과 기념사진을 촬영했다.

머물고 있는 게르 앞에는 튀르키에국기뿐만 아니라 크리미아반도 국기가 걸려있었다. 그들 중에 언어학자인 야브즈 귈러(Yavuz Gurler)씨의 얘기다. "한글과 튀르키에어는 같은 알타이어 계통으로 튀르키에어는 영어 어순인 주어 +동사+목적어(S+V+O)의 순서가 아닌 주어+목적어+동사 (S+O+V)의 어순입니다."

대제국의 수도였던 카라코룸에는 에르덴 조 사원만 남아

오고타이 칸이 완성한 옛몽골 수도 카라코룸은 쿠빌라이 칸이 수도를 북경으로 옮기면서 쇠잔해지기 시작했다. 이후 원나라가 망하자 수도를 울란바타르로 옮겼다.

타일로 몽골역사를 기록한 언덕에 올라 어워를 살펴보았다. 몽골역사를 타일로 장식한 세 개의 판에는 몽골이 가장 번성했던 시기부터 현재의 몽골 모습이 기록되어 있었다.

몽골을 침략한 명에 철저히 파괴된 카라코룸 대평원에는 왕궁석재를 이용해 지은 에르덴 조 사원만 남아있다. 1586년 건축한 사원은 몽골에 세워진 최초의 티베트불교 사원이다. 가로 400m, 세로 400m 성채로 사방에 성문이 있으며 108개의 스투파가 둘러쳐져 있다. 성문을 들어가면 여러 채의 사원들이 보이며 곳곳에 활불과 부처님이 모셔져 있다. 사원 북문을 나서 500m쯤 가면 거북바위가 있다. 가운데가 움푹 패인 걸 보면 비석이 있었던 것으로 여겨진다.

에르덴 조 사원이 마주보이는 나지막한 언덕에 올라가니 관광객들이 남근 모양을 사실적으로 묘사한 남근석을 구경하고 있었다. 남근석이 향한 방향에는 여자의 음부를 닮은 계곡이 있었다. 설에 의하면 에르덴 조 사원에서 수행하는 승려들이 여근곡을 바라보며 수행심이 흐려질까 염려돼 설치했다고 한다.

에르덴 조사원 너머 황량한 대평원을 보며 생각해 보았다. 한창 때는 세계 각국으로부터 조공품이 들어와 물산이 풍부했을 사라진 도시. 인걸은 다 어디로 가고 메뚜기들만 찌르르 소리를 내며 날고 있었다.

웬만한 고장은
현장에서 해결하는
몽골 운전기사

1,000km는 포장도로이고 2,000km는 비포장도로

12일간 몽골서부를 돌아본 거리는 3,000km가 넘는다. 필자가 돌아본 거리를 계산해보니 1,000km는 포장도로이고 2,000km는 비포장도로였다. 몽골에서 차를 타고 여행한 날짜가 열흘이니 평균해서 하루 300km를 달렸다. 아침 식사 후 8시 반에 출발해 목적지에 도착해보면 밤 9시가 되거나 늦은 날은 자정 무렵이 되기도 했다. "유적답사단이니까 고생을 각오했지만 이렇게 고생할 줄 몰랐다"며 불평하는 분도 있었다.

포장도로라고 해서 한국의 도로를 상상하면 큰 코 다친다. 군데군데 패이고 아스팔트가 깨져 나간 도로를 피하느라 운전사는 곡예운전을 한다. 아스팔트 도로를 달린다고 안심하고 졸던 필자는 목뼈를 다칠 뻔했다.

34명이니까 푹신한 관광버스 한 대면 충분할 거란 생각은 한국도로 기준이다. 초원에서 텐트를 치기도 하고 게르에서 숙식하기 위해 텐트와 침낭 및 반찬을 가득 담은 짐을 싣기 위해서는 4륜구동 밴이 제격이다. 일행을 위해 몽골여행사가 준비한 차가 6대나 됐다. 운전을 잘하는 베테랑 운전사를 선발하기도 했지만 만일을 위해 정비에 능한 운전사를 선발했다고 한다. 한국에서 17년간 살다가 본국에 돌아와 여행사를 차린 저리거 씨가 한국에서 살았던 이야기를 전해줬다. "한국에서 17년 사는 동안 한국에서 살고 싶었어요. 한국에 있는 동안 무역과 식당을 하면서 부동산하는 사장한테 돈을 빌려줬지만 일부만 돌려받아 돈이 없어 귀국했어요. 귀국해보니 너무나 달라져서 당황했습니다. 길도, 시스템도요. 제일 중요한 것은 일자리가 없어 일 년 정도 놀다가 인쇄소에서 일하는 동안 신익재 사장님의 권유로 여행사를 시작했어요. 열심히 하겠습니다."

비포장도로를 쌩쌩 달리는 푸루공... 몽골 비포장도로의 강자

비포장도로를 달리는 4륜구동 자동차가 언덕을 올라가다가 미끄러지기도 하고 진흙탕에 빠져 바퀴가 헛돌면 모두 내려 뒤에서 밀어야한다. 뒤에서 미는 동안 바퀴가 뿜어내는 흙을 뒤집어쓰기도 한다.

고비사막에도 양은 적지만 비가 내린다. 사막에 비가 내리면 와디가 생긴다. 와디(wadi)는 건곡이라고도 하는 지형으로, 사막에 있으며, 평소에는 물이 흐르지 않다가 큰비가 내리면 홍수가 되어 물이 흐르는 곳이다.

필자가 탄 자동차를 운전하는 바이거가 폭 1m쯤 되는 와디를 무시하고 건너다 뒷바퀴 하나가 허공에 떴다. 모두 내려 힘을 합쳐 밀어도 꿈쩍않는다. 해결사는 러시아산 자동차 푸루공이다. 푸루공에 밧줄을 걸어 뒤에서 끌어당기자 와디에서 쑥 올라왔다.

러시아 군용으로 만들어졌다는 푸루공은 구조가 단순하고 잔고장이 적어 정비가 쉬운 편이다. 전차에 비견될 만한 힘을 가졌다는 푸루공은 뭉툭하게 생겨 멋진 모습과는 거리가 멀다. 푸루공은 에어컨도 파워핸들도 없는 순수한 기계식이다. 험한 도로와 물을 만나도 거침이 없다.

뒷좌석에 아홉명이 타고도 웬만한 트럭만큼 짐을 싣고 달렸다. 답사를 마치고 늦게 출발하면 푸루공은 짐을 싣고 미리 목적지에 도착해 밥을 해놓고 기다리고 있었다. 숙소가 여의치 않아 목적지에 먼저 도착해 답사단이 오기를 기다리기 위해 고비사막으로 먼저 떠난 푸루공이 사막에서 고장난 오토바이 옆에서 난처해하는 노인부부를 만났다.

고장난 차를 만나면 가던 길을 멈추고 도움 주는 인심

바인졸은 러시아제 푸르공 운전사다. 말수가 별로 없지만 항상 미소를 짓는 바인졸. 마음씨 좋은 한국 시골 이장을 닮은 그는 답사단이 먹고 잘 음식과 매트 전기밥솥 등 자질구레한 것들을 싣고 다니는 운전사다. 푸루공을 운전하는 그가 고비사막 한가운데서 고장난 오토바이를 세워놓고 2시간 넘게 구원자를 기다리는 노부부 앞에 차를 세웠다.

바인졸이 온갖 공구가 구비된 푸르공 속에서 공구를 들고 부속이 망가진 오토바이를 20분 만에 고쳐줬다. 옆에서 할아버지를 다그치던 할머니 얼굴이 펴지며 입을 열었다. "바야를라-"

도움을 쿨~하게 주고받는 모습을 보고 "너 노인들을 위해 좋은 일을 해서 고맙다. 우리 답사단이 복받을 거다"라고 하자 이상한 눈으로 쳐다보며 "몽골에서는 누구나 그렇게 도움을 주고 도움을 받아요"라며 겸연쩍어했다.

사막을 벗어나 산길을 접어드는데 그 할아버지가 서 있었다. 커브를 돌자 낭떠러지가 나타났고 그곳에 고장난 지프가 길을 막고 있었다. 모르고 갔으면 큰일 날 뻔했다. 할아버지는 사고나지 않도록 알려주기 위해 기다리고 있었다.

초원길과 고비는 달리면 길이 된다

차가 비포장도로를 달릴 때면 나도 모르게 온몸을 비틀어야 한다. 움푹 패인 길을 피해야 하기 때문이다. 고비를 달리는 자동차는 앞차가 간 길을 가기도 하지만 때론 새로운 초원으로 달려가야 한다. 길이 패여 달릴 수가 없기 때문이다. 달리는 차 밑바닥이 덜컹거려 불안했지만 바얀헝거르까지 갈 수 있었다. 밤 9시가 되어서야 식사 준비를 마치고 운전사 바이거를 불러도 대답이 없다. 찾으러 가니 크랭크축을 분리해서 수리하고 있었다. 한 시간 넘게 망치로 뚱땅거리던 바이거가 다시 크랭크축을 결합해놓고 잠자리에 든 시간이 11시가 넘었다.

자신이 아는 두 가지 한국말 가운데 하나인 "아이고! 괜찮아! 아이고! 괜찮아!"를 외치며 미소를 지었다. 차에 탄 사람들이 울퉁불퉁한 길에 흔들리며 차창에 부딪힐 때마다 "아이고!"를 외치던 소리를 듣고 배운 소리다. 뒷 차가 안 보이자 백미러를 보며 "차 없어? 차 없어?"를 외치며 길가에 세우고 오기를 기다렸다. "차 없어?"는 "뒷 차가 안 보이느냐?"란 뜻이다. 조수석에 앉아 고비를 건널 때 가장 많이 본 것이 갈갈이 찢어진 자동차 타이어들이다.

함께 간 차가 고장 나면 모든 운전사가 달려와 함께 수리를 하는 이들을 보며 든든하기도 하고 대단하다는 생각이 들었다. 한편으로 한국인은 몽골에서 자동차 정비소를 차리면 성공하지 못하겠구나! 라는 생각이 들었다.

평생 보고도 남을
가축을 보았다

고비사막과 대초원을 푸르게 녹화할 방법은 없을까?

몽골 서부를 탐방하면서 느낀 건 너무나 광대한 초원과 사막이 여러 개 존재한다는 것이었다. 한편으로 부럽기도 하고 한편으로 한국에 미세먼지를 보내는 고비사막과 대초원을 푸르게 녹화하는 방법은 없을까를 고민했다.

카라코룸을 벗어나 알타이쪽 바얀헝거르를 향해 달리기 시작해 도중에 만난 조그만 도시는 호찌르트다. 시가지에 세워진 집들을 보니 단정하게 지어진 집 주위로 사각형 담장이 보인다. 몽골을 상징하는 소염보에도 나오는 사각형 담장은 몽골 어디를 가도 볼 수 있는 익숙한 모습이었다.

지금까지는 포장도로였지만 호찌르트부터는 비포장도로다. 초원길을 달리는 차가 움푹 패인 도로를 가며 흔들리는 대로 일행의 몸도 춤춘다. 천정에 부딪히기도 하고 차창에 부딪친 일행이 "아이쿠!"를 연발하자 몽골 운전수 바이거가 "괜찮아! 괜찮아!"를 말하며 웃는다.

한국 도로였다면 도로관리를 잘못한 지자체에 불똥이 떨어질 테지만 몽골오지탐험을 선택한 일행은 체념하기도 하고 즐기는 이들도 있었다. 앞 차들이 경사진 언덕길을 내려 초원으로 달린다. 조그만 시냇물을 뚫고 달리는 차창너머로 멋진 구름과 함께 대초원이 펼쳐진다. 몽골오지여행을 선택한 이유? 그래! 바로 이 맛이야!

달리는 찻길로 말들이 달려와 말이 지나가기를 기다렸다. 도로 위를 달리는 차를 막은 건 말뿐만 아니라, 소, 낙타, 양, 염소 떼였다. 그러고 보니 몽골을 대표하는 다섯 가지 가축이 다 들어있다. 운전사들이 길을 건너는 가축을 치면 가축 값을 물어주어야 한다.

몽골에서 차를 타고 3천km를 달리는 동안 로드킬 당한 가축을 본 건 양 한 마리와 말 한 마리가 전부였다. 새벽 1시 울란바타르 칭기스칸 공항을 떠나 새벽에 고비사막에 도착했을 때 길옆에 보이는 양과 낙타 소들을 바라보고 흥분하던 일행들. 며칠 지나자 수백 마리의 가축 떼가 도로를 횡단해도 무관심해졌다.

천천히 다가가 보니 가축은 없고 5㎝ 쯤 덮인 염소똥이 모래를 덮고 있었다. 유목민들이 양을 기를 땐 염소와 양을 함께 방목한다고 한다. 양은 한 자리에 머물며 풀뿌리까지 파먹어 버리는 데 반해 염소는 이동하면서 먹는 성질이 있다고 한다. 염소가 이동하면 양이 따라간다고 한다. 풀을 보호하기 위한 유목민들의 지혜를 들여다 볼 수 있는 장면이다.

몽골정부가 발표한 통계에 의하면 △염소 2359만 두 △양 2494만 두 △소 378만 두 △말 330만 두 △낙타 37만 두로 총 5천 598만 두다. 2018년 몽골인구가 311만명이니 일인 평균 18마리를 키우고 있는 셈이다. 몽골은 전체 노동, 인구 중 거의 절반이 농업에 종사하지만 국내총생산(GDP)에서 차지하는 비중은 1/4정도에 불과하다. 이 중 축산물이 전체 농산물 생산액의 약 70%를 차지하고 있다. 몽골인들이 생산한 육고기는 국내에서 소비되기도 하지만 대부분은 수출되고 있다. ≪육식의 종말≫을 선언한 제러미 리프킨의 얘기다.

"인간들은 기아에 허덕이고 있지만 소와 다른 가축들은 실컷 곡물을 먹고 있는 비극적인 현실이 펼쳐지고 있다. 남반부 사람들에겐 기아와 생존 위협을, 북반구 사람들에겐 각종 '풍요의 질병'을 안겨주고 있는 육식의 과잉 섭취와 그를 뒷받침하는 선진국의 가공할 환경보호의 최대 적인 목축업의 폐해를 고민해봐야 한다"

그는 "가축의 방목이 지구환경을 위협하고 있다"고 지적했다. 물론 반론이 있을 수 있다. 몽골초원 대부분은 곡식재배에는 적합하지 않은 땅들이다. 이러한 땅을 이용하는 농업으로 이용하는 유일한 방법은 반추동물들을 키우는 것이다. 소는 곡식을 생산할 수 없는 땅에서 목축하는 것이 일반적이다. 산림녹화 문제를 지적하자 신익재 사장이 설명에 나섰다.

"산림녹화를 하더라도 극심한 몽골 겨울추위를 견디고 살아남을 수종을 선택해야 하며 겨울에 살아남았다 하더라도 가축이 먹지 못하게 울타리로 보호해야 합니다." "목축 종사자는 약 35만 명입니다. 겨울폭풍으로 가축이 동사하면 어쩔 수 없이 대도시에서 일자리를 찾아 도시빈민이 되고 맙니다. 울란바타르의 구릉지대와 중앙난방과 상수도가 연결되지 않은 곳에 많은 유목민이 몰려와 공해 및 환경오염 등이 더욱 심각합니다. 2018년에도 구제역이 발생해 수많은 소가 살처분될 것으로 보입니다."

몽골인들에게 늘대가 주는 의미는?

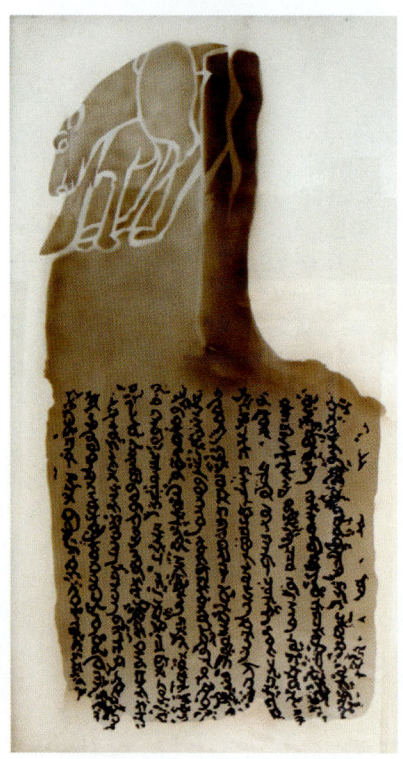

개과에 속한 포유동물인 늘대는 개와 비슷하게 생겼지만 더 건장하고 귀가 서 있으며 꼬리는 내려뜨리고 있다. 꼬리를 뺀 몸길이는 105~125㎝이고, 꼬리 길이는 33~43㎝, 몸무게는 14~37㎏이다. 가족 생활을 하며 집단적으로 사냥한다.

필자가 어린 시절에 지리산 근처에 살던 누나 집을 방문했을 때 황혼녘에 늘대울음 소리를 들었지만 한국의 남부에서는 절멸 상태로 알려졌다. 늘대는 먹이를 사냥함으로써 대형 초식동물의 숫자를 조절하고 생존에 적합하지 못한 개체들을 제거하는 기능을 한다.

하지만 늘대가 양과 같은 가축을 공격하여 먹이로 삼는 바람에 사람들에게는 좋지 않은 이미지로 상징화 되어 '늘대인간'과 같은 전설이나 설화 속에 반영되었다.

한국인에게는 곰 토템... 몽골인들에게는 늘대 토템

토테미즘은 한 사회나 개인이 동물이나 자연물(토템)과 맺는 숭배관계 또는 친족관계를 포함하는 다양한 관계를 의미한다. 토테미즘은 많은 원시 부족들의 공동체나 종교에서 중요한 역할을 해왔다.

한국사회의 토테미즘은 〈단군신화〉에서 그 모습을 찾아볼 수 있다. 환웅은 인간이 되고 싶다는 호랑이와 곰에게 쑥과 마늘을 주고 100일 동안 햇빛을 보지 말라고 한다. 100일 동안의 혈거생활과 금기를 지켜낸 곰은 웅녀가 되어 환웅과 결혼해 단군을 낳았다는 전설이 있다.

반면에 몽골인들에게는 늘대 토템이 있다. 몽골인들의 늘대 토템은 몽골 체체르렉 박물관 정원에 있는 석비(부구트비)에서 단서를 찾을 수 있다. 높이 2.45m의 석비는 582년에 세워진 것으로 고대 튀르크제국의 왕족이었던 마한 테긴(Mahan Tegin)의 기념비다.

비석의 머리부분에는 이리(늘대)가 어린아이에게 젖을 빨리고 있는 모습이 새겨져 있다. ≪주서≫ '돌궐전'에는 부구트비에 새겨진 이야기가 실려 있다. 다음은 '돌궐전'의 내용이다.

"이웃 나라에 의해 부족이 전멸되고 10살 사내아이 혼자만 발이 잘린 채 풀밭에 버려진다. 늘대가 그 아이에게 고기를 먹이며 보살폈고, 사내아이는 장성한 뒤 늘대와 교합해 늘대가 임신하게 된다. 적국의 왕은 그가 살아있다는 걸 알고 사람을 보내 죽였다. 늘대 역시 죽임을 당할 위기에 몰리자 고창국 서북쪽에 있는 산으로 도망쳐 동굴에 숨어지내며 10명의 아이를 낳았다. 그들이 자라서 결혼해 자손을 낳고 각자 하나의 성씨를 이루게 되는데 그중 하나가 '아사나'다"

'아사나'의 자손이 번성하면서 여러 세대가 지난 뒤 동굴에서 나와 알타이산(금산) 남쪽에 살면서 유연의 철공으로 일했다는 이야기가 전해진다. 책속에는 튀르크의 명칭에 대한 유래도 소개되어 있다. "금산은 형태가 두무(兜鍪) 즉, 투구와 비슷해 그곳 사람들은 두무를 '튀르크'라고 했다"고 한다.

늑대 후손인 '아사나'는 근본을 잊지 않음을 나타내기 위해 '낭두독(狼頭纛)' 즉, 늑대의 머리가 그려진 커다란 깃발을 군영에 세웠다고 한다. 아사나는 튀르크 지배층의 성씨로 '푸른 늑대의 눈'을 의미한다.

위구르족과 카자흐족은 늑대의 이빨과 뼈를 호신부로 삼아 몸에 지니고 다니며 사악한 것을 쫓아내고자 갓난아이의 요람에 그것을 걸어두기도 한다. 또한 키르기스족은 갓 태어난 아기를 박제한 늑대의 입에 넣었다 꺼내는데 여기에는 아이가 평생 늑대처럼 건강하고 용감하길 바라는 염원이 담겨 있다.

늑대 토템에 관한 또 다른 전설이 있다. 몽골고원 북쪽에서 살다 5세기 말에 알타이산맥 서쪽에 나라를 세운 '고차'는 훈누 선우의 딸이 늑대에게 시집 가서 생겨난 후손이라고 한다.

칭기스칸의 조상은 푸른 늑대와 아름다운 사슴 '아랑고아'

≪몽골비사≫에는 칭기스칸 가계와 조상의 계보가 기록되어 있다. 하늘로부터 생명을 얻어 태어난 푸른 늑대는 아름다운 암 사슴 '고아 마랄(Goa Maral)'을 아내로 삼아 가정을 이뤘다. 이들은 바다 '텡기스'를 건너 오논 강 상류의 보르한 산에 자리를 잡고 살면서 '바트차강'을 낳았다. 바트차강의 11대 후손 가운데 하나인 보돈 챠르(Bodon Char)가 칭기스칸의 선친이다.

몽골 성산 중 하나인 "소타이 산"으로 가던 중 보았던 모습이다. 일행을 안내했던 몽골인의 설명에 의하면 타이어를 이렇게 세워놓으면 양을 잡아먹으러 내려왔던 늑대들이 인간이 세워둔 조형물을 두려워한다고 한다.

푸른 늑대와 흰사슴을 해쳐서는 안 된다는 ≪몽골원류≫의 기록, 몽골족의 영웅 장가르가 황야에 버려졌을 때 늑대가

젖을 먹여주었다는 전설 등은 몽골족의 늑대 토템신앙을 말해준다.

튀르크계 민족에게 늑대는 용맹의 상징이다. 카자흐족 영웅 '자니벡'은 카자흐 칸국의 기초를 닦은 인물인데 그가 용맹한 이유는 젊은 시절 황야에서 잠들었을 때 늑대가 그의 가슴을 뛰어넘어가 늑대의 신력을 얻은 덕분이라고 한다.

지난 달(9.2~9.28) 여수미술관에서 열린 2019 몽골 초대작가 교류전(하늘 바람 초원)에는 몽골서쪽의 바양울기 시립박물관의 협력으로 바양울기 시립박물관이 추천한 몽골 중진작가 6명의 작품 26점이 전시됐다.

여수미술관에서 열린 2019 몽골 초대작가 교류전에 작품 26점을 들고 방한한 바양울기 시립박물관장 아자마트 아리사울(좌측)이 다큐멘터리 작가 성준환 PD(우측)가 제작한 몽골 다큐멘터리 작품을 들여다 보고 있다.

이 중에는 늑대와 몽골 야크가 초원에서 대결하는 그림이 있다. 고원지대에 사는 야크에게 가장 무서운 적은 집단으로 달려드는 늑대떼다. 몽골초대작가 교류전을 총괄기획했던 성준환 피디는 2002년부터 매년 몽골을 오가며 몽골 다큐프로그램을 제작해 KBS, MBC, EBS에 방영했다. 그가 몽골을 오가며 다큐프로그램을 제작한 횟수는 40~50번이라고 한다. 여수미술관에서 열린 '하늘 바람 초원' 전에서 만난 성준환 피디의 얘기다.

"늑대가 야크 한 마리와 대결하면 야크가 이기는데 늑대집단과 야크 한 마리가 대결하면 늑대가 이기죠. 몽골초원에 촬영 나갔다가 인상적인 장면을 본 적이 있어요. 야크뿔에 늑대 한 마리가 찔러 죽어 있었어요."

고대의 오손, 튀르크, 고차, 철록, 회골, 후대의 위구르족, 카자흐족, 키르기스족 등 튀르크계 민족의 늑대 숭배는 오랜 세월 동안 끊이지 않고 이어지고 있다. 그로부터 2,100여 년이 지난 오늘날까지도 늑대는 여전히 그 후손들의 삶을 지켜주는 신성한 존재다.

타이하르 촐로

체체르렉을 거쳐 테르힝 차강 호수 국립공원으로 가는 길에 마주한 곳중 하나는 '타이하르 촐로'. 몽골어 '촐로(chuluu)'는 '바위'를 의미한다. '타이하르 촐로'는 체체르렉에서 북동쪽으로 22km 떨어진 '호이 타미르강' 남쪽의 '이흐 타미르' 마을에 위치하고 있다.

'타이하르 촐로'는 20m 높이 화강암 바위로 지역주민들은 바위에 고대 티베트 비문이 새겨져 있다고 주장한다. 이 바위가 몽골인과 관광객들의 주목을 받는 이유는 주변은 평지인데 평야 가운데 20미터나 되는 바위가 홀로 우뚝 서 있기 때문이다.

호르고 화산

일행을 태운 차가 한참을 달려 타리아트 마을을 지나 '호르고 산' 아래 주차장에 도착했다. '테르힝 차강 노르' 동쪽에 우뚝 솟아 있는 '호르고 산'은 높이 110m의 휴화산으로 서쪽에 분화구로 올라가는 계단이 있다.

현무암 자갈로 이어진 오솔길을 따라 정상에 올라서면 주변의 아름다운 경관을 볼 수 있다. 하지만 한국 관광객들의 눈에는 낯설지 않은 모습일 수도 있다. 제주도 분화구 모습과 너무도 흡사하기 때문이다.

일행과 함께 정상으로 올라가는데 세 명의 젊은 여성이 눈에 띈다. 코로나 걱정이 없는 몽골인들은 마스크를 쓰지 않고 사는데 마스크를 쓰고 산을 오르고 있었다. 이상하기도 해서 뒤따라 가며 그녀들의 말소리를 들으니 한국인 관광객들이었다.

직경 300~400m인 분화구는 깊이가 70~80m쯤 된다. 정상으로 올라가는 길의 경사도는 25~35도지만 분화구로 내려가는 길의 경사도는 45~50도에 달한다. 분화구 층이 2~3개의 층으로 되어 있다는 건 2~3번의 화산 폭발이 있었다는 걸 의미한다.

몽골어 '호르고(khorgo)'는 '바위 구멍과, 동굴, 웅덩이가 많다'는 뜻에서 유래됐다. 호르고 화산은 분화구 안에 물이 없을 뿐만 아니라 토양이 없다. 호르고 화산은 지금으로부터 8~9천 년 전까지 활동했던 신생화산이다.

호르고 화산 주위에는 참죽나무, 전나무, 흑단뿐만 아니라 매발톱나무, 건포도와 너트 같은 과일이 풍부하다. 때문에 이들을 먹고 사는 다람쥐, 토끼, 마못, 땅다람쥐, 여우, 늑대와 뇌조, 자고새 같은 새들이 많다. 몽골 정부에서는 이들을 보호하기 위해 1995년부터 국립공원으로 지정했다. 호르고 화산 주변에는 지름 30미터 깊이 10~15m 길이의 10여 동굴에서 주민들이 새끼 늑대를 길렀다. 늑대털을 사용하기 위해서다.

람사르 협약에 등재된 테르힝 차강 노르

몽골어 '차강'은 '하얀'색을 뜻하고 '노르'는 '호수'이다. 자주 이용하는 캠핑장 부부가 반갑게 손을 내민다. 춥지 않도록 장작을 듬뿍 마련해 준 부부는 "더 필요한 건 없느냐?"며 호쇼르를 주고 수태차를 가득 담아 주었다. 다음날 떠나올 때도 차에서 먹을 몽골과자를 듬뿍 싸줬다.

타리아트 솜에서 10km 떨어진 테르힝 차강 노르는 항가이 산맥의 깨끗한 물과 화산지형으로 생긴 호수이다. 동서로 16km, 남북으로 6km에 걸쳐 펼쳐진 화산폭발로 강이 막혀서 생겨난 호수이다. 11월부터 이듬해 5월까지 1~1.5m 두께의 얼음이 언다. 호수에는 농어, 산천어, 강꼬치 등 10여 종이 서식하고 있고 람사르 협약에 등재된 조류보호지역으로 새들의 천국이다. 특히 호수 중앙에 있는 '찬드마니' 섬에는 왜가리, 혹부리오리, 해오라기 등이 서식하고 있다.

전설에 따르면 한 노부부가 우물에서 물을 길은 후 우물 뚜껑 닫는 것을 잊어버려서 우물이 넘쳐 계곡이 범람하다 이 지역 영웅이 화살로 인근 산봉우리를 쏘자 잘려 나간 산봉우리가 우물을 덮었으며 이 봉우리는 호수 한 가운데 있는 섬(Norin Dund Tolgoi)이 되었다고 한다. 호수 동쪽 끝 호숫가에는 현무암으로 쌓은 돌탑 수백 개가 있다. 큰 돌탑은 높이 3~4m에 맨밑바닥 넓이가 3m쯤 된다. 돌탑 곳곳에는 푸른색 하닥이 걸려 있어 여행자들이 소원을 빌었을 터다. 생각해 보니 제주돌문화공원의 돌탑과 비슷하다. 하늘에까지 닿을 여행자들의 소원은 뭘까? 돈, 건강, 승진, 저 멀리서 주인 부부의 아이들이 뛰놀며 웃는 웃음소리가 들려온다. 그래! 저거다. 건강에 기반한 행복. 나도 돌탑에 작은 돌 하나를 얹었다.

몽골에서 발견한 28수 별자리, 어디서 본 건데

한국과 수천km 떨어진 몽골 초원에서 만난 동양천문학

몽골알타이 답사단이 하루에 300km를 달려 밤늦게 초원에 텐트를 치거나 게르, 70년대 한국여관 비슷한 호텔에서 쪽잠을 자며 몽골서부 알타이 지역을 답사한 이유가 있다. 우리 고대문화가 알타이 또는 바이칼호, 시베리아에서 남하했다는 설이 있어 이를 확인하기 위해서다.

고조선은 요서지역에 존재하지 않았다는 주장의 근거는 무엇일까? 고구려 장수왕이 천도한 후기 수도가 정말 평양일까? 몽골 서부 알타이 지역의 수많은 적석총은 누가 만들었을까?에 대한 실마리를 찾기 위해서다.

답사단이 돌아본 지역은 몽골이 서역을 정벌하기 위해 대군을 이끌고 지나간 초원길이다. 행군하는 길에는 끝없는 초원이 펼쳐지고 좌우측 넓이가 수km에 달해 대군이 행군하기에 안성맞춤인 지형이었다.

험한 초원길과 사막을 달려온 차량 냉각수가 끓어올라 할 수 없이 길가에 차를 세우고 후미에 뒤따르던 운전사들이 합세해 차를 고쳤다. 험한 길을 달리는 6대의 운전사들은 수시로 고장 여부를 확인한다. 때론 길을 잃어 초원을 몇 시간씩 달리다 되돌아오기도 하는 건 고장 수리를 하기 때문이다.

30여 분을 달리니 일행이 탄 차량을 길가에 세우고 길에서 500미터쯤 떨어진 초원에서 적석총 앞에 세워진 비석을 살펴보고 있었다. 일행은 초원길을 달리며 수백 개의 적석총을 보았고 10여 개의 적석총을 조사했지만 무덤 앞에 세워진 비석에 유의미한 그림이 새겨진 걸 못 보았다.

그런데 답사팀 단장 이일걸 박사와 안동립 대장, 임실문화원 최성미 원장이 "의미 있는 비석을 발견했다."고 말했다. 비석에 28수의 별자리가 그려져 있고 상부에는 북두칠성이 새겨져 있다는 것. 듣는 순간 귀를 의심했다.

"뭐라고요? 28수 별자리와 북두칠성이 그려져 있다고요?" 필자가 비석을 조사 중인 답사단들 사이로 비석을 살펴보니 비석 9부 높이에 빙 둘러 움푹 패인 구멍들이 보이고 그 아래에는 말과 사슴뿐만 아니라 동물 형상의 그림들이 보인다. 별자리를 세어보다가 흥분됐다.

몽골 초원에서 만난 동양천문학... 임실 소충사에도 있다

전라북도 임실군 성수면 오봉리 산 130번지에는 흥미로운 비석이 안장되어 있는 소충사가 있다. 소충사는 구한말 호남 의병장으로 명성을 떨쳤던 정재 이석용과 그를 따랐던 28의사를 모시는 사당이다.

소충사 맨 위에는 이석용 의병장 묘가 있고 그 아래에 28의사 합장묘가 있다. 28의사 비석 전면을 보면 의병 하나하나의 이름과 함께 28수 별자리를 각각 하나씩 배당해 그려놓고 있다. 이는 의병들의 숭고한 기개와 희생을 천문의 질서 속에 안치해 영원한 별들처럼 기려지기를 기원함이다.

[관련기사 : 영원한 별처럼 뜻이 기려지기를 바란 소충사 28수 천문비]

28개 비석의 맨 중앙에는 다른 비석보다 높게 세워진 비석이 있는데 의병장이었던 이석용 비석이다. 이석용 비석의 앞면에는 '북극'이라 새겼고 뒷면에는 '남극'이라 새겨 지축의 남북극을 구현했다.

28수는 적도 주변에 포진된 수많은 별 중에서 이정표가 될 만한 28개의 별자리를 특별히 만들어 천문을 관찰하는 지료로 삼았던 천문체계이다. 서양에서는 태양이 지나는 길 위에 관찰되는 12개의 별자리를 지표로 삼아 황도 12궁 체계를 만들었다. 반면 동양 고대천문학에서는 지구의 북극점이 가리키는 북극성을 중심으로 삼았다.

사마천은 28수 별자리를 사방위로 나누어 사신도(四神圖) 이미지로 중첩시켜 이해하도록 했다. 동방 일곱자리는 '청룡7수'로, 서방 일곱자리는 '백호7수'로, 남방 일곱자리는 '주작7수'로, 북방 일곱자리는 '현무7수'로 분석했다.

탁본 후 선명하게 드러난 28수 별자리와 몽골동물들

답사단은 탁본을 떠서 한국에 돌아가 연구하기로 했다. 바로 탁본 준비에 들어갔다. 탁본은 전문가인 임실문화원 최성미 원장이 맡았다. 탁본하는 걸 처음 본 필자를 위해 임실군문화해설사 강명자 씨가 탁본 재료를 설명해줬다.

먹, 한지, 좁쌀방망이, 스프레이, 솔, 광목천, 종이테이프, 신문지, 먹물그릇, 칼, 화장지로 10개가 넘는다. 신문지는 먹물 농도측정용이라고 한다. 높이 1.35m, 앞뒤면이 각각 30cm, 측면이 각각 26cm인 비석에 탁본을 뜨는 동안 일부는 가운데가 움푹 패인 적석총을 조사했다.

가운데 돌들이 밖으로 헤쳐져 있어 도굴된 것으로 여겨지지만 알 수 없었다. 탁본 뜨느라 비석 앞에서 한 시간 이상 조사하고 있는데 현지 유목민이 차를 몰고 와 항의하는것 같은 데 알아들을 수가 없다.

하는 수 없이 한국에서 3년간 일하다 돌아와 운전하는 '자야'를 통해 우리 의사를 전달할 수 있었다. 안동립 대표가 "탁본만 뜨고 비석을 전혀 훼손하지 않을 테니 이해해 주세요"라고 하자 투르토르(25)가 "알겠습니다"라며 말했다.

"20년 정도 이곳에서 살았는데 많은 사람들이 비석에 몰려와 이상한 생각이 들어 왔어요. 저 무덤은 20년 전에도 저런 형태로 있었기 때문에 도굴된 것인지 발굴된 건지는 알 수 없어요."

탁본을 들고 한국에 돌아온 동아지도 안동립 대표가 탁본에 새겨진 그림 자료를 보내왔다. 그림에는 28수 별자리 외에도 말 2마리, 사슴, 양, 멧돼지, 독수리, 해와 달, 칼 등이 보였다.

무덤의 주인이 누구인지, 어느 시대 것인지는 알 수 없다. 다만 커다란 무덤의 규모로 보아 권력자인 것만은 분명해 보였다. 보다 자세한 사항은 전문가들에게 맡기겠지만 답사단이 발견한 것은 동양천문학이 한국과 수천 km 떨어진 몽골에도 있었다는 점이다.

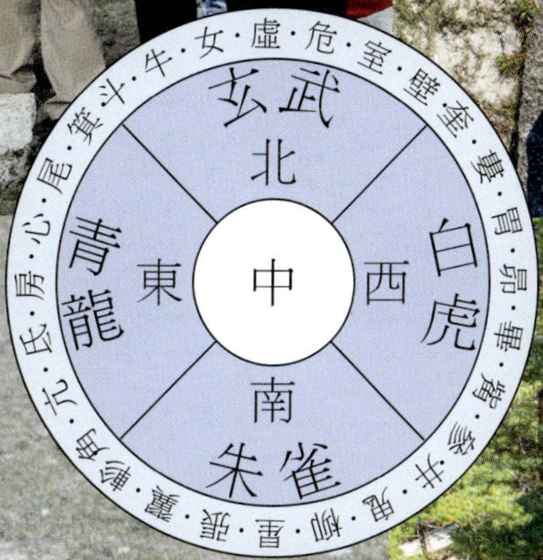

오르드 호래인 암(Urd Khuuraim am)

운두르 올란 솜 | 120×45×35cm | 회색 | 사얀-알타이 방식
볼코프 200241, tabl I.31.1

위쪽에 굵은 머리띠가 새겨져 있고, 앞면의 위쪽에는 2개의 사선, 구슬 목걸이, 말 2마리가 있고, 왼쪽 면에는 사슴 1마리와 아래에 멧돼지 1마리가 있다. 뒷면에는 말 2마리, 사슴 1마가 표현되어 있다. 아래쪽에 무늬가 없는 허리띠에는 칼, 단검, 도끼, 갈고리, 활집에 든 활 등을 새겼다. 몽골의 학자들은 28개의 점선을 목걸이로 해석하고 있지만 동양천문학과 사슴돌의 연관성도 연구가 필요하다고 본다.

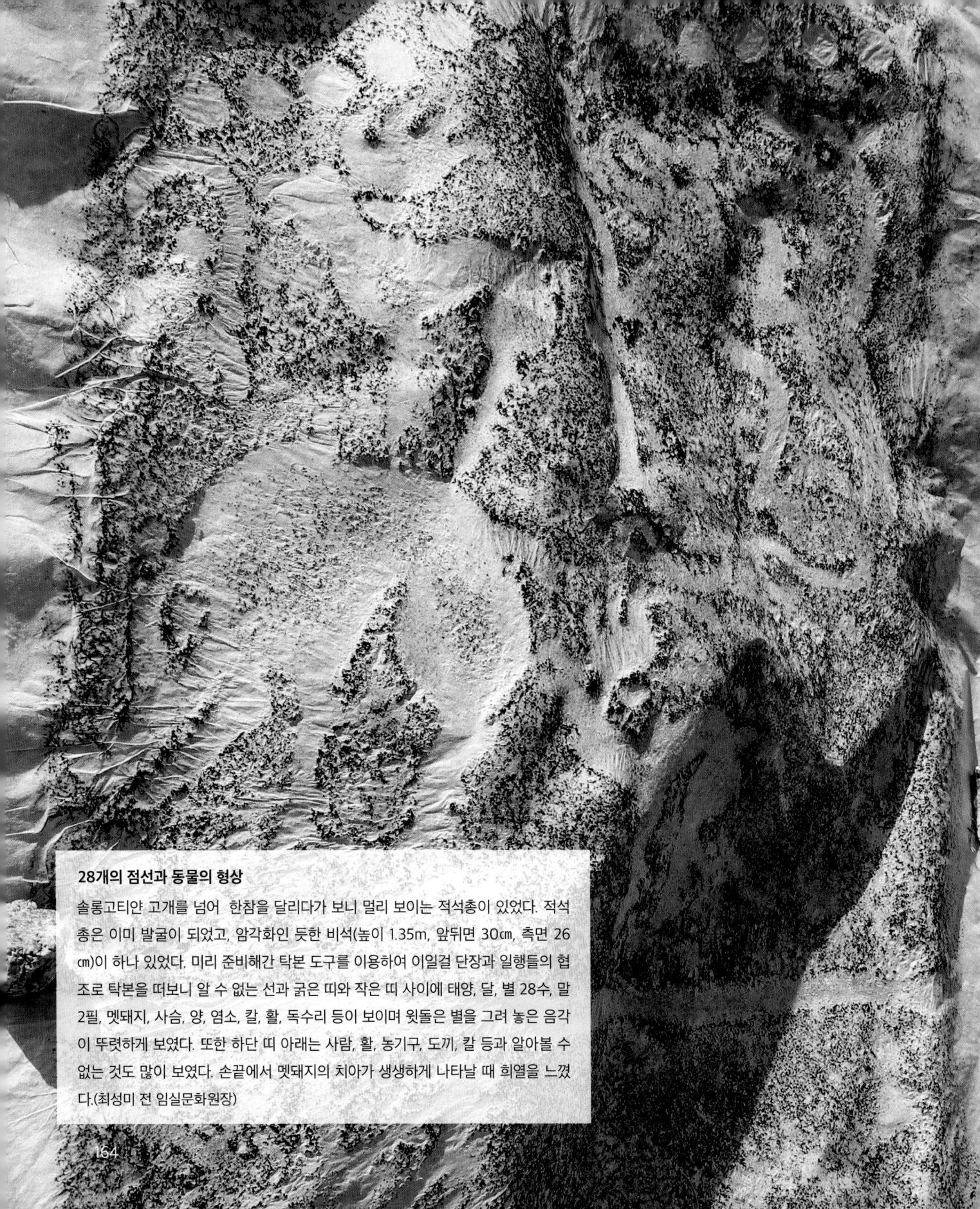

28개의 점선과 동물의 형상

솔롱고티얀 고개를 넘어 한참을 달리다가 보니 멀리 보이는 적석총이 있었다. 적석총은 이미 발굴이 되었고, 암각화인 듯한 비석(높이 1.35m, 앞뒤면 30㎝, 측면 26㎝)이 하나 있었다. 미리 준비해간 탁본 도구를 이용하여 이일걸 단장과 일행들의 협조로 탁본을 떠보니 알 수 없는 선과 굵은 띠와 작은 띠 사이에 태양, 달, 별 28수, 말 2필, 멧돼지, 사슴, 양, 염소, 칼, 활, 독수리 등이 보이며 윗돌은 별을 그려 놓은 음각이 뚜렷하게 보였다. 또한 하단 띠 아래는 사람, 활, 농기구, 도끼, 칼 등과 알아볼 수 없는 것도 많이 보였다. 손끝에서 멧돼지의 치아가 생생하게 나타날 때 희열을 느꼈다.(최성미 전 임실문화원장)

임실의 호랑이 상

'한참'이란 말, 몽골에서 유래했다

올라이스타이시- 몽골 저항정신의 산실

알타이 답사단 일행이 몽골군이 서역을 정벌하러 떠났던 초원길을 따라 많은 적석총을 관찰하고 올라이스타이시에 도착한 것은 밤 11시. 간신히 잡은 호텔로 들어가 시설을 살펴보니 70년대 한국 여관 같은 느낌이 들었다.

호텔이 많이 있으면 골라서 들어갈 텐데 하나밖에 없으니 선택의 여지가 없다. 간신히 졸졸 나오는 따뜻한 물에 몸을 씻

고 잠자리에 들었지만 알람시간보다 내 몸시계가 더 정확하다. 다음날 아침 6시 반에 일어나 올라이스타이시를 내려다 볼 수 있는 언덕에 올랐다. 50여 미터 높이 정상에는 스투파들이 있었다.

스투파는 '유골을 안치하고 흙이나 돌로 높이 쌓아 올린 무덤'이라는 뜻으로 위쪽이 뾰족한 불교의 탑이다. 스투파가 있는 정상에 올라가니 아주머니 몇 명이 운동을 하고 있어 한 분에게 영어로 "굿모닝"이라고 인사를 말한 후 "한국에서 왔다"고 하자 대뜸 "안녕하세요?"라는 한국말이 나왔다.

깜짝 놀라 물으니 알타이시 공무원이다. "반갑다"며 "8월에 LA에 사는 딸을 만나러 가는데 한국을 거쳐 갈 예정"이란다. 호텔로 돌아오는 길옆에 군인들 사진이 붙어 있어 알아보니 올라이스타이 시 출신 장군들로 사진 속 장군들 중에서 대통령이 두 명이나 나왔단다.

올라이스타이시 사람들은 징기스칸에 대항해 싸웠고 청나라에 마지막까지 저항했던 자존심이 강한 이들이다. 아침식

사 후 올라이스타이 박물관을 들러 유물을 둘러봤다. 박물관에 전시된 많은 유물들이 우리 문화유산과 닮아있다. 아쉬운 건 영어로 인쇄된 안내문은 고사하고 팸플릿도 없어 통역을 통하지 않고는 이해할 수 없었다는 것. 하지만 살림도구로 전시된 많은 것들이 우리와 닮았다.

실크로드에 가려진 초원로드

박물관에서 눈에 띄는 것 하나는 나무로 만든 수레였다. 인류가 발명한 위대한 발명품 중 하나는 수레다. 무거운 짐을 실어 운반할 수 있는 바퀴야말로 대량의 물자를 수송할 수 있는 손쉬운 도구이기 때문이다.

기록에 의하면 수레가 전쟁에 사용되기 시작한 것은 기원전 3천년 경이었다. 하지만 전장에서 실제적인 파괴력을 지니게 된 것은 바퀴 테두리를 지탱하는 뼈대를 사방에 부착한 전차 때문이다. 말이 이끄는 전차는 영화 <벤허>를 생각해보면 된다. 박물관에 소장된 수레가 언제 만들어진 것인가에 대한 정확한 기록은 없었다. 하지만 네 개의 타원형 나무를 깎아 십자로 된 바퀴살로 고정시킨 수레바퀴의 정교함에 놀랐다. 수레 아래에는 두꺼운 축대를 만들어 장력을 지탱해주는 축에 연결해 놓았다.

13세기 몽골인들은 유라시아 초원길을 통해 유럽의 동쪽지방까지 정복했다. 몽골의 세계정복은 이슬람문화에 치명적인 타격을 가했지만 한편으로 이슬람을 중용해 동서문화 교류에 지대한 공헌을 했다.

이슬람의 천문학, 의학, 음악, 인쇄술, 화약, 도자기, 나침반 등의 보급으로 서구 근대문명을 촉발시키는 데 큰 공헌을 했다. 말이 이끄는 수레와 전차는 몽골군의 기동력을 대변해줬다.

조직적 통치를 수월하게 유지하기 위한 역참제도

또 하나 눈에 띈 전시물은 역참제도를 나타낸 지도이다. 칭기스칸은 통치 지역이 넓어지자 몽골의 전통적인 역참제도를 도입해 연락망을 설치했다. 역참제도는 정비를 거듭해 쿠빌라이 칸 때 완성되었다.

역참이란 수도를 기점으로 하여 각 지방으로 도로를 놓고, 40km 간격으로 여관과 말이 딸린 '참'을 설치한 제도이다. 참과 참 사이에는 소식을 전하는 파발꾼이 사는 마을이 5km 단위로 만들어졌다.

'상당한 시간이 지나는 동안'이라는 뜻을 가진 '한참'은 '두 역참 사이의 거리'라는 뜻에서 유래됐다.

박물관 견학을 마친 일행의 다음 여정은 몽골인들이 성산으로 여기는 어터겅 텡게르산(4,021m) 자연보호구역 내에 있는 다얀산. 올라이스타이에서 동쪽으로 45km 떨어진 곳에 위치한 오트공텡게르산은 옛부터 샤머니즘으로 유명한 산이다. 오트공텡게르는 '가장 젊은 하늘'이라는 뜻으로 한가이 산맥에서 가장 높은 산이다.

자연과 인간 운명에 관한 불멸의 성지이고 티베트불교의 성산으로 5년에 한 번씩 몽골대통령이 참석해 산을 숭배하는 의식에 참석한다. 몽골신앙에서 '분노한 신들이 많이 산다'고 여기는 오트공텡게르 산에는 1963년 몽골 국내선 항공기가 추락해 2003년부터 등반이 금지됐다. 2017년 10월 27일에는 27명의 등산객이 조난 당해 10명만 생환했다.

다얀산으로 가는 길은 관광객들이 출입하는 곳이 아니다. 해발고도가 2,752m 높이라 가는 길이 만만찮다. 계곡으로 올라가는 길이 끊어지고 땅이 질퍽거리는 길이라 미끄러지는 차를 밀기도 했다. 유목민에게 길을 물은 후 다얀산 접근로를 찾느라 4번을 돌고 돌아 목적지 아래에 도착했다.

몽골의 성산 어터겅 텡게르산을 바라보며 천제를 지내다

산 정상에는 커다란 바위 두 개가 우뚝 솟아 있었다.

일행은 발아래 예쁘게 핀 야생화와 돌무더기들을 살피며 바윗돌을 향해 천천히 올라갔다. "뭘 볼 게 있다고 저 바위까지 올라가지?" 하는 궁금증은 바위 아래 도착해서야 풀렸다. 예쁜 야생화가 천지에 널려있었다. 몽골서부 알타이지역을 답사하는 동안 바라본 자연은 대초원과 황량한 모래사막뿐이었는데 여긴 아니다.

30여 미터 높이 바위에는 수많은 '하닥'이 걸려있고 어터겅 텡게르산이 바라보이는 쪽에 세워진 어워에는 하닥과 제단이 마련되어 있었다. '어워'는 몽골초원지대에 있는 돌탑으로 우리의 '서낭당'과 같으며 '하닥'은 주로 파란색 천을 나무나 돌에 감은 것으로 무사안녕을 빈다.

알타이 답사단은 이일걸 단장이 중심이 되어 천제를 드리고 하산했다. 정상에서 100여 미터쯤 내려왔을 때 야생대파가 곳곳에 자라고 있어 깜짝 놀라 이파리를 뜯어먹어보니 우리가 먹는 대파 맛 그대로다. 문득 어릴 적 읽었던 ≪사람 먹는 나라≫ 동화가 생각나 파가 이곳에서 한국으로 전래되지 않았나 생각해보았다. 동화내용이다.

"사람이 소로 보여 서로 잡아먹게 되는 마을이 있었다. 그 마을에 살던 어떤 사람이 동생을 소로 착각해 잡아먹고 절망해 마을을 떠났다. 수십 년 후에야 그 사람은 사람이 사람으로 보이는 마을을 찾았다. 마을 사람에게 물으니 파를 먹고 눈이 맑아졌다 했다. 그 사람은 기뻐하며 고향으로 돌아와 파를 심었으나 고향 친구들이 그 사람을 소로 보고 잡아먹어

버렸다. 시간이 흘러 심어놓은 파가 다 자라고, 파 향기에 이끌려 파를 먹게 된 마을 사람들은 눈이 맑아져 다시는 사람을 소로 보고 잡아먹는 일이 없게 되었다."

차를 주차해 놓은 곳에 도착하니 가족들과 함께 여행왔다는 몽골인들이 있었다. 사진을 보여주며 통역을 통해 "야생파를 먹느냐?"고 물으니 "몽골인들도 먹지만 좋아하지는 않으며 성산에 자라는 야생파로 함부로 뜯어서는 안 된다"고 말했다.

유라시아 고대문화의 심장, 몽골 유목문화

몽골은 한국문화의 기원 유추할 수 있는 열쇠일 수도

"우리나라에는 고인돌과 적석총 무덤이 많이 있습니다. 특히 고구려 적석총 무덤이 군집을 이뤘던 환인 지역은 수몰되었지만 집안 부근에는 아직도 거대한 고구려 적석총 무덤이 많이 남아있습니다. 서울 석촌동에도 아직 백제의 적석총이 다수 남아 있어요. 이와 같은 적석총을 보고 있노라면 한민족의 시원과 관련하여 돌무지 무덤의 유래가 매우 궁금합니다. 나아가 수백 개의 적석총 피라미드가 중국 북부와 몽골 지역에 산재한다는 기사를 보고 몽골알타이 답사에 나섰습니다."

몽골 알타이 답사단 단장을 맡은 이일걸(한국간도학회 회장) 박사의 얘기다. 그는 알타이 지역을 답사한 후의 계획을 다음과 같이 설명했다.

▲몽골서부 알타이 지역의 적석총과 거석문화의 실체를 조사해 학계에 보고
▲몽골유목민의 역사와 문화체험 후 몽골과 한국이 가진 전통문화 관계 규명
▲몽골지역 주요 박물관을 견학 후 답사단에게 전문지식을 향유할 기회 부여

이일걸 회장은 간도협약으로 쪼그라든 한반도 역사와 동북공정문제, 식민사관에 경도된 일부 역사관을 안타까워하며 그동안 왜곡되고 폄하된 우리 역사를 바로잡을 수 있기 바랐다.

몽골의 판석묘, 적석총, 암각화, 사슴돌은 청동기와 초기 철기시대 대표적 유물

몽골 옛수도인 카라코룸을 떠나 알타이로 향한 답사단은 13세기 몽골군이 서역정벌을 떠난 대초원길을 따라 서쪽으로 향하고 있었다. 나담축제에 우승한 명마를 기념하기 위해 세운 말사원을 떠나 서쪽으로 향하는 눈앞에는 사방을 둘러봐도 게르도 보이지 않고 이글거리는 태양만 빛나고 있었다.

몽골에 사는 교민이 대초원길이라고 하는데 필자의 눈에는 사막이라는 느낌이 들었다. 바람에 모래가 날리는 평원에는 말라 비틀어진 풀 몇 포기만 듬성듬성 나있었기 때문이다. 오른쪽 멀리 한가이 산맥의 희뿌연 그림자만 보이고 피곤해진 일행의 눈꺼풀이 감겨올 때 선두차가 멈췄다. "양떼들이 풀을 뜯기 위해 달려가는 곳에 뭔가가 있다"는 것.

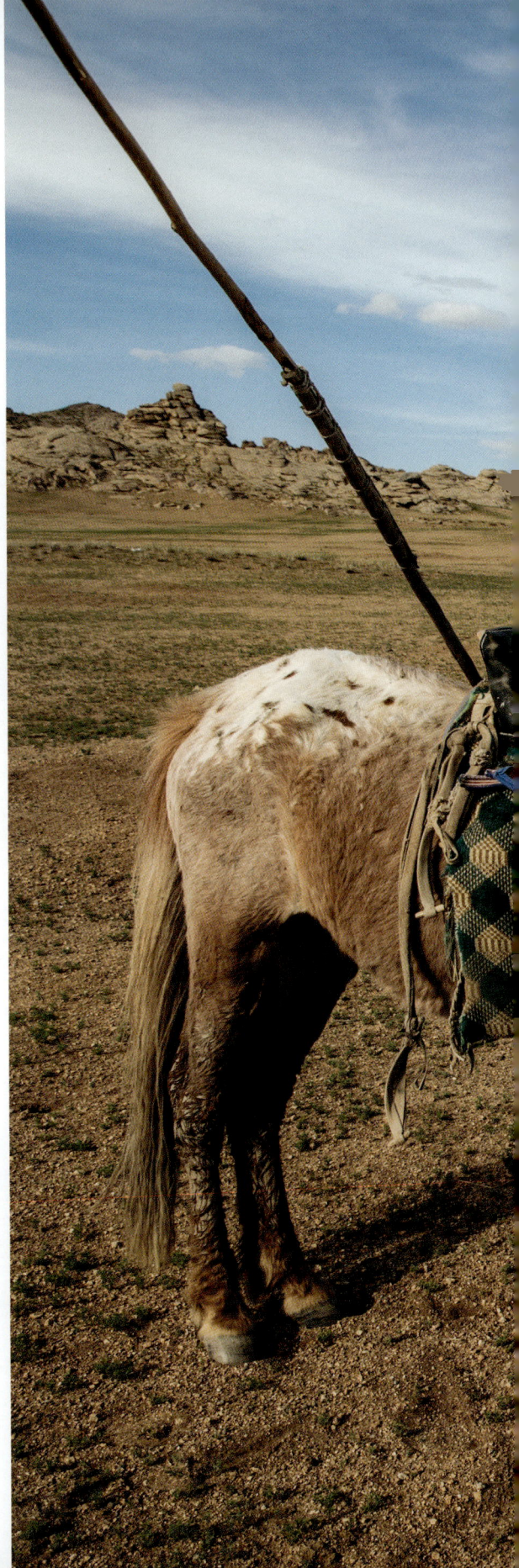

동북아시아 청동기시대를 대표하는 판석묘

차를 내려 듬성듬성 풀 몇 포기가 자라는 곳으로 다가가자 양들이 도망간다. 다가가보니 풀 사이로 넓적한 돌들이 서있었다. 이른바 판석묘다. 몽골과학아카데미 고고학연구소에 근무하는 체벤도르지가 쓴 ≪몽골의 청동기와 초기 철기시대에 대한 연구≫에는 판석묘에 대한 설명이 잘 나와있다.

"판석묘는 장방형의 묘역 둘레에 석판을 둘렀기 때문에 붙여진 이름으로 묘역 내부에는 석곽이 설치된다. 판석묘의 입지는 돌과 바위가 많은 곳, 비교적 높은 산과 언덕, 산의 남쪽 기슭, 넓은 초원의 네 가지 입지로 나뉜다."

판석묘는 넓은 초원에 있는 것으로 도로변에 있어 답사단의 눈에 띄었다. 판석묘에 대한 규모와 위치를 기록하던 일행은 땅바닥에 놓인 돌판에 이상한 문양이 보여 탁본을 떴다. 탁본은 한국에 돌아와 조사연구 후 학계에 보고할 예정이다.

초원 민족들이 서역정벌에 나섰던 초원길에 다양한 형태의 적석총 수백 기가 존재

13세기 몽골군이 서역정벌의 전초기지로 여겼던 알타이를 떠나 울란바타르로 돌아오는 대초원길에는 수백 기의 적석총이 있었다. 시간이 없고 답사 기간도 짧아 모두 조사할 수가 없었지만 눈에 보이지 않은 적석총들은 셀 수 없이 많았다. '타래'라고 불리는 지역에서 본 적석총은 답사단이 열흘간 본 것 중 규모가 가장 컸다. 높이 5m, 중심축 무덤 지름 22.4m, 외륜 95m로 방위각 305도이다. 정상부위에 올라가 보니 중앙부가 움푹 패여 발굴되거나 도굴된 흔적이 보였다.

적석총이 위치한 곳에서 사방을 둘러봐도 가장 가까운 산이 4km 정도 떨어져 있고 수십만 개의 돌을 쌓아 만든 무덤으로 보아 권력자 무덤인 걸로 추정된다.

몽골에서 히르기수르라 불리는 적석총은 아주 복잡하고 특이한 석축 구조물로 유구 중앙에 돌무더기가 있고 그 바깥쪽으로는 원형과 방형 석렬, 그리고 그것을 따라 배치한 부속유구 등으로 구성되어 있다.

몽골국립박물관 전시실에는 여러 가지 형태의 적석총을 그린 그림이 있었다. 사진을 촬영하려면 돈을 지불해야 하지만 신분을 밝히고 뉴스에 사진 자료를 사용하고 싶다고 하니 허락해줬다. 박물관 자료에 따르면 12가지 형태의 적석총들이 있다.

몽골 전역에 퍼져있는 적석총은 청동기시대의 가장 많은 기념물로 크기와 형태, 구조가 다양하다. 사람의 인골과 부장품들이 발견되기도 하지만 대부분은 함께 순장한 동물의 것들이다. 작은 고분들 속에서는 말 두개골이 태양이 떠오르는 쪽을 향해 배치돼 있다. 적석총은 규모가 커서 발굴조사에 많은 인력과 시간을 필요로 하지만 지금까지 고고학적으로 많은 정보를 제공하지 못했던 관계로 본격적인 조사가 이루어지지 못했다고 한다. 발굴 조사된 적석총에서는 소수의 유물만 발견되었는데 이는 이미 도굴되었거나 처음부터 부장품 없이 매장한 풍습과 관련이 있을 수 있다고 한다.

칭기스칸은 자신의 죽음과 무덤이 알려지는 것을 극도로 꺼려 자신의 묘에 아무런 표시도 하지 말고 아무도 모르게 장례를 준비하라는 유언을 남겼다. 때문에 장례 행렬을 본 사람들과 무덤을 만든 일꾼, 그들을 지키던 군사들까지 모두 죽음을 면치 못했다고 한다. 몽골지역 청동기와 초기 철기시대의 대표적 유적 중 하나는 사슴돌이다. 체벤도르지는 사슴돌에 새겨진 그림을 잘 설명하고 있다. 다만 28개의 별자리를 "일렬의 점"이라고 설명한 부분에 관해서는 양국 학자들이 논의할 필요가 있다. 동양천문학과 관련이 있지 않을까 추측되기 때문이다.

전라북도 임실에 소재한 소충사에는 무덤에 28수 별자리를 표기한 비석이 있고 임실 상가리 바위에 그려진 윷판유적에도 28수 별자리를 의미하는 윷판그림이 있기 때문이다.

체벤도르지가 설명한 사슴돌에 관한 설명이다.
"사슴돌은 네 면이 있는 길쭉한 돌을 가공하여 펑펑한 면을 상중하 세 부분으로 나눠 상부에는 원형을, 바로 아래에는 일렬의 점을 새긴 후, 중앙부에는 사슴을 사실적으로 새긴다. 하부에는 허리띠를 새긴 후 여러 종류 무기를 걸어 놓은 상태로 표시한 석상을 사슴돌이라고 한다. 사슴돌에는 선사시대 전사들이 사용하던 무기인 단검, 손칼, 부싯돌, 투부, 활과 화살통, 창, 방패, 거울 등이 표시되어 있다. 사슴돌 중앙부에 새겨진 사슴 문양 사이에는 말, 표범, 산양, 멧돼지 등의 동물 문양도 새겨져 있다. 몽골 선사시대 유적에 대한 연구는 한국고고학이 유라시아로 가는 관문역할을 한다. 양국 학자들의 심도 있는 연구는 한국문화의 기원이 어디에서 연유했는지를 풀 수 있는 열쇠가 될 수 있다."

4천~5천년 전
기록을.... 탁본 뜨기

옛 선인들 속으로 들어가기 위한 지난한 작업

몽골의 매력은 무엇일까? 광활한 초원? 독특한 거주형태 게르? 초원 위에서 평화롭게 풀 뜯는 동물들? 아니면 세찬 바람이 불 때마다 새로운 언덕이 생기는 고비사막?

나도 모르게 몽골에 빠진 이유가 몇 개 있었다. 한없이 푸른 하늘, 금방이라도 머리에 쏟아져 내릴 것 같은 별들, 나담축제 기간에 뿌연 먼지를 내며 초원을 달리는 승마경주, 독특한 모자를 쓰고 힘자랑하는 씨름경기 등등.

하지만 필자가 몽골에 사로잡힌 특별한 것이 사슴돌과 암각화다. 사슴돌은 돌 표면에 주로 사슴을 표현하기 때문에 고고학 연구조사에서 20세기 초반부터 '사슴돌'이라고 부르게 되었다. 사슴돌은 선사시대 청동기 및 초기 철기시대 유목민들의 역사·예술·문화·신앙 그리고 사회조직을 연구하는데 귀중한 기념물이다.

현재 몽골을 중심으로 우크라이나의 우랄산맥에서 바이칼 호수에 이르는 넓은 고원에 1,500여 개가 있지만 등록된 사슴돌 중 80% 이상인 1,241개가 몽골에 있다. 사슴 도안에서 두드러진 특징은 거대한 사슴뿔과 새처럼 가늘고 긴 주둥이다. 사슴돌은 샤머니즘과 관계가 있다. 사슴은 알타이어족 샤먼의 중요한 표지이기도 하다. 특히 시베리아 샤먼의 복장은 사슴, 새와 밀접한 관련이 있다. 사슴은 하늘(신)과 땅(인간)을 잇는 메신저 기능을 하는 존재이다. <선녀와 나무꾼> 설화에서 선녀가 아이들을 데리고 하늘로 가버린 뒤 나무꾼이 사슴의 도움으로 하늘에 올라갈 수 있다는 이야기는 바로 사슴돌의 사슴이 지닌 상징과 연결되어 있지 않을까?

탁본... 옛 선인들이 남긴 흔적을 좀 더 정확히 들여다 볼 수 있는 방법

거대한 적석총 앞에 세워진 1.5m 높이 돌에는 1~2㎝ 깊이로 파인 여러 문양이 그려져 있었다. 몽골을 몇 번 답사했던 분들 입에서 "사슴돌입니다"라는 설명이 나왔다. 돌에는 여러 개의 점이 연결되어 있고 동물문양도 보였지만 어렴풋해서 도대체 뭔지 알 수가 없었다.

최성미 원장이 탁본 장비를 꺼내 돌에 묻은 먼지를 털어낸 후 물을 뿌리고 나서 창호지를 바르기 시작했다. 이어 구둣솔로 창호지를 두드린 후 물기 빠진 종이를 먹물 묻힌 좁쌀방망이로 가볍게 두드리자 여러 문양이 드러나기 시작했다. 그곳에는 말, 멧돼지, 칼, 도끼 등의 모습이 나타났다. 와! 4천~5천년 전 옛 선인들이 남겨놓은 기록이 내 눈앞에 모습을 드러냈다. 가슴이 두근거렸다.

최성미 원장에게 탁본을 배우고 처음 사슴돌 탁본을 시작한 곳은 '빈더르' 서쪽 50km에 펼쳐진 대평원이었다. 적석총 앞에 2기의 사슴돌이 서 있었다. 사슴돌 두 개를 탁본하고 싶었지만 문양이 떨어져나간 한 개는 탁본 작업이 수월하지 않을 것 같아 포기했다.

한국에서 공수해온 탁본 도구를 들고 사슴돌에 다가가자 새똥이 잔뜩 묻어 있어 윤곽은 대충 보이지만 무슨 그림인지 알 수가 없었다. 구둣솔로 먼지를 털고 물을 뿌린 후 사슴돌 위에 입힌 창호지를 먹물묻은 좁쌀방망이로 가볍게 두드리자 문양이 드러나기 시작했다.

밤 10시에 탁본 완성한 '천마' 그려진 사슴돌... 행복했다

글자가 없던 옛 선인들은 자신들에게 중요한 것을 바위에 그림으로 그렸다. 오랜 세월을 이겨내며 지워지지 않고 살아남아 오늘날까지 볼 수 있는 암각화다. 오늘날 문자로 기록하듯 옛날 사람들은 바위에 그렸다. 암각화는 고대인의 종교적 심성을 고스란히 전해준다.

알타이산 등정을 마치고 몽골과 러시아, 중국, 카자흐스탄 국경근처에 있는 암각화를 찾았다. 그곳에는 수백 기의 암각화가 지천으로 널려 있었다. 탁본 작업을 시작하는데 바람이 많이 불고 갈라진 바위틈 때문에 그림들을 판독하기 힘들었고 암각한 부분이 너무나 얕아 선명한 그림이 나오지 않는다는 것이다. 아! 4,000~5,000년 전 옛 선인들이 이 바위 앞에서 사슴과 늑대, 말탄 사냥꾼을 그린 그림이 내 눈앞에 있는데 탁본을 제대로 뜰 수 없다니!

귀한 사슴돌을 만났다. 타미르 강을 바라보는 언덕에 세워진 사슴돌은 예사 사슴돌이 아니다. 돌에 새겨진 문양은 사슴이 아니라 말이었다. 안내판에 "중앙아시아와 몽골 포함해 2기 밖에 없는 사슴돌로 말 문양이지만 사슴돌로 간주한다"라고 적혀 있었다. 하늘로 날아오르는 형상을 한 '천마'를 닮은 사슴돌은 나를 더욱 흥분케했다. 밤 8시 탁본을 시작했다. 오늘 못하면 내일은 불가능하다. 창호지를 바르고 먹물 묻힌 좁쌀방망이로 두드렸지만 밤이라 종이가 마르지 않았다.

종이에 천을 대고 두드리니 종이가 제법 말랐다. 만족스럽지는 못하지만 바위에 붙였던 테이프를 떼어내고 조심스럽게 탁본을 떼어낸 후 시계를 보니 밤 10시다. 하늘에 별들이 총총히 떠올랐지만 해냈다는 행복감이 밀려왔다. 텐트로 돌아오기 위해 탁본 장비를 둘러메자 뱃속에서 꼬로록 소리가 났다. 까짓것 배고픔쯤이야!

황금산을 뜻하는
알타이 하작트산,
어머니 산이라 불리기도

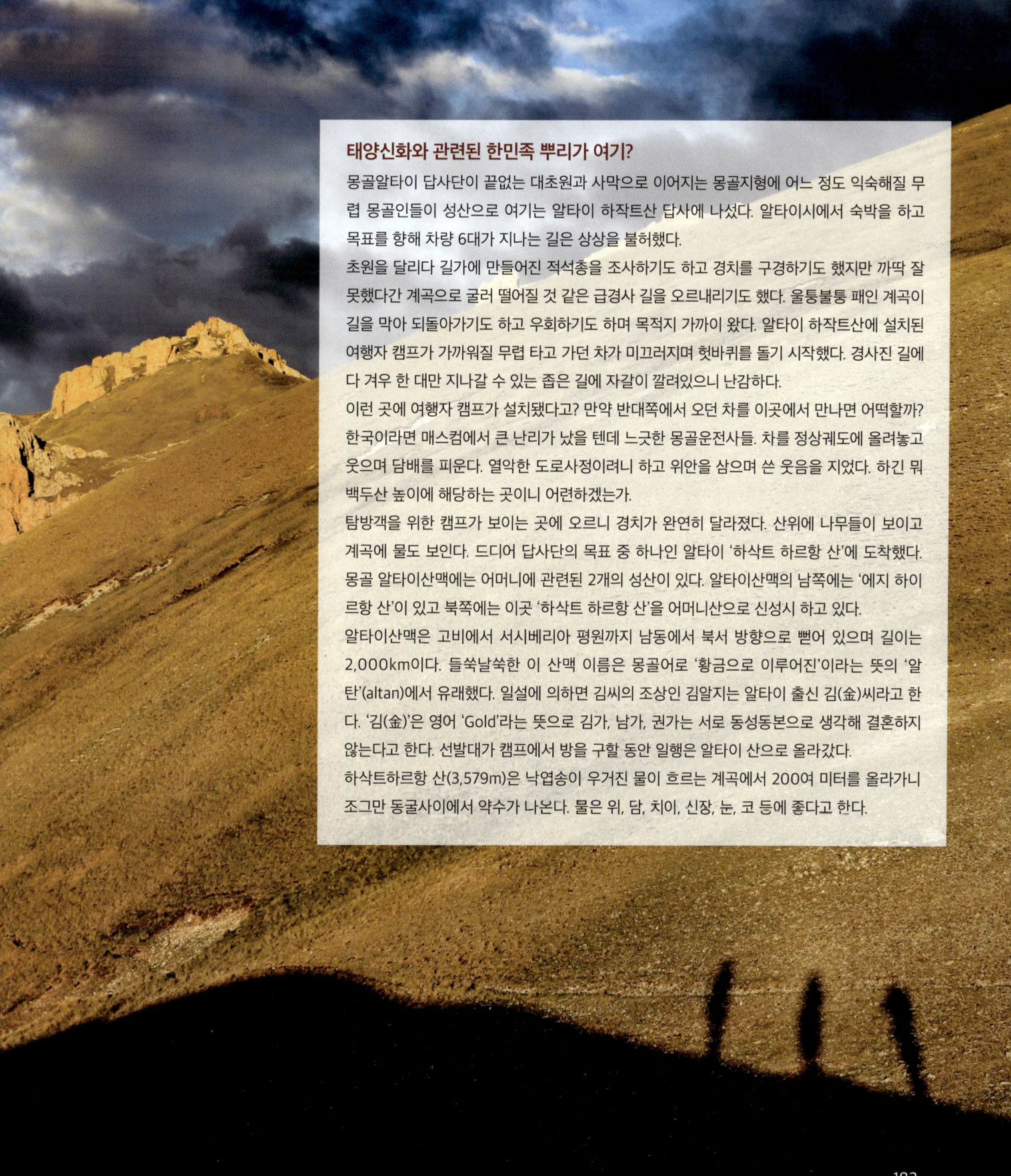

태양신화와 관련된 한민족 뿌리가 여기?

몽골알타이 답사단이 끝없는 대초원과 사막으로 이어지는 몽골지형에 어느 정도 익숙해질 무렵 몽골인들이 성산으로 여기는 알타이 하작트산 답사에 나섰다. 알타이시에서 숙박을 하고 목표를 향해 차량 6대가 지나는 길은 상상을 불허했다.

초원을 달리다 길가에 만들어진 적석총을 조사하기도 하고 경치를 구경하기도 했지만 까딱 잘못했다간 계곡으로 굴러 떨어질 것 같은 급경사 길을 오르내리기도 했다. 울퉁불퉁 패인 계곡이 길을 막아 되돌아가기도 하고 우회하기도 하며 목적지 가까이 왔다. 알타이 하작트산에 설치된 여행자 캠프가 가까워질 무렵 타고 가던 차가 미끄러지며 헛바퀴를 돌기 시작했다. 경사진 길에 다 겨우 한 대만 지나갈 수 있는 좁은 길에 자갈이 깔려있으니 난감하다.

이런 곳에 여행자 캠프가 설치됐다고? 만약 반대쪽에서 오던 차를 이곳에서 만나면 어떡할까? 한국이라면 매스컴에서 큰 난리가 났을 텐데 느긋한 몽골운전사들. 차를 정상궤도에 올려놓고 웃으며 담배를 피운다. 열악한 도로사정이려니 하고 위안을 삼으며 쓴 웃음을 지었다. 하긴 뭐 백두산 높이에 해당하는 곳이니 어렵하겠는가.

탐방객을 위한 캠프가 보이는 곳에 오르니 경치가 완연히 달라졌다. 산위에 나무들이 보이고 계곡에 물도 보인다. 드디어 답사단의 목표 중 하나인 알타이 '하삭트 하르항 산'에 도착했다. 몽골 알타이산맥에는 어머니에 관련된 2개의 성산이 있다. 알타이산맥의 남쪽에는 '에지 하이르항 산'이 있고 북쪽에는 이곳 '하삭트 하르항 산'을 어머니산으로 신성시 하고 있다.

알타이산맥은 고비에서 서시베리아 평원까지 남동에서 북서 방향으로 뻗어 있으며 길이는 2,000km이다. 들쑥날쑥한 이 산맥 이름은 몽골어로 '황금으로 이루어진'이라는 뜻의 '알탄'(altan)에서 유래했다. 일설에 의하면 김씨의 조상인 김알지는 알타이 출신 김(金)씨라고 한다. '김(金)'은 영어 'Gold'라는 뜻으로 김가, 남가, 권가는 서로 동성동본으로 생각해 결혼하지 않는다고 한다. 선발대가 캠프에서 방을 구할 동안 일행은 알타이 산으로 올라갔다.

하삭트하르항 산(3,579m)은 낙엽송이 우거진 물이 흐르는 계곡에서 200여 미터를 올라가니 조그만 동굴사이에서 약수가 나온다. 물은 위, 담, 치이, 신장, 눈, 코 등에 좋다고 한다.

183

조금 더 올라가니 절벽에 큰 구멍이 3곳 뚫려있다. 이른바 자궁바위다. 산정상을 향해 고개를 돌리니 절묘하게 생긴 바위들이 보이고 성스러운 곳으로 여기는 어워가 있다. 우리가 찾는 알타이 산 중심이다. 이일걸 단장으로부터 고조선과 훈누(흉노)족, 신라와 김씨의 내력을 듣고 천제를 올렸다.

캠프에 도착해 방이 부족하다는 소식이 들려왔다. 방이 없으면 텐트를 치겠다고 해도 안 된다며 막무가내다. 80km나 떨어진 알타이시에서 담당자가 검사를 나오기 때문이란다. 융통성 없는 직원들. 할 수 없다. 여성과 나이든 분들은 게르에서 자기로 했다. 그런데 실랑이를 벌여 허름한 방을 구했다는 연락이 왔다. 날씨는 춥고 어두워지는데 다행이다.

운전사들이 몽골 전통음식인 호르헉을 준비해왔다. 완성하는데 6시간 걸렸다고 한다. 호르헉을 만드는 현장에 가보니 장작불 속에 주먹만한 돌을 구워 가열한 돌을 고기, 소금, 마늘, 당근 등에 넣어 고기가 익을 때까지 기다렸다.

식사를 마치고 산에 파놓은 간이화장실에 앉으니 통나무 사이로 알타이 차가운 바람이 휭휭 불어온다. 별난 경험이다. 캠프로 돌아오는 길에 토끼만한 사막쥐 타르박이 서있다. 몽골인들은 타르박으로 만든 호르헉 맛이 최고란다.

침대에 누우니 스프링이 엉망이다. 맨바닥에 침낭을 깔고 잠을 청했다. 새벽 4시 플래시를 비추며 가시덤불을 헤치고 산으로 올라가는 길에는 고목들이 쓰러져 있고 가축 똥들이 보였다. 성산이라며 세수도 못하게 한 그들이 가축을 풀어 놨을까? 하긴 뭐 가축을 사람처럼 귀하게 여기는 그들인데. 아침 7시쯤 되니 알타이 하작트산에 해가 떠올랐다. 말로만 들었던 황금산이다. 하작트산은 철분을 많이 함유하고 있다. 때문에 햇빛을 쐬면 황금빛으로 빛난다. 금도 난다고 한다. 기록에 의하면 알타이 지역에는 국가가 관리하는 금광 외에도 불법으로 금을 채굴하는 '몽골닌자'들이 있다고 한다.

캠프장 고갯마루에서 가축을 키우는 유목민 집을 방문했다. 2,750m나 되는 높은 산 위에 홀로 있는 게르에는 30대 중반으로 보이는 아주머니가 아이 둘을 키우고 있었다. 아주머니는 출타 중인 남편을 대신해 수태차를 끓여 일행에게 대접해줬다. 수태차는 우유에 소금을 넣고 끓인 차다. 마트에서 사먹었던 우유와 비교가 안 됐다.

아주머니의 따뜻한 미소 때문에 필자에게 떠오른 생각 하나 "어쩌면 자연을 사랑하고 자연에 순응하며 사는 진정한 유목민이 아닐까?"

야생자연에서
온몸으로 느낀
몽골 초원에서의 낭만

몽골에서의 버킷 리스트

여행을 떠나기 전 몽골에 대한 상상을 꿈꿨다. 꿈 목록이다. 한가로이 풀 뜯는 양떼를 따라 준마를 타고 대초원을 노닐기. 금방이라도 쏟아질 것 같은 밤하늘의 별을 바라보며 보드카를 마시다 게르에 들어가 멋진 꿈을 꾸기.
예의바른 유목민 게르를 찾아가 맘씨 좋은 주인장으로부터 아이락(마유주)를 마신 후 기분 내키면 밀가루 같이 고운 사막 모래에 발자국을 남기며 《어린왕자》가 되어 보기.
운 좋으면 나담축제에 참가한 어린이들과 흙먼지를 남기며 초원을 달려보기.

꿈은 깨지기 마련이지만 꿈꾸는 것도 행복

영화와 사진으로 본 몽골초원과 사막은 상상의 날개를 펴기에 충분했다. 4륜구동 차량을 타고 험준한 산과 고비사막뿐만 아니라 수많은 가축들이 풀 뜯던 대초원을 밟아보기 전까지는.
그래서 한국으로 돌아온 지금 실망했냐고? 실망한 건 아니고 현실을 직시하게 됐다. 그리고 척박한 환경에서도 강인한 삶을 살아가는 그들에게 경외심을 품게 됐다. 아울러 한국인의 피에 그들의 DNA가 숨어있을 거라는 막연했던 생각에서 벗어나게 됐다. 내 엉덩이에 파란 멍이 있는 몽고반점을 보며.
카라코롬 박물관, 올라이스타이 박물관, 몽골국립박물관 방문은 우리문화의 뿌리가 어디인가를 확인해주는 소중한 계기가 됐다. 3,000km를 달리는 동안 길가와 고갯마루에서 가장 많이 본 것 중 하나는 우리의 서낭당과 똑같은 어워였다.
한국과 닮은 것들이 '어워'뿐인가? 전통혼례 때 신부 머리에 얹는 족두리, 옷고름에 차는 장도, 임금의 진지상인 '수라', 접미사에 붙는 벼슬아치, 장사치, 양아치, 자갈치, 꽁치 등의 '치'도 몽골에서 유래됐다.

"저 푸른 초원 위에 그림 같은 집을 짓고~" 노랫말...
밀가루처럼 부드러울 것 같았던 고비 사막길은 조그만 자갈과 울퉁불퉁한 길이며 갈갈이 찢어진 자동차 타이어가 험난한 길임을 증명해줬다. 장시간 초원과 사막을 여행하려면 텐트를 준비해야할 것 같은 생각이 든다. 언제 어디서 무슨 일이 생길지 모르기 때문이다.

오트공텡게르 산을 내려와 테르힝차강노르로 가는 길은 대초원길이다. 이따금 나타나는 야생화가 일행을 반긴다. 이름 모를 동네어귀에서는 말들을 묶어놓고 어린이들이 나담축제를 준비하고 있었다.

몽골독립기념일인 7월 11일부터 13일까지 열리는 나담축제에는 말타기, 씨름, 활쏘기의 세 가지 경기가 열린다. 몽골유목민을 상징하는 말타기 경주에는 5~12세 정도로 어린 아이들이 참여한다.

사진 한 장 찍기 위해 말 등에 올라탔다 하마터면 떨어질 뻔했는데 질풍같이 달리는 아이들을 보며 초원을 호령한 칭기스칸의 후예답다는 생각이 들었다. 차량은 비포장 초원길을 쉼없이 달리지만 끝이 보이지 않는다. 날이 어두워지고 내일을 기약하기 위해서는 일행뿐만 아니라 운전사도 휴식을 취해야 한다.

선두차가 초원으로 들어가 야영할 곳을 잡자 조별로 텐트를 치기 시작한다. 반반한 곳을 골라 텐트를 치려는데 소와 말똥 천지다. 이리저리 옮겨봤지만 부질없는 짓이었다. 할 수 없어 비닐을 깔고 그 위에 텐트를 친 다음 침낭 아래에 에어매트를 깔아 허리가 괴지 않도록 했다.

평균고도 1,580m인 몽골의 날씨는 여름밤이지만 싸늘했다. 추위를 막기 위해 잠바를 갈아입고 소똥과 말똥을 모아 모닥불을 피우기 시작했다. 선발대는 이미 호르헉을 준비했다. 소똥과 말똥을 주워와서 모닥불 주위에서 맥주를 마시며 노래를 하기 시작했다. "소똥불 피워놓고 마주앉아서 우리들의 이야기는 끝이 없어라! ㅎㅎㅎ"

밤은 깊어가고 수많은 별들이 초원으로 쏟아질 것 같다. 마냥 기분에 취해 노래만 부를 수는 없다. 내일이 있기 때문이다. 겨울용 침낭속으로 들어가 잠을 청했지만 잠이 안 온다. 발이 시려 잠을 잘 수 없다.

할 수 없어 겨울용 내의로 발을 감싸고 잠을 청했는데 초원바람은 왜 그렇게 센지. 텐트가 바람에 심하게 흔들리고 부스럭거리는 소리에 혹시 늑대가 나타났나? 하고 플래시를 침낭에 두고 잠이 들었다.

아침이 되어 텐트 밖으로 나가니 기막힌 장면이 펼쳐진다. 1km쯤 떨어진 초원 위에 몇 채의 게르가 보이고 말들이 풀을 뜯고 있었다. 차가운 날씨 때문인지 풀잎에 영롱한 이슬이 맺혔다. 그때다. 다섯 마리의 독수리 떼가 텐트 상공을 날고 있었다. 어젯밤 일행이 먹고 버린 양고기와 뼈다귀를 먹기 위해서다.

초원을 거닐며 생각해 보았다. 이곳은 가축들 삶의 터전이다. 인간이 가축 똥을 탓할 일이 아니다. 가축들은 초원에서 풀을 뜯고 똥도 싼다. 똥은 유기질 비료가 되어 풀들의 영양분이 된다.

초원에 대한 환상을 깬 것은 대초원에 텐트를 치고 숙박을 하고 나서다. 인간이 이런 가축의 삶의 현장에 들어온 것 자체가 우스운 일인지 모른다. 대낮이 되면 모기와 파리는 왜 그렇게나 많은지. 울란바타르로 가던 도중에 일행과 함께 풀밭에서 점심을 먹기 위해 자리를 잡았다. 그런데 근처 풀들이 이상하다. 근방의 풀은 가축들이 뜯어먹어 키가 작은데 쑥처럼 생긴 풀이 키가 크다.

자리를 깔기 위해 그 풀을 건드렸다. "아야야!" 벌에 쏘인 것처럼 아프다. 쑥쑥 아렸다. 일행을 안내한 저리거가 다가와 대증요법을 알려줬다. "'할가이'라는 독초입니다. 오줌을 싸서 손가락 부위에 바르면 좀 덜 아픕니다. 몽골 사람들은 다 그렇게 해요. 특히 어린아이들은 대부분 그렇게 하지요."

독초인 '할가이'는 가축으로부터 자신을 보호하기 위해 독을 지니고 있다. 독은 잘만 이용하면 약이 되기도 한다. 할가이는 어린 생장점과 잎에 비타민과 철분이 풍부해 맥주 양조에 쓰인다. 불면증에 탁월한 효과가 있고 탈모에 좋다고 한다.

다시는 그림 같은 초원에 집을 짓지 않기로 했다. 몽골초원은 가축들과 유목민들의 것이기 때문이다.

인류 역사상 가장 친환경적인 주거 형태

몽골 유목민들의 사유체계가 한 곳에 집약된 복합적인 구조물

몽골이나 중앙아시아를 여행하기 원하는 사람들은 푸른 초원에 점점이 박혀있는 하얀색 유목민 텐트에서 한 번쯤 숙박해보기를 원한다.

유라시아 알타이 민족들의 독특한 주거형태인 이 이동식 가옥은 최초의 유목제국인 훈누(흉노) 때부터 궁려(穹廬)라는 명칭으로 역사에 등장했다. '穹廬'의 한문 뜻을 풀어보면 '활처럼 생긴 거처'라는 뜻으로 지붕이 활처럼 휘어진 집을 의미한다.

활처럼 휘어진 이동식 가옥을 몽골인들은 게르(Ger)라 하고, 튀르크 계열 민족들은 유르트(Yurt)라고 부른다. "아무것도 없을 것 같은 대초원 위 천막 속에서 어떻게 살까?" 하는 걱정은 기우에 불과하다.

지난 6월 한 달간 몽골 동쪽 끝에서 서쪽 끝까지 왕복(8,000km)할 때 필자는 텐트와 침낭을 준비해갔다. 4륜구동 차량을 타고 이동하는 동안 자려고 텐트를 쳤지만 인근에 유목민이 있을 때는 게르에서 잤다.

평균 고도가 해발 1,580m인 몽골은 한 여름이라도 밤에는 춥다. 대초원에서 비바람 몰아치는 날 텐트 속에서 잠잘 때면 편한 잠을 이룰 수가 없다. 비가 새기도 하고 바람이 텐트를 그냥 놔두지 않기 때문이다. 하지만 게르 속에서 잠잘 때면 걱정이 없었다. 중앙부에 설치된 난로에 불을 지피고 각자의 침대 위에서 이불만 덮고 자도 된다. 몽골 게르는 인류가 창안한 주거형태 중 설치가 가장 편하며 친환경적이라는 말을 듣는다.

몽골 게르... 기후변화로 인해 생긴 초원지대에 알맞은 주거형태

인류의 주거형태는 기후나 사회의 경제구조에 따라 달라진다. 고고학자들의 주장에 의하면 지구는 약 5만년 전에 빙하기가 시작되어 1만 2천 년 전부터 온난화 현상이 일어났다. 그 결과 북방 유라시아 대륙을 덮고 있던 빙하가 녹으면서 이 지역에 숲이 우거지고 큰 호수가 생겨났다.

유라시아 지역은 서서히 건조해지기 시작해 기원전 2천 년 무렵에는 오늘날 같은 대초원지대로 변모했다. 이 같은 기후변화에 맞춰 인류의 생활형태도 변화되어 갔다. 학자들은 몽골지역에 산재한 석기시대 동굴유적과 암각화, 기원전 4천 년 무렵의 주거유적(움집) 등을 분석해본 후 오늘날과 유사한 '에스기-하나트-게르'(양털로 만든 펠트로 외곽을 덮은 천막)의 출현을 기원전 3천 년 무렵으로 간주하고 있다.

유라시아 역사상 최초의 유목제국인 훈누(흉노)의 게르는 '궁려(穹廬)'라는 이름으로 중원에 소개됐다. 궁려는 달구지 위에 실린 것과 땅위에 설치하는 두 가지 종류가 있다.

이 명칭과 종류는 후대의 유목제국인 선비, 오환, 타브가치, 유연, 튀르크, 거란, 몽골제국, 북원까지 이어졌다. 16세기부터는 오늘날과 같은 형태의 게르가 완성되었고 티베트불교의 융성과 함께 게르 형상의 고정가옥으로 발전되었다.

몽골건축가 "게르는 멍케-텡게리(영원한 하늘) 사상이 반영된 건축물"

몽골 건축가 다아잡은 "몽골 게르는 구조적으로 원형의 토대 위에 무수한 삼각형 조합의 연속으로 만들어진 멍케-텡게르(영원한 하늘) 사상이 반영된 건축물"이라고 규정하고 있다. 몽골 게르는 나무와 천의 결합으로 구성된다. 각 구성요소와 기능을 일곱 개로 구분하면 다음과 같다.

◆하나(Khan)- 게르의 몸통이자 벽을 구성하는 구조물로 자작나무, 버드나무로 만든다.
◆토오노(Togunu)- 게르 천장의 중심부에 위치해 오니를 고정하는 원형의 목재 구조물
◆오니(Uni)- 오니는 토오노를 떠 바치고 있는 우산살 형태의 나무들
◆하알가(khaalga)- 문틀을 지칭하며 버스거(bosgo)는 하부 문지방, 터터그(totog)는 문틀 상부, 하탑치(khatavchi)- 문틀 좌우 부분
◆바가나(bagana)- 토오노를 지탱하는 기둥이다.
◆으르흐(orkh)- 토오노를 덮는 사각형 펠트조각
◆타토르가(tatuurga)- 나무벽을 둘러싸는 펠트

몽골 게르는 원형, 삼각형, 버드나무라는 3의 성수 조합을 통해 북방문화 원형이 깃든 세계관, 계절과 시간, 별자리, 문양 등 갖가지 상징을 만들어 내고 있다. 즉 하늘의 중심 별인 북극성이 '어르흐'를 열고 버드나무로 된 '토오노'를 거쳐 성스러운 기둥 '바가나'를 타고 내려와 집안의 생명과 가계의 연속성을 상징하는 '골롬타(난로)'에서 지상의 불로 타오른다.

게르에 들어갈 때 지켜야 할 예절

자연과 더불어 살았던 몽골인들에게는 꼭 지켜야 할 금기사항이 있다. '물에 오줌을 눈 자는 사형에 처한다'는 금기와 '절대 문지방을 밟지 말라'와 같은 금기가 있다. 몽골인들은 문지방을 밟으면 주인의 목을 짓밟는 행위와 동일시하고 있다. 다음은 게르에 들어갈 때 지켜야 할 금기사항들이다.

◆ 문을 열고 들어가서 인사말을 한다.
◆ 중앙 난로 옆에 좌우로 2개의 기둥이 나란히 놓여있는데 왼쪽 기둥 바깥쪽에 서서 주인이 권하는 자리에 앉는다.
◆ 두 기둥 사이로 오갈 수 없다.
◆ 자리에 앉아서는 그들이 주는 수태차를 정중하게 두 손으로 받아 마신다
◆ 용무가 끝나 나올 때는 자리에서 일어나 뒤로 되돌아 나오는 것이 아니라 앞쪽을 지나 나온다.
◆ 절대 문지방을 밟지 않는다.

게르는 태양의 움직임은 물론 별자리나 빗소리, 바람소리까지 들을 수 있는 친환경적인 집이다. 밤에 소변을 보러 밖에 나오면 별들이 머리에 쏟아질까 두렵다. 밤하늘을 가득 수놓은 은하수와 북극성, 북두칠성, 카시오페아 별자리를 헤아려볼 수 있는 몽골 게르에서 숙박해보면 어떨까?

한국 문양과
너무나 닮은 몽골 문양

초월적 불멸과 행운의 상징 몽골 문양

위키백과에 서술된 정의에 의하면 '문화'란 "일반적으로 한 사회의 주요한 행동 양식이나 상징체계"를 말한다. 인간이 주어진 자연환경을 변화시키고 본능을 적절히 조절하여 만들어낸 사회 전반의 생활양식을 문화라고 말할 수 있다.

필자는 어렸을 적부터 궁금했었다. 한복 치마에 곱게 그려진 금박단 그림은 어디서 왔을까? 잠자리에 들기 전에 보았던 천정 벽지에 그려진 연속무늬는 어디서 왔고 무슨 의미가 있을까? 궁중의상이나 노리개 등에 달린 고운 매듭은 어디서 왔을까?

아마 학창시절 미술 시간에 배웠을 것 같은데 기억이 없다. 그러나 해답은 우연한 기회에 찾아 왔다. 몽골이 우리 문화의 원류였다.

동북아시아 북방민족 중 가장 유사한 문화형태를 가진 민족이 한국과 몽골이다. 두 나라는 역사, 민속, 언어, 음식, 음악, 의복 등 여러 분야에서 문화적으로 닮은 점이 많다. 13세기 원제국이 고려를 지배할 때 20만 명의 고려 여인들이 원나라 곳곳에 퍼져갔고 고려에서는 원나라 풍습을 받아들였기 때문이다.

두 나라가 가진 유사한 문화형태 중 하나가 문양이다. 필자가 몽골을 여행할 때 유난히 눈길을 끈 것이 있었다. 유목민 게르 내부의 장식이나 몽골 담장에 그려진 문양과 수백 기의 적석총이다.

한국과 몽골의 대표적 문양인 연속문양과 길상문양

《고대 유라시아 알타이의 종교사상》 저자 박원길 교수는 한국과 몽골의 대표적 문양인 연속문양과 길상문양의 상관성에 대해 이렇게 말하고 있다. "몽골의 집이나 각종 집기에 묘사된 연속문양(알항-헤에 Алхан хээ)은 한복의 금박단이나 담장에 많이 등장하는 연속문양과 일치하고 있다. 또한 몽골의 길상문양 (얼지-헤에 Өлзий хээ)은 한국의 전통매듭에서 많이 나타나며 형태가 일치하고 있다."

우리 민족은 예로부터 백의민족으로 흰색을 중요하게 생각했다. 몽골 역시 흰색은 신성함, 행복, 길상, 풍요, 번성, 시작 등을 상징한다. 검은색은 지하의 암흑, 죽음 등 부정적이다. 장막에 노란색을 두른 것은 사랑과 우정을 의미하고 붉은 색 바탕에 검은색 문양은 순록의 뿔을 형상화, 사랑과 우정으로 부족이 번영하길 바라는 뜻을 담고 있다.

연속문양인 '알항-헤에'는 '망치모양의 문양'이란 뜻을 지니며 110개에 이르는 문양형태가 있다. 알항-헤에는 대장장이의 상징으로 간주 되기도 하며 뫼비우스의 띠처럼 무한대의 상징으로 해석되기도 한다.

조화와 융합 사상과 함께 영혼의 부활이라는 상징이 숨어있는 알항-헤에는 자기복제라는 방식을 통해 같은 문양이 끝없이 반복 재현되는 초월적 불멸을 갈구하는 느낌을 준다. '얼지-헤에'는 '길상문양'이란 뜻을 지니고 있다. 유목민족은 가축과 일생을 보내며 가축을 길들이기 위해 가축을 통제할 수 있는 끈의 사용이 필수적이다.

현재까지 117개의 형태가 있는 얼지-헤에는 가축을 묶는 끈의 매듭 모양에서 유래했다고 알려져 있다.

얼지-헤에 중에서 가장 유명한 것 중의 하나가 몽골남녀의 결혼반지로 사용되는 '하안 보고입치(황제의 팔찌 Хаан бугуйвч)'와 '하탄 수이흐(황후의 귀걸이 Хатан сүйх)'이다.

몽골 전통사상에서 남성의 상징은 사각형, 여성의 상징은 원형으로 몽골인들은 이 두 모양을 황제의 팔찌와 황후의 귀걸이로 부른다. 몽골고고학자 에르덴바아타르에 의하면 '지금까지의 발굴결과 네모무덤은 남자, 원형무덤은 여자를 매장한 경우가 많았다"고 보고했다.

에르덴바아타르의 견해는 북방민족의 자연법적 인식체계와도 합치하고 있다. 사상적으로 중원지방은 남성을 원형(하늘), 여성을 사각형(대지)으로 간주하지만 북방민족은 그 반대로 간주하고 있다. 몽골의 결혼풍속을 추정할 경우 두 개의 무늬에 담긴 상징은 남녀의 상징물이 서로 교환되어 하나가 되었다는 것을 표현하고 있을 가능성이 높다.

방어와 수호, 부정제거뿐만 아니라 대지신 상징

몽골의 문양 중 중요한 것 중 하나가 격자문양이다. 북방민족의 역사유물에서 몽골게르와 함께 격자문양을 상징하는 것이 튀르크시대의 제사유적에서 나타나는 '하실라가 촐로오'(판석묘)가 있다.

'방패'라는 뜻을 지닌 하실라가 촐로오는 북방민족의 독특한 장례풍속 중 하나인 '툴레시'라는 희생제가 행해지는 장소로 '죽음의 돌집'과 같은 의미를 지니고 있다. 하실라가 촐로오가 원형 그대로 보존된 곳 중 하나가 호스타이 국립공원의 엉거트 제사유적이다.

이 제사터는 가로, 세로 1~2m의 4개 돌로 만들어져 있는데 돌들의 바깥 표면에는 게르의 벽과 같은 격자형 무늬가 새겨져 있다. 격자무늬는 방어와 수호, 부정제거 뿐만 아니라 대지신을 상징하는 기능으로 땅의 상징이기도 하다.

몽골에서는 삶이 끝나고 죽음이 다가올 때 흔히, "하낭 게레스 하단 게르트, 에스기 게레스 엥게르 게르트"(Ханан гэрээс Хадан гэрт Эсгий гэрээс Энгэр гэрт) 즉, "벽이 있는 집에서 바위 집으로, 에스기 펠트의 집에서 산기슭의 집으로" 라는 표현을 사용한다. 몽골전통 장례풍습을 보여주는 이 말은 북극성의 빛이 임한 성소인 버드나무 격자의 집에서 태어나 격자의 바위동굴이나 양지바른 산

기슭에 묻혀 저승세계인 북두칠성의 나라로 간다는 뜻이다.

몽골여행을 통해 얻은 것이 많다. 특히 몽골은 민속문화를 연구하는 한국인들에게는 보물과 같은 존재이다. 몽골여행 후 한국 곳곳에 퍼져있는 전통문양의 상징은 어디에서 왔으며 무엇을 뜻하는지 알게 됐다.

'몽골 전통문양 형상의 기원은 기하학적형상 무늬, 동물형상 무늬, 식물형상 무늬, 자연현상 무늬의 네 그룹으로 나누어진다.'

소욤보는 몽골의 상징

몽골의 정식명칭은 '몽골올스'이다. 몽골은 '용감한'이라는 뜻을 가진 부족이름에서 유래된 명칭으로 '올스'는 '나라' 또는 '국가'를 의미한다. 몽골 어디를 가도 볼 수 있는 건 몽골을 상징하는 '소욤보(Soyombo)' 문양이다. 소욤보는 몽골의 상징으로 여겨지고 있으며, 몽골의 국기와 국장 그리고 공식 문서에 많이 사용되고 있다.

다음은 <위키백과사전>이 전하는 소욤보의 내용을 정리한 것이다. 맨 위의 불은 일반적으로 영원한 성장, 풍요로움, 성공을 상징하며, 세 개의 혀는 과거, 현재, 미래를 뜻한다. 그 아래 태양과 달은 아버지의 하늘(텡게르)에 대한 숭배사상을 상징한다.

두 개의 삼각형은 화살이나 창의 뽀족한 끝 부분을 암시하고 있으며, 삼각형이 아래쪽으로 향하고 있는 것은 안과 밖의 적을 무찌른다는 것을 뜻한다. 세로로 된 두 개의 직사각형은 원형보다 안정된 형태를 하고 있는데, 직사각형은 몽골 국민의 정직함과 정의를 뜻하며, 위에서나 아래에서나 모두 가지고 있음을 뜻한다.

태극은 남성과 여성이 서로를 완전하게 해준다는 것을 뜻한다. 공산주의 시절에는 두 마리의 물고기를 뜻한다고 해석하기도 하였는데, 이는 경계심이 물고기가 눈을 감지 않는다는 데서 유래되었다고 한다. 가로로 된 두 개의 직사각형은 요새의 벽으로 해석되며, 이는 단결과 힘, 그리고 "둘의 우정은 돌로 된 벽보다도 강하다"라는 몽골 속담을 뜻한다. 울란바타르대학교 한국학연구소장 이안나 교수는 "소욤보 문자를 구성하는 문양의 의미는 한 마디로 몽골의 영원한 자유와 독립을 상징한다고 할 수 있습니다"라고 설명했다.

소욤보 문자를 들여다본 후 퍼뜩 떠오른 생각 하나. 13세기에 유럽 일부를 지배하고 아시아대륙을 통일했던 유목 제국의 후예들이 주변 강대국들로부터 핍박을 이겨내고 '영원한 자유와 독립'을 원하는 모습을 보이고 있다.

멋질 줄 알았던 신기루...
다가가니 허망한 허상

몽골 사막지방을 여행하며 신기루를 네 번이나 볼 수 있었다. 허상이기 때문에 사진에 안 찍힐 줄 알았는데 찍혔다. 과학적 현상이지만 절실한 욕망이 신기루를 부를 수 있지 않을까 생각해보았다. 무더운 여름날 몽골 사막을 여행하며 신기루를 네 번 보았다. 아른거리는 빛 저 너머로 호수와 산자락까지 보였다. 일행은 사륜구동차량을 타고 이동하며 마실 물을 준비했으니 물 걱정은 없었다.

신기루란 밀도가 서로 다른 공기층에서 빛이 굴절함으로써 멀리 있는 물체가 거짓으로 보이는 현상을 말한다. 지평선 너머에 있어 육안으로는 보이지 않는 호수나 산이 하늘에 떠 있는 것처럼 보이는 신기루를 공중누각(空中樓閣)이라고 부르기도 한다. 신기루는 허상으로 가까이 다가가면 진실이 보인다.

사막에서 예기치 못했던 홍수를 만나 탈출구를 찾아 여기저기 헤매며 "자동차 기름이 떨어지면 어쩌나!" 하고 걱정할 때 신기루가 나타났다. 첫 번째 신기루를 만난 후 두 번째 신기루가 나타났을 때 내 마음을 미묘하게 흔드는 게 있었다.

"하늘의 뜻이에요"

일행을 태우고 몽골 동쪽 끝에서 서쪽 끝까지 운전한 '저리거'의 취미는 낚시다. 그는 일행이 텐트 칠 장소를 가급적이면 호숫가에 잡았다. 식사를 준비하고 몸을 씻기 위해서다. 낚싯대를 호수에 드리우고 팔뚝만큼 큰 고기를 10여 마리를 잡았다. 그에게는 이상한 습관이 있었다. 10마리를 잡으면 1마리만 제외하고는 호수에 되돌려 보냈다. 그에게 "고기를 왜 살려주느냐?"고 묻자 그가 말했다. "하늘의 뜻이에요" 이정표에 적힌 칭기스칸의 경구를 설명해줬다. "멀다고 포기하지 마라, 가보면 도착한다. 무겁다고 포기하지마라, 들어보면 올릴 수 있다" 조금만 힘들면 쉽게 포기하는 현대인들이 귀담

아 들어야할 경구다.
"일행이라야 네 명밖에 안 돼 다 먹을 수 없을 뿐만 아니라 텡게르(하늘을 주관하는 신)가 주신 선물이니 꼭 필요한 고기 한 마리 외에는 텡게르한테 되돌려보내야지요."
한 달간 동고동락하면 불편한 점도 있을 테고 속상한 점도 있을 텐데 화내지 않고 끝까지 동행해준 그가 고맙다. 고마운 점이 또 있다. 그렇게 험난한 길을 한 달간 달렸는데도 커다란 고장을 일으키지 않은 그의 차가 고맙다.
아무도 없는 몽골 시골길을 차 타고 여행해본 분이라면 차가 고장났을 때의 난감함을 잊을 수 없을 것이다. 인근에 정비소도 없을 뿐만 아니라 몇백 km 떨어진 곳까지 정비공이 와줄 것 같지가 않기 때문이다. 도로공사 구간을 피해 샛길로 들었다가 차가 진창에 빠졌다. 삽으로 진창길을 메우고 모든 수단을 다해 간신히 빠져나오는데 두 시간이나 걸렸다.

미국 스미스소니언에 소장된 2,000억짜리 '호프 다이아몬드'

몇 달 전 지인들과 함께 미국 스미스소니언 박물관을 견학했을 때 흥미로운 광경을 목격했다. 박물관 관람객이 가장 많이 모인 2층에는 2,000억 원에 달한다는 호프 다이아몬드(Hope Diamond)가 전시되어 있었다.
호프 다이아몬드 원석은 1,600년대 중반 인도에서 채굴됐다. 45.52캐럿짜리 호프 다이아몬드는 감정가 2천억 원에 달한다. 세상에서 가장 유명한 보석 중 하나인 호프 다이아몬드에는 비극적인 이야기가 전해 내려온다.
루이 14세는 이 다이아몬드를 단 한 번 착용 후 천연두로 사망했고, 루이 16세는 단두대에서 처형됐다. 1792년 강탈당했던 이 다이아몬드를 구입했던 헨리 호프는 파산했다. 호프 다이아몬드는 1958년 세계적으로 유명한 보석상 해리 윈스턴이 구입해 스미스소니언 박물관에 기증했다. 세 명은 비극적 결말로 끝났지만 기증했던 해리 윈스턴은 아무렇지 않다고 하니 말이다.

마음의 빗장을 풀고 다가서면 신기루가 걷힌다

울란바타르 - 알타이 시 - 홉드 - 바얀얼기를 연결하는 아시안 하이웨이(몽골은 32호선)는 몽골 알타이산맥을 끼고 개설된 포장도로이다. 알타이산맥 넘어 남쪽은 가물고 거친 고비 땅이지만 북쪽은 강과 호수가 많아 풍요로운 초지가 펼쳐지는 아름다운 구간이 펼쳐진다.

빙하를 볼 수 있으리라는 기대감으로 소타이 산을 향해 출발했지만 눈보라와 안개에 휩싸여 애를 먹었다. 인간의 욕망이 화를 부를 수도 있다는 걸 실감했다. 눈녹은 소타이 산에 이끼가 꽃을 피웠다. 이끼꽃이 이렇게 예쁜줄 몰랐었다

필자에게는 버릇 하나가 있다. 여행계획이 세워지면 반드시 그곳에 대해 검색하거나 공부를 한다. 몽골에 대해 공부한

책은 30여 권에 달한다. 몽골 정부에서 발행한 영문서적도 6권이나 구입했다. 책이 제공한 진실은 내 눈 속에 비친 신기루를 걷어 내줬다. 아무것도 볼 게 없는 게 아니라 볼 게 너무나 많았다.

자주 가는 도서관 벽에는 "마치 오늘이 마지막 날인 것처럼 살며, 마치 영원히 살 것처럼 배우라"는 간디의 말이 적혀있다. 필자가 좋아하는 경구로 필자의 염원이 들어있기도 하다.

특히 우리 문화와 내 핏줄의 뿌리가 그곳에 있었다. 6월 한 달간 몽골을 동서로 횡단했다. 왕복 거리가 8,000km다. 내년에도 몽골 남북 종단여행을 꿈꾸고 있다. 틈틈이 쓰는 <오마이뉴스>의 기록은 책으로 펴내기로 했다. 내 자신과 지인들 눈에 보이는 신기루를 걷어내기 위해서…

세상에서 가장
아름답고 넓은 화장실

한국농촌에 흔했던 소똥구리

한 언론사 뉴스에 "몽골서 5,000만 원에 사온 소똥구리 200마리… 말똥 구해 먹이며 애지중지"라는 기사가 올라왔다. 몽골에서 들여온 200마리의 소똥구리가 동면에 들어갔다는 소식이 곁들여 있었다. 어릴적 시골 농촌에서 소를 몰고 다니며 풀 베던 필자는 소똥구리가 거꾸로 서서 소똥 굴리는 모습을 수없이 보았다. 그런데 옛날 한국농촌에 흔했던 소똥구리가 사라져 이제는 국립생태원 멸종위기종복원센터와 양평곤충박물관에서만 볼 수 있다고 한다.

이유가 있었다. 1970년대 후반부터 사료에 항생제를 먹여 소를 키우기 시작했고 이를 먹은 소똥구리가 죽었기 때문이다. 하찮아 보이는 소똥구리가 뭐가 그리 중요해 5,000만 원이나 들여 수입했을까?

해답은 호주에서 나왔다. 소똥구리는 생태계의 대표적인 분해자다. 가축의 분변을 빠른 시간에 분해해 생태계 물질 순환을 돕고 분변으로 인한 온실가스를 감소시킨다. 소똥구리가 똥을 경단 모양으로 굴리면서 지나가면 자연스럽게 토양에 다양한 영양물질이 전해진다. 토양 속 유기물질 서식에도 긍정적 영향을 준다.

질 좋은 소고기로 유명한 호주에서 처음 소를 키울 때 생각지도 못한 문제가 생겼다. 소똥으로 파리와 기생충이 크게 늘었다. 비위생적인 환경은 주민들의 건강을 위협했다. 하는 수 없어 아프리카에서 소똥구리를 수입한 후에야 문제가 해결됐다.

몽골 초원에는 6천만 마리의 동물이 풀을 뜯고 있다. 때문에 몽골 초원에서 캠핑할 때 동물 배설물이 없는 곳을 찾기란 하늘에서 별따기 만큼이나 어렵다. 동물 배설물이 없는 곳을 찾으려 하지 말고 아예 배설물과 공존하는 게 훨씬 편하다. 동물 배설물과의 공존은 유목민의 방식이기도 하다. 배설물을 말려 연료로 사용하기 때문이다.

고기를 먹는 육식동물은 질긴 고기를 소화시키기 위해 위에서 아주 강한 위산을 분비한다. 장의 길이도 짧다. 일반적으로 장의 길이가 자기 몸 길이의 3배 정도이다. 또한 상대적으로 단백질이 많이 든 음식을 먹다 보니 풀만 먹는 초식동물에 비해 똥 냄새가 훨씬 더 고약하다.

반면, 초식동물은 장이 몸길이의 10~12배나 된다. 장이 긴 것은 먹은 음식의 영양분을 효과적으로 흡수하기 위해서다. 풀은 고기보다 영양분이 적고 고기에 비해 소화시키는 데 시간이 훨씬 많이 걸린다. 분비되는 위산의 양은 육식동물의 20분의 1밖에 안 된다. 따라서 육식동물의 똥에 비해 냄새도 덜 고약하다.

몽골 초원의 동물 똥을 완전하게 분해하는 곤충들

몽골 유목민들에게는 연료로 쓸 화목이 부족하다. 하여 냄새가 별로 나지 않고 주변에 널려있는 동물똥을 모아 연료로 쓴다. 몽골 서쪽 끝 타완벅드로 가며 본 유목민들이 쌓은 동물 똥무더기는 가히 예술품 같은 느낌이 들기도 했다.
몽골 타미르 강가에 텐트를 친 필자는 아침을 먹은 후 생리적 현상을 해결하기 위해 숨을 곳을 찾았다. 1km쯤 떨어진 곳에 바위산이 있었다. 유목민들이 방목하는 현장을 지나 바위산이 있는 곳을 지나는데 다양한 소똥들이 보였다.

며칠 전 배설한 똥에는 버섯이 자라고 있었고, 바위산이 가까워질수록 분해 정도가 다른 다양한 똥들이 보인다. 햇빛을 받아 딱딱해진 똥 옆에는 분해가 심하게 진행돼 곤충과 날파리들이 우글거리는 것도 있었다. 소똥구리도 있었다. 어떤 것은 거의 완전히 분해가 되어 흙으로 되돌아간 것도 있었다.

바위산 뒤에서 혼자 생리현상을 해결하고 있는 곳에 예쁜 들국화가 피어 있었다. "아! 여기도 한국 들국화와 똑같은 모양의 꽃이 피는구나!"라고 감탄하며 눈 앞에 펼쳐진 세상을 바라본다. 저멀리 아스라이 눈을 뒤집어 쓰고 있는 설산이 보인다. 거북했던 뱃속도 편안해졌다. 하늘을 보니 타르박과 들쥐를 잡아먹기 위해 하늘을 선회하는 독수리와 매들이 맴돌고 있었다. 잠시 생각에 잠겼다. "아! 세상에 이보다 넓고 아름다운 화장실이 있을까?"

이때였다. 생리현상을 해결하려 할 때마다 찾아오는 방해꾼이 나타났다. 이른바 똥파리다. 쫓아도 짓궂게 따라다니는

녀석들이다. 이들을 피하려면 신속히 일을 보고 흙으로 덮은 다음 일행과 함께 쇠똥을 모아 불피운 곳으로 되돌아와야만 한다. 아예 방충망을 쓰면 한결 낫다.

일행은 달려드는 모기와 날파리들을 죽이려들기보다는 퇴치의 방법을 택했다. 어차피 불가능할 뿐만 아니라 곤충도 자연의 일부분이기 때문이다. ≪버려진 것들은 어디로 가는가?≫의 저자 리차드 존스(Richard Jones)는 이렇게 주장했다. '한 덩어리의 똥이 땅에 떨어진 후 분해되고 흩어져 새로운 생명의 탄생에 기여한다는 것을 우리는 오랜 기간 똥으로 거름을 만들어 온 역사에서 확인할 수 있다.'

그렇다! 지구상의 모든 생물체는 서로 긴밀하게 연결되어 있다. 버려진 것은 결국 우리에게 돌아온다. 그것은 생태계 밑바닥에서 이뤄지는 순환의 순간이다.

'마렵다'의 어원은 어디서 왔을까

몽골과 우리말의 관계

몽골 관련 책을 읽으면서 몽골어와 몽골 풍습이 우리 사회 깊숙이 뿌리박혀 있다는 걸 알았다. 결혼할 때 여인들 볼에 발랐던 연지 곤지며 족두리도 몽골 풍습이다. 고갯마루를 넘어갈 때 보았던 서낭당 옆 돌무더기는 몽골의 '어워'에서 기인했다.

몽골 유목민 주거지 게르는 대부분 초원에 세운다. 몽골초원이 한국의 들판과 비슷할 것이라고 상상해서는 안 된다. 때론 자동차를 타고 2~3시간을 달려야 끝이 나온다.

유목민 주거지에는 게르 인근에 화장실이 마련되어 있다. 하지만 목초지를 따라 계절마다 주거지를 이동해야 하는 유목민들이 화장실을 마련한다는 건 사치가 아닐까? 남자들은 생리현상을 게르 인근에서 해결한다. 하지만 부끄럼을 타는 여성들은 다르다.

광활한 몽골 대초원을 여행할 때 화장실을 가고 싶으면 난처한 일이 벌어지곤 한다. 남자 대원들은 초원으로 가서 대강 돌아서서 소변을 볼 수 있지만, 여자 대원들은 아무리 걸어가도 몸을 가리고 일을 볼 수가 없다. 그래서 흔히 보자기나 양산 같은 것으로 겨우 몸을 가리고 일을 보게 된다.

몽골에서 한국으로 시집온 이주민 여성 델게르마에게 "유목민이 화장실 간다고 할 때 어떻게 말하느냐?"고 묻자, 직설적으로 말하지 않고 "말보러 간다"고 말했다. 유목민은 움푹 팬 곳이나 언덕 뒤까지 말을 타고가 생리현상을 해결한 후 돌아온다.

그렇다면 우리가 흔히 사용하는 '~마렵다'의 어원은 어디에서 유래됐을까? 답은 몽골이다. "~ 마렵다"라는 말이 몽골에서 왔다는 얘기를 듣고 여러 뉴스를 검색하고 지방 사투리 관련 서적을 찾았지만 시원한 답을 찾을 수 없었다.

몽골에 문의하기도 하고 며칠간 관련 논문을 뒤적이다가 드디어 답을 찾아냈다. ≪우리말의 뿌리를 찾아서≫의 저자 백문식씨는 '~마렵다'의 어원을 이렇게 기술하고 있다.

"오줌이나 똥이 나오려고 하는 느낌이 있다. '마렵다'는 '물(분뇨)'에 형용사화 접사 '엽다'가 결합되어 이루어진 말

이다. 물 +엽다→마렵다. 물은 15세기 초기 문헌에 보인다. '몰'은 ≪월인석보≫에 처음 나오며 '대변, 소변'을 두루 일컬었다. ≪역어유해≫에서 대변은 '큰물'로 소변은 "져근물"이라 하였다. '몰'은 19세기에 들어 변의가 있다는 뜻의 '마렵다'에 화석으로 남아 있을 뿐, 현재는 분뇨 또는 똥에 대체되어 전혀 쓰이지 않는다."

몽골에서는 대·소변을 '모리'라 부른다. 현대 몽골어의 '모리 하리이'는 '용변을 볼게' '모리 하르차드 이리이'는 '용변을 보고 올게'라는 뜻이다. '모리'에는 '말'의 뜻도 있으며 2차적인 의미로 똥·오줌을 의미하며 고려 말엽에 원나라로부터 차용된 것으로 추정된다.

다음은 1459년에 발간된 ≪월인석보≫의 내용이다.

"차바 눌 머거도 자연히 스러 몰보기를 아니하니

몰 보기를 하니 남진 겨지비 나니라

머근 후에야 몰보기를 하니"

'말보기'라는 표현은 원나라 멸망 이후 사용이 현저히 줄어들면서 우리 말로 대체된 것으로 보인다. ≪17세기 국어사전≫에는 '말'이 보이지 않으며 국립국어연구원에서 펴낸 ≪표준국어대사전≫에서도 마찬가지다.

임금의 배설물을 받는 '매화틀'

배설물을 일컬어 '말(분뇨)'이라고 불렀던 용어를 찾다가 흥미로운 사실을 알아냈다. 이른바 '매화틀'이다. 매화틀은 임금이 사용하는 변기다. 매화틀은 나무를 이용해 외부틀을 제작하고 왕의 엉덩이가 닿을 곳에 천을 두른다. 변이 투하될 구멍 안쪽 내부에는 별도의 그릇을 배치해 넣고 뺄 수 있게 한다.

그릇에 담긴 왕의 변은 어의(御醫)에게 건네져 관찰과 분석을 한 후 진단과 처방을 한다. 국왕의 배설물은 건강상태를 판단하는 중요한 증거물이기 때문이다. 심지어 어의가 맛을 보기도 한다고 전해진다. 다음은 ≪우리말의 뿌리를 찾아서≫가 설명한 '매화틀' 내용이다.

"가지고 다닐 수 있게 만든 변기를 이르는 말. 16세기 문헌에 '매유통'이라 하였다. '매유'는 '말(분뇨)'의 변이음으로 '마요→마유'를 거쳐 형성된 말이다. 궁중 용어로는 '매우틀'이라 하였다. 매화라 한 것은 똥을 미화시킨 것으로 보인다."

몽골에서 염소 사육이 증가한 이유

소타이 산(Sutai Khairkhan Mountain)

소타이 산은 몽골 서쪽에 광대하게 자리한 알타이산맥에 속해 있다. 고비알타이 통일 솜(Tonkhil)에서 북동쪽으로 38km, 헙드 체첵 솜(Tsetseg)에서 동쪽으로 20km 떨어진 곳에 자리한 소타이 산(높이 4090m)은 만년설에 덮여있는 아름다운 산이다. '솜'은 몽골의 행정구역명칭으로 우리의 '군'에 해당한다.

가장 추운 1월의 평균 기온은 영하 20℃~30℃ 이며, 영하 50℃ 이하로 떨어질 때도 있다. 가장 더운 계절은 7월이며 평균기온이 20℃~24℃ 이며, 40℃ 이상으로 올라갈 때도 있다. 따라서 대부분 관광객은 여름철에 소타이 산을 찾는다.

헙드 주 다르비(Darvi)솜에 속한 산자락은 만년설 설선을 따라 흑단숲으로 덮여 있다. 산에는 늑대와 여우, 아이벡스, 야생양 뿐만 아니라 눈표범 같은 희귀 동물들이 살고 있다. 뿐만 아니라 희귀한 약용식물이 자라고 있다. 몽골정부에서는 소타이 산을 성산으로 지정(2007년)해 4년에 한 번씩 제례를 지낸다.

소타이 산으로 가는 길은 험난하기 짝이 없었다. 도로를 벗어난 차가 목적지인 게르까지 가는 동안 몇 번을 맴돌았는지 모른다. 게다가 상류에서 떠내려온 자갈이 수북하게 쌓인 강변을 따라가는 자동차는 롤러코스터를 탄 것처럼 흔들렸다. "이런 길을 자동차가 어떻게 다닐까?" 하고 의아하게 생각하고 있는데 커다란 트럭이 일행을 마중 나왔다. "그러면 그렇지! 이렇게 험한 길을 뚫고 다니려면 힘센 트럭이 제격이지" 하는 생각을 하며 트럭을 따라가니 드디어 목적지가 나왔다.

사방은 높은 산으로 둘러싸여 있고 나무들까지 울창하게 우거져 사나운 야생동물이라도 나올까 봐 염려돼 "혹시 곰이나 늑대가 나오지 않느냐?" 물었더니 "곰은 없고 늑대는 자주 나와 양을 잡아 먹는다"고 한다.
밤에 늑대가 나올까 염려됐지만 텐트가 아닌 게르에서 자고 유목민들과 함께 잠자니 다행이다. 얼마나 깊은 산속으로 들어왔는지 와이파이도 터지지 않는다. 일행이 소타이 산을 방문한 때가 6월인데도 추워 난로에 불을 피워 게르 안을 따뜻하게 하고 나서야 잠이 들었다.

전 가족이 동원돼 양털을 깎아

다음 날 아침 게르 주인이 운전하는 트럭을 타고 빙하 탐험에 나섰다. 한참을 달리던 트럭 주인이 차를 세우고 양털 깎는 현장으로 일행을 안내했다. 털 깎는 현장은 절묘한 곳에 위치해 있었다. 항아리 같이 움푹 패어 입구를 막으면 양들이 도망갈 곳이 없었다.
하지만 어른들이 날쌘 양들을 잡기가 쉽지 않았다. 산등성이 쪽은 몸이 가벼운 어린아이들이 포위하고 평지는 어른들이 포위해 양들을 잡아 털깎이를 하고 있었다. 양은 몽골 가축 가운데 가장 많은 수를 차지하며 세계 10위 규모를 차지한다. 몽골의 양은 혹독한 기후조건에 최적화되어 있다. 거센 털을 가지고 있을 뿐만 아니라 강한 신체구조를 가지고 있다.
양털은 보통 6월 초순부터 7월 10일경까지 자른다. 털을 자른 다음 찬 강물에 뛰어들게 하면 차가운 비뿐만 아니라 추위도 견딘다. 한 번 털을 자른 뒤 2개월 정도 털이 자란 후 다시 한번 자르는데 이때 자른 털을 '아하르'라고 하며 보통 숫양의 털을 자른다.

최상의 품질을 자랑하는 몽골 캐시미어 제품

유목민들이 양을 기를 때 염소와 함께 기른다. 양은 한 자리에 머물러 풀을 뜯지만 염소는 이동하는 습성이 있다. 양들은 이동하는 염소를 따른다. 양과 염소의 비율은 7:3 정도이다. 양에 비해 염소 숫자가 적은 것은 염소가 풀뿌리까지 뜯어먹어 버리는 걸 방지하기 위한 방편이다.

몽골의 염소는 양 다음으로 수가 많다. 염소는 청각과 후각이 뛰어나고 영리할 뿐만 아니라 호기심이 많아 양보다 자연환경에 쉽게 적응한다. 그러나 겨울 추위에 약하기 때문에 양이 풀을 찾기 위해 눈을 파헤친 곳을 따라다니며 풀을 뜯는다. 고비지방 염소는 3월 중순부터, 항가이 산악지대는 4월부터 빗질을 해 '너얼오르'를 채취한다. '너얼오르'를 빗질해 채취한 다음 5월부터 6월초까지 약간 거센 털인 '할가스'를 채취한다.

몽골의 캐시미어 가공업은 1978년부터 시작되었으며 현재 일본 기술이 도입되어 양질의 제품을 생산해 수출하고 있다. 염소털을 가공한 캐시미어 스웨터나 목도리 등은 몽골경제에 크게 일조하고 있다.

질 좋은 캐시미어 생산량이 증가하면서 문제가 생겼다. 코이카의 지원으로 몽골에 나무심기를 하는 '푸른아시아 네트워크' 몽골지부장 신기호 신부의 얘기다.

"경제성 있는 캐시미어 생산이 늘면서 문제가 생겼습니다. 양은 지상에 나온 풀만 먹지만 염소는 뿌리까지 캐먹어 버려 풀 종자를 없애버립니다. 예전에는 염소보다 양을 훨씬 많이 키웠지만 염소 사육이 증가한 것은 염소털에서 질 좋은 캐시미어를 생산하기 때문이죠."

유목민들이 키우는 양과 염소의 목양 비율 7:3이 변화하고 있다. 2000년부터 2017년까지 몽골의 가축 숫자가 증가한 자료를 보면 말, 소, 낙타는 1배 늘었고, 양은 2배 증가했다. 하지만 캐시미어를 생산하는 염소는 2.7배 증가했다. 시장경제로 전환한 몽골의 사정을 알지만 몽골 초원을 사막화하는 원인 중 하나로 대책을 마련해야 할 때이다.

햐르가스 호수에서 89cm대어를 낚다니... 소감도 남다르네

몽골에서 네 번째로 큰 햐르가스호

고비사막을 포함한 몽골여행이 보름째가 되자 지치고 피곤한 고조선유적답사단원들. "이제 좀 쉬어가자!"는 요구가 들어왔다. 길을 몰라 헤매다 캄캄한 밤에 야영 텐트를 치고 이른 아침 출발하는 강행군을 했으니 당연하다.
일행이 쉬어가기로 선택한 곳은 햐르가스 국립공원으로 울란바타르 북서쪽 1,220km에 위치해 있고 올람검 남동쪽 110km에 위치해 있다. '햐르가스 호수(Khyargas Lake)'는 몽골에서 4번째로 큰 호수이다.
길이 75km, 가장 넓은 폭이 31km, 평균 수심 19m인 호수는 해안선 길이가 253.2km에 달한다. 약간 짠맛이 나서 염호로 알려지기도 하였으나 소금 성분이 아닌 베이킹소다(탄산수소나트륨) 성분 때문에 약간 짠맛이 나고 바위색이 흰색을 띤다. 해발 고도 20~25m 높이에 하얀 섬처럼 보이는 '헤추 하드(Хэцүү хад, Khetsuu khad)'는 바위에 석회를 바른 듯 흰색으로 에메랄드빛 호수와 어우러져 아름다운 경관을 뽐낸다.
절벽 위는 많은 새들, 특히 가마우지의 서식처이다. 햐르가스 호수는 아이락 호수와 연결되어 있다. 호수는 멸종동물인 백조, 거위, 갈매기들의 서식처로 람사르 협약에 등록되어 있다.
햐르가스 호수는 올람검까지 포장도로가 이어져 있다. 호수 북서쪽 가장자리에는 회색 자갈이 깔린 해변이 있어 여름철이면 소풍이나 수영 장소로 인기 있는 곳이다.

서쪽끝 도시 바양을기에서 햐르가스호를 가려면 호수와 호수 사이에 난 자그마한 운하를 건너야한다.

일행이 목적지에 도착하기 전 특이한 체험을 했다. 일행이 건너편 호수로 가려면 줄배를 타고 건너편 호수로 가야한다. 위험해서인지 모든 승객은 내리고 배에 푸르공을 묶어 건너편까지 건네주는 사공들은 양쪽을 철사로 연결한 줄배를 잡아당긴다. 배에는 자동차뿐만 아니라 오토바이와 유목민이 키우는 염소도 손님이 됐다. 다만 요동치다 호수에 빠질 수도 있는 염소는 두 다리가 묶여 있었다.

밖은 차가운 비바람이 불고 밤이 되어서야 모처럼 따뜻한 방갈로에서 숙식을 하게 된 일행은 환호했다. 몽골 보드카인 '칭기스칸'과 '버르테 치노'를 번갈아 마시며 그동안의 피로를 풀었다. 흥이 오르자 몽골 밤하늘에 노랫소리가 울려퍼졌다. 나이가 든 일행들이 부르는 곡은 7080 애창곡이 대부분이었지만 종국에는 찬송가까지 흘러나왔다.

이웃한 방갈로 이용자들의 항의가 나오면 어쩌나 하고 걱정돼었는데 저리거 씨의 친구인 올람곰의 소방대장이 동창인 캠프장 주인에게 부탁하여 특별히 문을 열어 맞이해주었다는 것을 알았다.

낚시가 취미인 분들을 위해 특별 이벤트로 낚시대회를 열었다. 가장 큰 고기를 잡는 분에게 주는 '대어상'을 타기 위해 새벽 6시에 일어나 루어낚시에 나섰다. 한 시간 반쯤 지나 숙소로 돌아와 보여준 고기 크기에 놀랄 수밖에 없었다.

안동립 단장이 가장 커다란 고기를 잡은 소감을 말했다. "민물에서는 이렇게 큰 고기를 잡기가 쉽지 않아요. 바다에서도 저렇게 큰 고기를 잡기는 어렵습니다. 아무튼 몽골여행을 하며 또 다른 재미를 느꼈습니다!"

갑자기 불어난 강물…
사막에서 홍수를 만날 줄이야

놀랄 만큼 아름다운 몽골의 자연 비경

끝없이 펼쳐진 푸른 초원에서 유목민들이 기르는 동물들. 특히나 유목민들이 5축(畜)이라 부르는 가축인 소, 말, 양, 염소, 낙타들이 한가로이 풀 뜯는 모습에 환상을 갖는다. 뿐만 아니다. 예쁘게 생긴 유목민 주거지 게르 주변에서 말을 타고 동물들을 몰고가는 모습이 여행자들의 가슴을 설레게 한다. 원시에 대한 향수를 일으키기 때문이다.

1,564,517㎢의 광대한 땅. 한반도의 7배 넓이에 황량하게만 보이는 몽골이지만 의외로 놀랄 만한 비경이 숨겨져 있다. 서쪽 알타이산맥에는 4천미터에 달하는 고봉 준령들이, 동쪽 스텝 지대에는 드넓은 초원이 있다. 북부 시베리아에는 타이가 지대가 펼쳐지고 남쪽의 사막지대에는 매혹적인 모래 사막이 있다.

사시사철 만년설을 뒤집어쓰고 있는 설산, 끝없이 이어지는 산맥, 바라보다 기절할 만큼 눈이 시리고 아름다운 강과 호수, 엊그제까지 폭발했다가 쉬고 있는 휴화산, 숨을 멎게 하는 인류학적 자료를 간직한 동굴들, 눈을 떼려야 뗄 수 없는

초원, 매혹적인 고비사막과 한국인의 뿌리를 캘 수 있는 자료가 즐비하냐.

그래서 나는 지난 6월 배낭을 메고 몽골로 떠났다. 6월 2일부터 7월 1일까지 꼬박 한달이다. 주변에서는 "몽골이 뭐 볼 게 있다고 가지?" 하는 비아냥 소리도 들렸다.

하지만 여태껏 유명하다는 세계 여러나라 명소를 돌아보았으니 이제부터는 인간의 발길이 많이 닿지 않는 지역을 찾고 싶었다. 말은 통하지 않으나 외부인, 특히 한국인에 대해 따스한 눈길을 보내주는 나와 똑같이 생긴 사람들이 사는 몽골을 돌아보고 싶었다.

독자들이 몽골에 대해 말할 때 꼭 알아야 할 것이 있다. 몽고의 정식 국가명칭은 몽골리아(Mongolia) 즉, 몽골로 불러야 한다. 우리가 흔히 말하는 '몽고(蒙古)'라는 명칭 속에는 비하하는 의미가 들어있다.

몽고의 유래는 중국인들의 중화사상에서 비롯되었다. 중국인들은 자국 이외의 나라들을 전부 오랑캐로 취급했다. 한국도 '동이' 즉, '동쪽 오랑캐족'으로 불렀다. 중국인들이 불러왔던 '몽고'는 '무지몽매하고 고루한 오랑캐족'이라는 뜻이다. 어디 그뿐인가? 자신들을 둘러싼 다른 민족들에게는 서융, 남만, 북적 등의 오랑캐라는 뜻이 들어간 명칭을 사용했다. 튀르크 족은 '돌궐'로, 사람을 뜻하는 훈누를 '흉노'로 표현했다. 한때 세계에서 가장 큰 나라를 세웠던 몽골인들이 주장하는 '몽골'이란 '세상의 중심'이란 뜻을 가지고 있다.

사막같이 펼쳐진 자갈밭에 갑자기 생겨난 강물
무사히 강을 건너게 도와준 그들이 고마워!

몽골 동쪽 도시 처이발산을 떠난 일행은 수도인 울란바타르를 지나 서쪽 알타이산맥 인근 올람검 마을에 도착했다.

새로운 여행경로를 개척하기 위한 사전답사 여행이라서 가본 적이 없는 길에는 장애물이 예고되어 있다는 걸 알 수 없었다. 올람검을 떠난 차가 '옵스(Uvs)' 아이막 '사길(Sagil)' 솜에 있는 '우렉(Uureg)호수를 출발해 2,961m의 '바이람(Bayram)'산을 넘자 끝없이 펼쳐진 것은 사막이었다.

아니! 사막이라기보다는 작은 자갈로 뒤덮인 자갈밭이라는 표현이 더 어울릴 것 같았다. 끝없이 펼쳐진 이곳은 자갈밭이 아닌 자갈사막에 압도됐다.

GPS에 의지해서 방향을 잡고 길을 찾아 돌아가는데 저 멀리 호수가 보인다. "저기는 호수인데?"라고 말하자 "저건 호수가 아니라 신기루입니다"라고 했다. 강렬한 햇빛에 달궈진 자갈들이 이글거리고 아지랑이 속에서 신기루가 나타난 것이다.

자갈사막에서 제대로 가는 건지 아니면 맴돌기만 하는 건지 불안했다. 이렇게 끝없이 펼쳐진 자갈밭을 헤매다 차량에 기름이 떨어지면 낭패다. 주변에 아무도 보이지 않는다. 주위에 유목민 집 한 채가 보였지만 사막화가 진행되어 풀이 사라지자 집만 남겨두고 떠나버린 것 같다. 만약 차가 멈추면 구해줄 사람이 오지 않으면 어떡하지? 더군다나 며칠 전 비가 와서 강까지 생겼다.

참! 난감하다. 저 강을 무사히 건너 바얀을기까지 갈 수 있을까? 무릎까지 빠지는 강물에 들어가 깊이를 가늠하는데 차량 한 대가 나타났다. 지형을 잘 아는 현지인이라고 생각하며 다가가니 아니다. 며칠 전 올람검 수퍼에서 만난 러시아인들이다. 강을 건너기 위한 곳을 찾다가 우리가 있는 곳까지 온 것이다.

강을 건널 동반자가 생겨서 반가웠다. 차를 몰아 강을 건널 시도를 하다 깜짝 놀랐다. 물속에 들어간 차 네 바퀴가 붕 떠서 헛돌아 물 밖으로 밀어냈다.

만약을 대비한 일행은 물살이 세지만 수심이 얕은 상류로 올라가 하류로 떠내려가며 강을 건너기로 했다. 일행 모두는 팬티만 입은 채로. 먼저 러시아 차량이 건너기로 했다. 차가 약간 기우뚱했지만 무사히 강을 건넜다.

다음은 우리가 탄 차량도 위태위태했지만 무사히 강을 건넜다. 이제 맨몸으로 도강을 해야 한다. 앞서 건너던 신 사장이 넘어져 한참을 떠내려간다. "괜찮아?"라고 외치자 그가 엉거주춤 일어섰다. 옷은 다 젖었지만 다행이다.

다음은 내 차례다. 등산용 스틱을 꺼내 강바닥을 짚으며 조심조심 강을 건넜다. 무사히 강을 건넌 일행은 기념 촬영을 한 후 "서로 고맙다"는 인사와 함께 "멋진 여행이 되길 빈다!"며 인사한 후 헤어졌다. 여행은 새로운 것을 만나 깨닫는 것이다. 전혀 몰랐던 러시아인들과 서로를 도우며 강을 건넜던 추억은 곤경에 빠진 서로를 위하는 조그만 인류애의 발로였다.

'평화달리기'를 하는 러시아인을 만났다

헙드-몽골 서부 지역의 무역, 상업, 행정의 중심지 역할

20일 동안의 몽골여행 중 가장 힘든 고비인 고비사막을 드디어 벗어나 몽골 서쪽으로 들어서면서 만난 첫 번째 도시는 헙드다. 제법 도시다운 맛을 풍기는 헙드는 청나라 때 만주인들이 군사기지를 세운 이후 몽골 서부 지역의 무역, 상업, 행정의 중심지 역할을 하고 있다.

차에 기름을 보충하고 식자재와 물을 사러 마트에 갔더니 대한민국 상품들이 진열되어 있어 한국의 위상을 짐작할 수 있었다. 시내 중심가에는 몽골인들이 즐겨 신는 신발인 '고탈'이 동상처럼 세워져 이방인의 눈길을 끈다. 몽골인들은 장화를 '고탈'이라고 하는데 여름용은 가죽과 천을 재료로 하고 겨울용은 가죽과 펠트를 사용한다. 겨울에는 고탈 안에 털실로 짠 양말을 신고 혹한을 이겨낸다.

소가죽으로 만드는 고탈은 좌우에 여러 가지 장식을 하는데 장수를 상징하는 무늬를 넣는다. 예를 들어 남자의 경우 8, 12, 14, 15 또는 33개의 장식 패턴이 있다. 신발의 코 부분이 하늘로 솟아있어 승마할 때 편리하며 밑바닥은 평평하다.

모래나 자갈로 이뤄진 울퉁불퉁한 고비사막을 벗어나 서쪽끝 도시 바양울기까지는 포장도로라 빨리 달릴 수 있을 뿐만 아니라 장애물이 없어 도로변 경치를 구경하며 졸고 있는데 앞서가던 차가 길옆으로 비켜선다. "또 고장났나?" 하며 차를 세워 도로변에 내리니 성화봉을 든 서양인이 도로변을 달리다 우리를 보고 웃는다.

세계 평화를 희망하며 달리는 러시아 마라토너

멀리 보이는 4천미터급 산정상에 눈이 쌓여있고 강한 바람 때문에 일행은 점퍼까지 입었는데 반바지만 입고 도로변을 달리는 사람의 사연이 궁금해 영어로 물으니 "러시아인으로 세계 평화를 꿈꾸며 달리고 있다"고 한다. 티셔츠에는 '평화달리기(Peace Run)'라는 글자가 새겨져 있고 인자한 웃음을 지어보내는 러시아인에게 "우크라이나와의 전쟁을 반대하느냐?"고 묻고 싶었지만 서로가 갈 길이 바빠 물어보지 못했다.

"울란바타르를 경유해 여기까지 달려왔다"고 해서 깜짝 놀라 "혼자서 여기까지 달려왔느냐?" 물었다. 그는 웃으며 "캡틴과 일행이 승용차를 타고 뒤따라오며 예정된 순서에 따라 성화 주자가 바뀌어 달린다"라고 대답하였다.

'평화달리기' 홈페이지에 들어가 보니 이들 단체에 대한 설명이 나와있었다. 한국도 방문했었던 '세계 평화 달리기'는 국제적인 행사로서 참가자들은 올림픽 성화와 같은 성화봉을 가지고 릴레이 형식으로 지구 방방곡곡을 방문한다. 이 행사는 나이, 성별, 직업, 국적, 종교 같은 벽을 뛰어넘어 공존하는 따뜻한 마음들을 나누고 상호간에 마음을 열어 우애로 연결하고자 하는 행사이다.

최초의 세계 평화 달리기 행사의 창립자는 '스리 친모이(Sri Chinmoy)'로 "스포츠가 지구의 평화를 앞당기는데 하나의

큰 힘이 될 수 있다"고 믿는 사람이다. 1987년에 시작된 세계 평화 달리기의 본부는 뉴욕에 있으며 북아메리카 평화달리기, 유럽 평화달리기, 아시아 태평양 평화달리기, 아프리카 평화달리기 등으로 나뉘어져 동시 다발적으로 이루어진다. 29년 동안 지구를 16바퀴 돌 수 있는 거리를 평화를 위해 달리면서 세계 150개 국을 방문했다. 오늘 만난 러시아인의 몽골 평화달리기는 54일 동안 7,300km를 달린다.

세계 평화를 염원하는 동물도 인간이지만

몽골을 4번 여행한 거리를 합하면 3만 여km에 달한다. 여행할 때마다 몽골 곳곳에 숨어있는 우리의 풍습에 깜짝 놀랄 때가 있다. 6천만 마리의 가축들이 평화롭게 풀 뜯는 몽골역사 뒤안으로는 수많은 전쟁의 흔적이 남아있기 때문이다. 한반도와 몽골에 얽힌 아픈 역사도 있다.

요즈음 TV를 보면 러시아와 우크라이나 전쟁에 관한 뉴스가 종종 보도된다. 며칠 전 러시아 군인이 우크라이나 포로의 신체 일부를 자르고 결국에는 총살했다는 뉴스가 보도됐다. 이에 대해 우크라이나 검찰총장실은 "전쟁 포로에 대한 부당한 대우, 고문, 특히 신체적 훼손은 1949년 전쟁 포로 처리에 관한 제네바협약 제13조를 심각하게 위반하는 것"이라고 지적했다.

전쟁 중 전쟁포로에 관한 제네바협약이 지켜지는 경우가 있는가? 세상에서 가장 잔인한 동물은 누구일까? 사자? 호랑이? 늑대? 이들 동물은 먹고 살기 위해서만 동물을 죽인다. 하지만 인간은 수백만명을 집단학살하기도 한다. 결과는 어떨까? 놀랄 것도 없다. 2014년 국제보건기구와 게이츠재단, 타임에서 밝힌 가장 잔인한 동물 1위에 랭크된 동물은 모기이고 2위가 인간이다.

3년전 35일간의 남미여행을 함께하며 각별한 사이가 된 김진태씨가 몽골과 한국과의 악연에 대해 물어 그동안 공부했던 자료를 설명해줬다. 원나라에 지배당했던 80년간 원나라에 끌려갔던 고려인의 숫자는 공주, 시녀, 노비, 상인들을 비롯해 약 20만 명이었다. 충렬왕부터 공민왕에 이르는 7대 왕조에 걸쳐 해마다 16~18세 소녀 400~500명이 원나라에 공녀로 보내졌다. 고려말 유학자 '이곡'이 쓴 <공녀반대 상소문>에는 이렇게 적혀있다.

"공녀로 선발되면 혹은 우물에 빠져 죽거나 목매 죽고 피눈물을 흘려 실명하는 자도 많았다."

"전쟁이 나면 남자는 싸우다 죽어버리면 그만이지만 살아남은 여자는 더 비참해진다"고 하자 김진태씨가 자신의 경험담을 얘기해줬다. 김씨의 고향은 포천이다. 김씨의 고향은 6.25 전쟁이 끝날 때까지 매일 같이 전투가 계속되는 최전방이라 하루도 편할 날이 없었다고 한다.

"식구들이 모이면 어머니께서 해주시던 이야기가 있어요. 한국전쟁이 한창이던 1952년 당시 아버지는 미군과 국군에게 포탄을 날라주는 노무대(지게부대)로 징발되어 먹고 살길이 없는데 누나가 태어나자 입 하나라도 줄이자는 생각에 갓 태어난 누나 배 위에다 맷돌을 올렸대요. 누나가 죽지 않고 눈만 말똥말똥 뜨고 있는 모습을 본 어머니가 열 살 여덟 살 된 두 딸들에게 '맷돌 하나를 더 올려라'고 하자 딸들이 어머니 치마를 부여잡고 울며 '우리 같이 살자'고 해서 살려줬는데 부모님 돌아가실 때까지 최고의 효녀였다고 그래요."

한국전쟁이 끝나던 해에 태어난 나에게는 슬프고도 충격적인 얘기였다. 전쟁의 화두는 72년 전 여수 남면 안도리 이야포에서 발생한 미군 폭격기 사건으로 오버랩되었다. 1950년 8월 3일 안도 이야포에는 350명의 민간인들이 탄 피난선이 정박해 있었다.

이 때 인민군을 찾던 미군기가 피난선에 기총소사를 해 150여 명의 사상자가 발생했었다. 2006년 여수지역사회연구소 회원들과 함께 이야포일대를 돌아보던 필자는 미군기에 의한 민간인폭격사건에 대해 <오마

유일한 생존자 이춘

"평화달리기(Peace Run)러시아 회원

이뉴스>에 썼고 영어로 번역해 구글에 올렸다. 사건이 뉴스에 보도되자 여러 언론사에서 연속보도가 이뤄지기 시작했었다.

이야포에서는 매년 8월 3일이 되면 '민간인 희생자 추모제'가 열린다. 작년까지는 여수넷통뉴스와 박성미 의원을 주축으로 한 소수가 주도했지만 올해는 여수시가 주관하는 기념식으로 확장됐다. 기념식이 열리기 전 이야포 앞바다 해안가에서는 이야포사건의 유일한 생존자 이춘혁(88) 어르신이 눈물을 흘리고 계셨다. 행사가 끝나고 안도를 떠나 여수로 돌아오던 중 전쟁의 광기에 휘말린 인간이 얼마나 잔인해질 수 있는지를 가늠할 수 있는 제보를 들었다. 장지마을은 금오도 끝자락마을로 수년전까지는 배로 건너야했지만 지금은 안도대교가 놓여 연결되어 있다.

배를 타고 여수로 돌아오던 중 몽골에서 만난 러시아 마라토너가 생각났다. 과연 우크라이나와 러시아가 전쟁을 끝내고 평화롭게 살 수 있을 것인가? 전쟁의 광기에서 벗어나 평화로운 세상으로 갈 수 있을 것인가? 하루빨리 전쟁을 끝내고 평화롭게 살기를 빌었다.

마을에 나타난
독수리떼, 대체 왜

"아웃도어 애호가라면 몽골에 푹 빠져들 것이다. 나 역시 그랬다. 광활하고 머나먼 그리고 이토록 아름다운 나라를 사랑하지 않을 수 있을까? 더욱이 하이킹, 마상 트레킹, 캠핑에는 반하지 않을 수 없다."
세계적인 여행서 《론리플래닛》 저자 대니얼 매크로헌(Daniel McCrohan)이 몽골을 여행한 후 한 말이다. 그는 몽골 대부분을 자전거, 도보, 지프로 횡단한 후 론리플래닛 <몽골>편을 펴냈다.
필자가 몽골의 매력에 빠져 일행과 함께 사륜구동차량에 캠핑 장비를 싣고 한 달간 몽골 동서 횡단을 한 이유도 그랬다. 몽골의 매력은 거칠면서도 아름다운 자연만이 아니다. 몽골 어디를 가도 따뜻한 미소를 보내주는 유목민들이 있기 때문이다.
가축을 기르기 위해 초지를 찾아 이동하는 유목민들에게는 어쩌면 여행자의 DNA가 숨어있는지도 모른다. 그래서일까? 언제 어디서 만나든 따뜻하게 대해주는 유목민들. 길을 묻거나 곤란한 일이 생겨 유목민 게르에 들르면 따뜻하고 달콤한 수태차와 간식을 내놓는 사람들. 시골에서 차가 고장나 서 있으면 지나던 운전사가 멈춰서서 도움을 준다. 잠자리가 없어 난감해지면 일가족이 기꺼이 침대를 마련해준다.

독수리 축제가 열리는 몽골 도시, 바얀을기

사륜구동차량을 타고 울란바타르를 떠난 일행이 10여 일만에 도착한 곳은 몽골 서쪽 도시 '바얀을기'다. 바얀을기까지 여행하면서 만난 동네는 한국의 '리' 단위 마을 정도밖에 안 되는 적은 규모였는데 바얀을기에는 공항도 있었다.
캠핑과 게르에서만 자다가 몽골 최고봉 알타이 타완벅드 등산을 앞두고 잠시 휴식이 필요했다. 바얀을기 호텔에 여장을 풀고 등산 준비물을 사기 위해 전통시장에 나가니 왁자지껄한 소음과 좌판을 깔아놓고 손님을 부르는 모습이 어릴 적 한국 전통시장 모습 같다.
이곳저곳을 둘러보다 하늘을 보니 독수리들이 빙빙 돌고 있었다. 처음엔 까마귀떼인줄 알았다. 한두 마리가 아니었기 때문이다. "바얀을기에는 왜 이렇게 독수리가 많을까?" 하고 궁금해하다가 답을 찾았다.

독수리사냥축제에 참가한 바이테씨가 손자와 함께 현장으로 향하는 모습. 그는 독수리를 이용해 48년 동안이나 사냥한 최고의 사냥꾼이다. 독수리사냥꾼들 사이에서는 전설적 인물로 통하는 바이테씨는 성준환 PD의 친구이다. 성준환 PD는 이 사진으로 독일 라이카 매스터 샷(Leica Master Shot)부문 최우수상을 수상했다. ⓒ 성준환 제공

야생 초원수리 Steppe Eagle

이곳이 바로 독수리 축제가 열리는 곳이었기 때문이었다.

한국으로 돌아와 몽골 독수리축제를 취재했던 성준환 피디를 만나 몽골 독수리 축제에 대해 자세한 이야기를 들었다. 성준환 피디는 2002년부터 현재까지 몽골을 40~50번 오가며 몽골 다큐 프로그램을 제작해 KBS, MBC, EBS에 방영했다. 매년 10월 초순에 열리는 독수리축제는 서몽골 바얀울기 아이막에 사는 카자흐족들의 전통 축제이다. 아이막은 몽골 행정구역 명칭으로 우리의 '도'에 해당한다.

아시아 고원과 산악지역에서 수세기 동안 이뤄지던 독수리사냥은 대부분 사라지고 일부 특권층의 스포츠나 취미로만 이뤄져 왔다. 하지만 알타이 카자흐족 사회에서는 여전히 독수리사냥이 활발히 이뤄지고 있다.

유럽과 한국에서는 중세부터 매나 수리를 이용해 사냥한 반면에 알타이 카자흐족 독수리 사냥꾼은 암컷독수리를 길들여 사냥한다. 암컷독수리는 수컷보다 훨씬 크고 강해서 큰 동물사냥에 적합하다.

독수리사냥꾼은 5~6월에 새끼 독수리를 잡아 훈련시킨다. 처음에는 새끼 독수리 눈을 가리고 주인의 횟대에서 매일 먹이를 준다. 새끼가 주인에게 익숙해지면 주인의 오른쪽 손목에 앉아 먹이를 먹는 데 익숙해지도록 한다.

또한 말옆에 앉혀 말을 무서워하지 않도록 가르친다. 다 자란 암컷독수리는 키 66~90㎝, 몸무게 5~7㎏에 달하며 날개폭은 180~234㎝에 달한다. 본격적인 사냥훈련은 9월이 되어야 시작한다.

독수리를 이용한 사냥은 조직적 협력이 필요하다. 여러 명의 사냥꾼이 산등성이에 올라 광활한 평원에서 사냥감을 찾는다. 사냥감을 발견하면 한 두 명의 몰이꾼이 사냥감을 향해 빠르게 내려가면서 가능하면 많은 소음을 낸다.

겁먹은 여우가 숨어있던 돌 밑에서 나오게 하기 위해서다. 여우를 발견하면 사냥꾼은 독수리를 날려 보낸다. 첫 번째 공격이 실패하면 두 번째 독수리를 푼다. 이같은 과정을 되풀이하기 때문에 실패할 확률이 줄어든다.

독수리사냥꾼들은 독수리를 이용해 붉은여우, 코사크여우 뿐만 아니라 회색늑대까지 잡을 수 있다. 그동안 주인을 위해 사냥하느라 애썼던 독수리는 5년 후에 야생으로 돌려보낸다. 독수리를 야생으로 돌려보내는 건 알타이 카자흐족 전통이다.

인류문화유산에 등재됐던 독수리사냥, 지금은

2000년 9월 몽골독수리사냥꾼협회(MEA)와 바얀을기 아이막에서는 독수리사냥을 위한 연례행사를 도입했다. 이른바 골든이글페스티벌(Golden Eagle Festival)이다. 축제가 열리면 500명 이상의 사람들이 축제를 관람한다. 독수리축제에 참가한 사냥꾼과 최고의 독수리를 선발하는 평가과정은 다음과 같다.
▲ 독수리와 사냥꾼 용모 심사 ▲ 200미터 언덕에서 날린 독수리가 달리는 말을 탄 주인 손에 정확하게 앉는가를 심사 ▲ 표적으로 던진 늑대를 어느 독수리가 먼저 잡는가를 심사
독수리사냥축제는 문화유산과 생태관광상품이 됐다. 독수리사냥축제가 긍정적인 효과를 가져온 것도 있지만 부작용도 만만치 않다. 지난 수 년동안 독수리를 이용한 사냥은 오히려 줄어들고 현대적 살상방법인 덫이나 총을 이용하기도 했기 때문이다.
영민하고 힘이 센 몽골독수리는 발가락이 가늘고 길어야 하며 머리가 크고 빨간 눈을 가진 독수리가 좋은 독수리라고 한다. 바얀을기에서는 독수리사냥꾼을 '베르쿠치'라고 부른다.
베르쿠치들은 자연에 맞서는 대신 자연에 순응하며 살아간다. 독수리사냥은 생포와 방생을 통한 자연과 인간의 공존방식을 보여주는 훌륭한 문화유산이다. 문명발달에 따라 사라져가는 문화유산이 아쉽기만 하다.

한국에서 온다고 하니...
기다려준 박물관 직원들

카자흐족이 대부분... 몽골에서 이슬람문화가 살아있는 곳

고조선유적답사단 일행이 오랫동안 고대하던 몽골 서쪽끝 도시 '바얀을기(Bayan Ölgi)'에 도착했다. 알타이산맥에 둘러싸여 있는 '바얀을기'는 울란바타르에서 1,800여km나 떨어져 있다. 높은 고도, 건조한 날씨, 험한 지형, 원초적인 자연환경을 지녀 몽골 속에서도 별난 느낌을 주는 도시다.

몽골알타이 산맥은 중앙아시아에서 시작해 중가리아 분지의 황야까지 펼쳐져있다. 바얀을기에는 해발 4천미터가 넘는 산이 많다. 그래서인지 고비사막의 한 여름 더위에 시달린 일행들은 눈쌓인 산과 추위가 반갑기까지 했다.

산에는 만년설과 빙하가 덮여 있지만 계곡에는 푸른 목초지가 많아 약 2백만 마리의 가축과 곰, 여우, 늑대 등이 서식한

다. 인구 구성을 보면 카자흐족, 할흐족, 드르브드족, 오리앙하이족, 투바족, 호쇼트족 등이 살고 있다.
몽골의 다른 지역에는 할흐족이 많지만 바얀을기에는 인구의 80%가 카자흐족이다. 때문에 동몽골계는 한국인과 비슷하지만 서몽골계(튀르크계)인 바얀을기 주민의 얼굴은 우리와 생김새가 다르다.
학창 시절 한국어가 우랄 알타이어군에 속한다고 배웠기 때문에 한국인에게도 익숙한 알타이산맥은 러시아, 카자흐스탄, 몽골, 중국 등 네 나라에 걸쳐있는 총연장 1,600km의 광대한 산맥을 가리킨다. 서북쪽에서 동남쪽으로 비스듬히 뻗어있는 이 산맥은 때로는 동서남북 지역을 차단하는 장애물이 되기도 하고, 때로는 경계지대이자 완충지대로서 상호 이질적인 민족이나 국가와 문화 등이 교류하는 통로 역할도 했다.
바얀을기는 20세기 대부분의 기간 동안 고립되어 있었기 때문에 카자흐족의 전통 언어와 스포츠, 문화가 잘 보존되어 있다. 카자흐족이 이 지역으로 넘어온 시기는 1840년대이다. 여름에는 이곳에서 가축을 방목하고 겨울에는 카자흐스탄이나 중국 신장으로 돌아갔다. 1921년 몽골 혁명 이후 중국, 구소련, 몽골 사이의 협약체결로 국경선이 영구적으로 확정되었다. '카자흐'는 '자유로운 전사'나 '초원의 방랑자'를 의미하는 단어이다. 카자흐족의 게르는 몽골족의 게르보다 더 높고 넓으며 더 많은 장식이 되어있다. 카자흐족은 이슬람교 수니파에 속하지만 그다지 원리주의 신봉 신자들은 아니다.

알타이 유목민족의 늑대숭배와 샤머니즘의 텡게르 사상

알타이지역에 사는 몽골인들은 서몽골계(튀르크족)로 6~8세기경 몽골고원과 알타이산맥을 중심으로 유목 생활을 하던 튀르크계 민족이다. 몽골인에게는 늑대 토템신앙이 있다. 푸른 늑대 '버르테 치노'와 하얀 암사슴 '코아이 마랄'이 만나 몽골인을 낳았다는 《몽골비사》의 이야기, 푸른 늑대와 흰 사슴을 해치면 안 된다는 《몽골원류》 이야기, 몽골족 영웅 '장가르'가 황야에 버려졌을 때 늑대가 젖을 먹여주었다는 전설 등은 몽골족의 늑대 토템신앙을 말해준다.

일찍이 튀르크, 위구르, 몽골 등 알타이 지역 초원에서 활동한 유목민족은 하늘을 섬겼으며 점복과 예언과 주술, 치병을 담당한 샤먼이 상당한 영향력을 지녔다. 이 지역 사람들이 가장 믿고 오래 믿은 종교는 샤머니즘이며 튀르크와 몽골어에서 '하늘'의 의미를 지닌 '텡게르'는 가장 중요한 믿음의 대상이었다.

중국의 신장 위구르 지역이나 카자흐족의 창문은 푸른색으로 칠하고 있고 초원의 몽골족도 어워에 푸른 하닥을 걸었다. 푸른색을 의미하는 단어 '쾩(KÖK)'은 고귀하고 신성한 생명의 색이었다. 고대 튀르크인들은 '쾩 튀르크(KÖK TÜRK)'라고 했는데 '푸른 튀르크' 즉, 강대하고 신성하며 고상한 하늘과 관련된 민족이라는 의미다. 몽골 역시 '쿠케 몽골(KÖK MONGOL)'이라 하여 하늘과 연관지었다.

몽골은 세계 최대의 제국을 건설했지만 종교에 대해서는 관용을 베푼 나라이다. 1254년 프란체스코회 수도승이었던 '루브룩(Lou Brock. 1226-1270)'이 기독교를 선교하고 이슬람교에 대항하기 위해 동맹을 청하자 몽케 칸은 기독교, 이슬람교, 불교 성직자들에게 종교 토론을 시켰다. 이때 유일신을 믿는 기독교와 이슬람교 성직자가 한편이 되어 불교에 맞서 토론을 벌이자 몽케 칸은 루브룩에게 이렇게 말했다.

"우리 몽골인들은 세상에 오직 한 분의 신이 계시고 그가 모든 인간의 운명을 주재하신다고 믿는다. 하지만 신은 인간의 손에 서로 다른 다섯 개의 손가락을 주셨듯이 서로 다른 곳의 사람들이 서로 다른 신앙을 갖도록 허락했다."
 현재도 바얀을기에는 이슬람사원이, 몽골의 옛 수도인 카라코룸에는 불교사원이, 현 수도인 울란바타르에는 티베트불교인 간당사원이 건재하고 있다.

여수에서 맺은 인연으로 바얀을기 박물관장의 따뜻한 환대를 받다
몽골 여행을 떠나기 전 몽골 다큐를 촬영해 KBS와 EBS 등에서 방영했던 성준환 PD가 "바얀을기에 가시거든 꼭 박물관장을 만나서 여러 가지 도움을 받으시라"는 말을 하며 전화번호를 건네줬다. 헙드에서 바얀을기로 떠나며 "대한민국 여수 미술전시회에서 같이 만났었다"고 하자 "늦더라도 퇴근하지 않고 기다리겠다"는 답변이 왔다.
바얀을기로 가는 도중 차가 고장나 오후 6시 반에 박물관에 도착해 약속시간에 늦었는데도 그녀가 반갑게 악수를 청한 후 박물관에 대해 설명했다. 한국에서 손님이 왔다고 하니 모든 직원이 퇴근하지 않고 환영의 박수와 선물을 전해준다. 거의 모든 박물관 전시자료는 촬영금지다. 하지만 박물관장의 지시로 촬영이 허락되었고 3층까지 해설을 해줬다. 서쪽 끝이라 외국인이 박물관을 거의 방문하지 않는지 몽골어로만 적힌 박물관 자료집만 받아 읽을 수 없는 게 아쉬웠다. 영어로 쓰인 몇 단어에는 알타이 암각화가 세계문화유산에 등재됐다는 기록만 있었다.
여행의 즐거움이란 전혀 예상치 못했던 곳에서 멋진 인연을 만나는 것이다. 박물관장과 헤어지며 "코로나가 없어지면 또 다시 만나자"고 약속했다.

세계문화유산 등재된
2만 년 전 동굴벽화에 낙서

쳉헤르 동굴의 구석기 시대 추정 벽화들

'비지' 마을 인근에서 야영을 마친 고조선유적답사단 일행의 다음 목적지는 '호이트 쳉헤르 동굴'이다. 험난한 고비사막 여정이 끝나갈 무렵 산 아래 '알타이 솜'이 나타났다. 차량에 기름을 채우고 식수를 구입한 일행이 4천여 미터 줄기에 해당되는 산을 넘기로 했다.

산 넘어 산이라더니. 성산인 '뭉하이르항 올(Monh hayrhan uul)' 4천여 미터 줄기여서인지 험난하기 이를 데 없다. 모래나 잔자갈만 깔린 사막에 비해 호박만 한 돌들이 쌓인 길을 달리는 3대의 푸르공은 도저히 앞으로 나가지 못한다. 그래도 위안이 되는 게 있었다. 큰 산 계곡에는 맑은 물과 고목들이 자라고 있었다. 더위와 모래사막에 지친 일행은 오랜만에 보는 맑은 물이 반가워 세수를 하거나 물속으로 들어가 아예 목욕을 했다. 세수와 목욕을 한 일행들은 "사막 모래에 절어 더러워진 때를 벗겨내니 이제 좀 살 것 같다!"고 했지만 어느 길로 가야할 지 막막했다. 운전수들이 GPS와 몽골지도를 보고 의논했지만 답이 안 나올 때 구세주가 나타났다.

일행이 몸을 씻고 있던 현장에 오토바이 한 대가 멈춰섰다. 푸르공 운전수들과 대화하던 오토바이 주인은 산속 깊은 곳에서 가축을 키우는 유목민으로 일행이 출발할 때까지 기다렸다가 앞장서기 시작했다. 험준한 산 중턱 갈림길에서 일행이 가야 할 방향을 가르쳐준 몽골 유목민. 일행은 그에게 감사를 표시하며 궁인창 씨가 가져온 상비약과 선물을 줬다. 몽골 유목민들의 친절은 유별나다. 지나가는 차가 고장나 있을 때 시간이 나면 수리해주고 떠나가거나 부품을 주기도 한다.

세계문화유산에 등재된 쳉헤르 동굴벽화

4천여 미터 준령을 넘은 일행이 쳉헤르 동굴로 가는 길 앞에는 포장도로가 펼쳐졌다. 3년전 왔을 때만 해도 비포장도로라 애먹었는데 몽골이 발전하고 있다는 느낌이 든다. 야영할 음식과 양 한 마리를 산 일행이 드디어 쳉헤르 동굴 입구에 도착했다.

호이트 쳉헤르 동굴벽화는 1950년대 한 목동이 우연히 발견했다고 한다. 호이트 쳉헤르 동굴벽화는 북위 47°20'827, 동위 91°57'263에 있다. 울란바타르에서 1,370km 떨어져 있고 '헙드(Khovd)' 아이막 남동쪽 95km 지점에 있는 '망항(Mankhan)' 솜에 있다. 동굴은 '망한' 솜 서쪽 25km 지점에 위치해 있었다. 몽골 행정 단위인 '아이막'은 우리의 '도', '솜'은 '군'에 해당한다.

나무 한 그루 없는 높이 100여 미터의 산자락 8부 능선에 두 개의 동굴 입구가 보인다. 일행은 야영할 텐트 설치를 중지하고 어두워지기 전에 동굴벽화를 찾아보기로 했다. 플래시를 켜고 커다란 동굴에 들어가 바위에 그려진 염소 그림을 찾았지만 나머지 그림은 찾을 수가 없다. 일행 중 한 명이 나머지 그림을 못 찾고 있는 내게 "아니! 왜 그림을 못 찾아요? 3년 전에 왔었다는 게 맞아요?"라며 공박한다.

3년 전 기억을 되살리려 애쓰고 있는데 안동립 단장이 바위 구멍을 통해 얼굴을 내민다. 그제야 3년 전 기억이 되살아나 그 굴을 통해 반대쪽으로 가니 찾고자 했던 그림들이 나타났다. 한 뼘 정도 떨어진 머리맡에서 세계문화유산을 직접 본 일행들이 여기저기서 감격한 얼굴로 외쳤다.

"이야! 정말 대단하다! 내가 정말 2만 년 전 구석기 시대에 그려진 그림을 보고있는 게 맞아?"

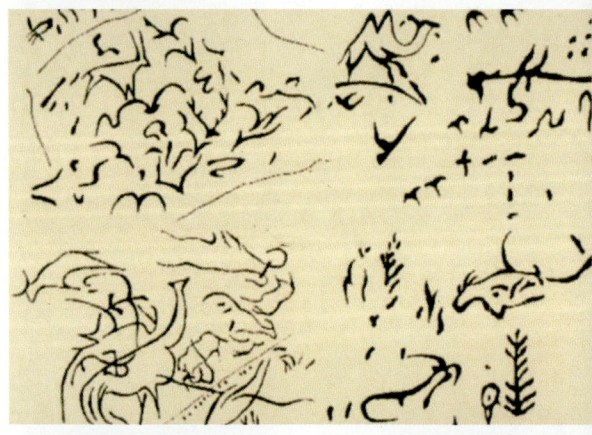

구석기시대 사람들이 그렸을 걸로 추정되는 호이트 쳉헤르 동굴벽화에는 영양과 쌍봉낙타로 추정되는 그림이 그려져 있었다. 벽화가 후기 구석기시대 작품이라고 추정한 러시아 학자 '알렉세이 오클라드니코브'는 "이 동굴벽화는 지금으로부터 2만 년에서 1만 5천 년 전 구석기시대에 살았던 사람들이 그린 그림"이라고 추정했다.

동굴의 흰 회색질 벽면에는 소, 맘모스, 코뿔소, 타조 등 오늘날 몽고에서 볼 수 없는 동물을 비롯하여 산양, 큰뿔양, 영양, 쌍봉낙타에 이르기까지 다양한 동물이 붉은 광물물감으로 그려져 있다. 이 그림은 당시 살았던 동물과 생활상을 형상화한 것이 분명하며 몽골 최초의 예술 작품으로 1996년 유네스코가 세계문화유산에 등재했다.

벽화 속 동물들을 보면 동굴 인근에 나무와 풀이 무성해 수많은 동물의 서식처였을 것으로 추정되지만 동굴 입구에서 인근 지형을 살펴보면 황무지 같은 모습이다. 선사시대에는 동물들이 먹을 식물들이 많았는데 왜 이렇게 황폐해졌을까? 기후변화로 인해 생태환경이 변한 것인지, 아니면 수많은 가축들이 풀들이 채 자라기도 전에 풀뿌리까지 파헤쳐 먹었기 때문인지가 궁금해졌다.

동굴벽화를 찾다가 얼굴이 찌푸려졌다. 3년 전보다 훨씬 더 많은 낙서가 적혀있었다. 3년전 쳉헤르 동굴 낙서에 실망하며 쳉헤르 동굴벽화 보존을 고민하던 내게 몽골고고학자를 만날 기회가 왔다.

당시 6개월 동안 국립부여박물관에서 몽골과 한국의 청동기시대 문화를 비교 연구하고 있던 강톨가(J. Gantulga) 박사를 만나 "호이트 쳉헤르 동굴벽화는 몽골인뿐만 아니라 인류가 공유해야 할 세계문화유산입니다. 연구를 마치고 몽골에 돌아가거든 제발 몽골인들이 낙서하지 못하도록 게시판을 세워 주세요"라고 부탁했었다.

그는 몽골과학아카데미 역사학고고학연구소 선임연구원으로 몽골 사슴돌 연구의 대표학자이다. 낙서금지 안내판도, 보호망도 없는 안타까운 세계문화유산 쳉헤르 동굴벽화. 일행과 함께 쳉헤르 동굴 인근에서 야영을 마치고 몽골서부 도시인 헙드로 떠나며 속으로 빌었다.

"제발 세계적인 문화유산이 잘 보존되기를!"

와! 교과서에서만 보았던 암각화를 찾았다

헨티의 라샨하드 암각화... 이 지역에 살았던 선인들의 생활상에 대한 메모리칩

울산 반구대 암각화, 고구려 무용총 수렵도, 경주 천마총 천마도 등은 우리 선조들의 생활상을 엿볼 수 있는 귀중한 자료이다. 즉, 우리 선조들은 수렵생활을 하며 살았다는 증거이다. 그런데 이러한 증거를 뒷받침해줄 역사적 근거는 있기나 하나?

안타깝게도 우리는 우리 문화상을 공간적으로는 한반도와 그 북부 지역으로 한정하고 살았다. 뿐만 아니다. 역사적 관점을 중국측의 화이관(華夷觀)에 맞춰 중국 사서와 연구성과들을 주로 차용해 연구를 진행했다.

그러다 보니 한국고대사 및 문화가 중국의 아류에 불과했다. '화이관(華夷觀)'은 중국이 세계의 중심이며, 주변 국가들은 미개한 오랑캐라고 낮추어 보는 사상이다. 일제강점기 이래 생긴 식민사관은 어떻고.

암각화에 관심이 많은 필자 일행이 6월 한 달간 몽골을 돌아보며 찾아간 곳 중 하나는 헨티 아이막 '라샨하드'이다. 헨티 아이막은 울란바타르 동북쪽에 있다. 라샨하드는 우믄 델기 솜에서 동북쪽으로 100km 지점에 위치한다. 몽골행정단위의 '솜'은 우리의 '군'에 해당한다.

우믄델기르에서 바트 시레트 바그로 가는 길을 따라가다 보면 , 후르흐 강 지류인 하르흐와 만나게 된다. 이곳을 기점으로 해 왼쪽으로 가면 바트 시레트 바그이고 오른쪽으로 가면 빈데르 바그가 있다. 이 세 지점의 한 가운데 해발 1,000m 정도의 나지막한 산이 솟아있고, 등성이 위에 흩어져 있는 크고 작은 바위들에는 선사시대 암각화와 더불어 고대 묵서들이 남겨져 있다. 이곳에는 중석기시대의 동물 형상부터 신석기와 청동기, 철기시대에 그려진 동물 형상, 기하학적 형상, 호랑이 발자국, 말발굽 형상들을 볼 수 있다. 동쪽으로 비스듬히 누워있는 가로 6.7m, 세로 2.5m의 바위 표면에는 동그라미와 기하학적 그림들이 그려져 있다. 동그라미 크기는 보통 10㎝ 정도였다. 동그라미의 변형들 가운데는 가운데 점이 찍혀있는 것, 세로로 이등분된 것, 말발굽 모양, 여성생식기 모양, 직선과 곡선이 결합된 것 등이 서로 독립되어 있거나 다른 것들과 연결되어 있었다. 유적지 중심에 서 있는 바위 그늘에는 거란, 몽골, 위구르 등 유목민들의 고대문자와 티베트불교도들의 티베트어와 한문 등의 묵서가 남겨져 있었다. 이 유적지 아래에는 엄청난 넓이의 초원이 펼쳐져 옛날 이곳에 살았던 선인들의 생활상을 들여다볼 수 있었다.

알타이 암각화 정보는 우리 역사에 대한 수수께끼를 풀어줄 단서들

몽골 서쪽 끝 알타이는 러시아의 고르노 알타이주, 몽골서부, 카자흐스탄 동남부, 중국 신장지역에 걸쳐있는 총연장 1,600km의 산맥 이름이다. 이 산맥은 산지 알타이에서 몽골의 고비알타이까지 서북쪽에서 동남쪽으로 엇비스듬하게 뻗어 있다.

알타이의 4,000여 미터에 달하는 높은 산들은 동과 서, 남과 북을 차단하는 자연경계가 되었으며 동시에 두 개 이상의 다른 민족들이 서로 교류하고 영향을 주고받았던 지역이다. 이 지역에 넓게 분포된 암각화가 우리에게 던져준 의미가 크다. 한민족이 향유했던 기층문화가 한반도에서 자생한 것인지, 아니면 중국 중원지역의 농경문화에서 유래했는지, 그것도 아니라면 북방 수렵 및 유목민에서 출발했는지 알 수 있는 실마리를 찾을 수 있기 때문이다.

1만여기의 암각화가 분포되어 있다는 지역을 탐사할 작정이었으나 계획을 변경했다. 강건너 절벽에 그려진 암각화를 탐

사하려면 며칠 전 내린 비로 불어난 강을 건너야 했기 때문이다.
GPS에 의존해 미리 점찍어둔 지역으로 한참을 내려와 목적지가 가까워지자 군인들이 보였다. 차 한 대가 겨우 지나갈 자갈길에 트럭이 한 대 놓여 있었다. 트럭을 피해 옆길로 돌아 조그만 개울을 건너 4m 높이 언덕배기를 올라가던 차가 뒷걸음질했다. 몽골 운전사인 저리거만 남고 나머지 세명이 뒤에서 밀어 언덕 정상에 올라섰을 때 오토바이를 탄 군인 한 명이 다가와 저리거에게 뭐라고 말을 걸었다.
"저 사람은 국경경비대원으로 통행증이 없으면 이 지역에 들어갈 수 없으니 경비초소로 따라오라고 합니다"라고 통역을 해줬다. 아울러 "저 언덕을 넘어가면 암각화가 많이 있다"는 설명도 곁들였다.
저리거는 몽골군에서 전역한 예비군이고 우리는 이미 바얀을기를 관할하는 군부대에서 통행증을 받았기 때문에 걱정은 없었다. 갈망하던 암각화를 볼 수 있다는 부푼 꿈을 안고 언덕을 지나 100여 미터쯤 가자 주변 바위에 암각화가 보이기 시작했다.

와! 교과서에서만 보았던 암각화를 찾았다. 이 지역 암각화는 헨티의 암각화와는 달랐다. 긴 뿔을 단 산양, 마상에서 활을 든 채 동물을 쫓는 사냥꾼, 도망가는 사슴을 쫓는 늑대들. 관련 학자들이 발표한 자료를 보면 청동기시대에 이 지역에 살던 선인들이 바위에 그림을 그렸을 것으로 추정했다. 그렇다면 나는 적어도 4천 년 전의 선인이 그린 그림을 마주하고 있는 것이다. 두근거리는 가슴을 진정시키고 그림을 남겼을 선인을 향해 가볍게 목례를 한 후 임실문화원 최성미 원장에게서 배운 탁본을 시작했다. 그때였다. 근방에 아무도 살지 않는 것 같은데 카자흐족 소년 두 명이 다가와 탁본현장을 보다가 여기저기 널려있는 암각화 위치를 알려줬다.
바위 표면을 얕게 파낸 암각화는 단단한 돌을 깊이 파 그림을 새긴 사슴돌에 비해 탁본이 잘 안 됐다. 바람이 많이 불기도 했지만 시간 여유가 없었기 때문이기도 했다.

암각화는 바위 표면의 한 부분을 여러 가지 방법으로 파내 이미지를 새긴 바위

대체로 바위에 새긴 암각에는 물감이나 안료를 사용하지 않는다. 암각화는 흔히 암벽이나 동굴 천정에 페인팅을 하는 암벽화와 혼동된다. 암각화는 이따금 동굴이나 바위 은신처에서 발견되지만 보통 열린 공간이나 야외에서 발견된다. 반면에, 암벽화는 동굴 안이나 바위 은신처, 혹은 날씨에 영향받지 않을 높은 절벽에 있다. 이들은 석탄이나 숯, 컬러 염료나 동물 기름을 사용해 그림을 그린다.
이러한 인류의 표현 양식은 암각을 연구하는 학자뿐만 아니라 정치인, 역사학자, 종교학자, 인종학자들에게도 커다란 흥미를 불러일으킨다. 암각화는 말의 가축화와 말장신구에 관한 자료도 얻을 수 있다. 암각화는 수렵에서 농경문화로, 정착문화에서 유목생활로 변천되는 과정을 유추할 수도 있다.
또한 옛 선인들의 사냥 모습과 전차 장비, 고대 무기기술, 바퀴 달린 전차에 사용된 야금술을 짐작케 한다. 뿐만 아니라 샤머니즘이나 제사의식에 관한 정보도 얻을 수 있다. 암각화 큰 것은 2m쯤 되기도 하지만 작은 것은 손바닥만한 크기다.
탁본 뜨기에 열중하다 보니 점심시간이 훌쩍 지났지만 배고픈 줄도 몰랐다. 따뜻한 물만 부으면 되는 간편식을 먹다가 돌아보면 암각화가 있고 소변을 보러 가도 있었다. 천지가 암각화다. 주변을 둘러보니 제대로 된 나무 한 그루도 없고 듬성듬성 풀뿐이다. 멀리 두세 채의 카자흐스탄 유목민 집인 유르트만 보인다. 그렇다면 이곳은 4천년 전에 풀이 무성하게 우거져 동물들이 뛰놀던 곳 아닌가?
'알타이'란 말은 몽골어로 '황금'을 뜻하는 '알트(alt, altan)와 접미사 '타이(tai, ~ 와 함께)가 서로 결합한 것이다. 알타이라는 말은 국어학계에서 먼저 사용했다. 알타이에 살았던 선인들은 우리와 닮은 점이 많다. 한국어는 몽골어나 퉁구스어와 같은 문법구조를 지니고 있다. 만주와 몽골, 튀르크어계의 언어도 넓게 보면 뿌리가 같다.
반면에 중국어와 한국어는 문자는 물론이고 문장구조, 음운체계 등이 근본적으로 다르다. 신라시대 천마총에서 발견된 천마도는 튀르크시대에 그려진 말 형상과 같다. 갈기를 형상화한 천마도는 카자흐스탄이나 키르기스스탄, 몽골 등지에서 흔히 볼 수 있다.
필자는 몽골여행을 통해 내 뿌리가 몽골이라는 걸 알았다. 내 엉덩이에 있는 몽고반점은 지울 수 없는 증거이다.

몽골인들의 꿈, 알타이 타완벅드

몽골에서 가장 높은 산은 알타이 타완벅드(Алтай таван богд, altai tavan bogd)이다. 울란바타르에서 서쪽으로 1820km 떨어진 산으로 높이가 4374m에 달해 만년설에 둘러싸인 아름다운 산이다. 명칭이 알타이 타완벅드인 것은 몽골어 타완이 '5'를 의미하고 '벅드'가 왕을 의미하고 있기 때문이다. 알타이 타완벅드에는 한여름에도 만년설에 둘러싸인 5개의 봉우리가 있다. '후이텐'(Khuiten 4,374m)산 아래로 '버게드'(Burged 4,068m), '말친'(Malchin 4,037m), '울기'(Ulgi 3,986m), '나란벅드'(Naran Bogd 3,884m)이다.

몽골, 중국, 러시아 국경선에 만년설로 덮인 5개 봉우리 품어

울란바타르에 사는 한국인 몇 분을 만나 "알타이 타완벅드에 갈 예정이다"고 했더니 "정말이냐?"며 "그곳은 몽골인들이 평생 한 번 정도 가보고 싶어하는 로망의 산이다"라며 부러워했다.

알타이 타완벅드는 중신세기 초기와 고생대에 형성되어 현재의 모습을 갖췄다. 몽골 서쪽 도시 올람검에서 여수로 시집온 채랭한드가 말하길 "고향인 올람검을 떠나 울란바타르를 가려면 고속버스를 타고 3일 동안 가야 한다"고 말했다.

올람검에서 알타이 타완벅드의 기반 도시이자 서쪽 끝에서 가장 큰 도시인 바얀을기(Bayan-Ulgi)를 가려면 하루를 더 달려야 하니 몽골이 얼마나 큰 땅인가를 짐작할 수 있다.

알타이 타완벅드에는 514㎢에 250여 개의 크고 작은 빙하가 있다. 알타이 산맥 26개 빙하군 중에는 '포타닌'(Potanin), '알렉산더'(Aleksander) 등과 같은 빙하가 있고 포타닌 빙하는 중앙아시아에서 가장 큰 빙하 중 하나로 알려져 있다. 포타닌 빙하는 1876년부터 1899년까지 여러 번에 걸쳐 몽골에 있는 산과 땅을 조사한 러시아 지질학자 포타닌에서 유래했다.

몽골인들이 평생 한 번쯤 가보고 싶어 하는 곳 알타이 타왕벅드

지난 7월 11일 여수 이순신공원에서는 나담축제가 열렸다. 여수 인근에 사는 몽골 출신 이주민 여성 가족과 노동자 120여 명이 모여 몽골씨름과 게임 등을 하며 즐거운 한때를 보냈다. "알타이 타왕벅드에 올라가 본 사람 있어요?"라고 묻자 이구동성으로 "와! 거기를 올라갔다고요?"하고 놀랐다. 한편으로 "거기 올라가는 건 몽골인들의 꿈이에요"라고 말해 몽골인들도 가기 어려운 산이라는 걸 알았다.

몽골 소도시 모습은 어디를 가도 비슷하다. 양철지붕과 시멘트로 지은 단층집 모습. 먼지로 뿌옇게 절은 집을 보면 몽골 바람이 얼마나 센가를 짐작케 한다. 하지만 바얀을기에 가까워지자 주변의 건물 풍경이 달라지기 시작했다. 뾰쪽한 첨탑 위에 반달 모습이 보여 이슬람 문화권이라는 걸 느끼게 했다. 주민들의 생김새도 한국인과 구분이 안 되는 동부 몽골 지역 사람과 약간 다르다. 키도 크고 유럽인 얼굴 생김새다. 그러고 보니 몇 해 전 중국 서쪽 지방을 여행했을 때 본 위구르족과 닮았다.

바얀을기에서 알타이 타왕벅드까지는 180km 거리다. 식량이나 식수를 살 가게가 없는 산길이다. 외국인인 필자 일행은 알타이 타왕벅드에 오르기 위해 입산허가서를 받은 후 목적지를 향해 떠났다.

GPS에 의존해 초원 위에 난 자동차 바퀴 자국을 따라가다 길이 맞는지 인근에 사는 유목민을 찾아가 물어봐도 말이 통하지 않는다. 심지어 "샌베노!"라고 인사하고 나면 더 이상 말이 통하지 않았다. 카자크어를 사용하기 때문이다. 도중에서 1박을 하고 해발 2,711m에 있는 레인저스 캠프에 도착하니 입산허가증을 보여달라고 한다. 말을 기르고 있던 안내인이 일행에게 등산방법을 설명해 줬다.

"알타이 타왕벅드산과 포타닌 빙하를 조망할 수 있는 곳(3,122m)까지 걸어가면 왕복 6시간정도 걸립니다. 배낭을 메고 걷든지 아니면 5시간 정도 말을 타든 둘 중 하나를 선택하세요" 일행은 말을 타기로 했다. 인도여행 중 낙타를 타본 적은 있지만 말은 처음이라 긴장됐다. "순한 말이고 뒤따라오면 괜찮다"라고 했다.

엉덩이에 잔뜩 힘을 주고 말고삐를 좌우로 당기며 방향 전환을 하니 의외로 괜찮다. 빙하가 녹아 흐르는 개울도 앞서가던 선두 말이 가는 대로 잘 따라 갔다. 문제는 급경사 지대를 건너갈 때였다. 떨어지지 않으려고 엉덩이와 사타구니에 힘을 잔뜩 주니 엉덩이가 까져 쓰라리다. 까짓것 이렇게 멋진 곳에 올라왔으니 아픈 엉덩이쯤은 별것 아니다. 그런데 새로운 걸 알았다. 말이 방귀를 그렇게 잘 뀌는지를. 급경사 오를 때는 더 힘든가 보다. 뿡!뿡!뿡! 하! 녀석들! 그래도 어쩌랴. 모든 동물이 음식을 소화하기 위해 내는 소리인걸.

알타이 타왕벅드 정상과 포타닌 빙하를 바라볼 수 있는 곳에 다다르니 하얀 눈을 뒤집어쓴 산들이 펼쳐져 있다. 아! 이 장관을 보려고 울란바타르에서 달려왔던가? 감개무량하다. 눈앞에 포타닌 빙하가 흐른다. 대자연의 장엄함을 보여주려는 듯 맨 아래쪽에는 빙하에 쓸려온 자갈과 토사가 쌓여 있었다.

아르헨티나 모레노 빙하는 가까이 접근 할 수 있어서 감흥이 얼른 와닿지 않았다. 하지만 포타닌빙하는 스위스 알레치 빙하와 같은 멋진 모습을 보여주고 있었다. 그야말로 얼음 강이다. 욕심 같으면, 빙하 위를 걷고 싶었지만 시간이 없었다. 알타이 타왕벅드의 여름철 평균온도는 18~23도이고 겨울철에는 영하 40도까지 내려간다. 연평균 강수량은 400~500mm이다. 내려오는 길가에 보이는 물이 얼음장처럼 차갑고 수정처럼 맑다. 빙하의 토양 때문이란다. 자료에 의하면 요즈음 포타닌 빙하 수량이 지구 온난화 때문에 줄었다고 한다. 레인저스 캠프에서 1박을 하고 돌아오는 길에 생각해 보았다. 비록 엉덩이는 까져 쓰라리지만 몽골인들도 로망처럼 여기는 알타이 타왕벅드에 올랐다는 자부심과 함께 지구 온난화 방지를 위해 뭔가 해야 한다는 사명감이 떠올랐다.

알타이 타왼벅드
프레지던트 어워

울란바타르에 본부를 둔 한국 NGO단체 '푸른아시아'를 책임지는 김성기 단장은 알타이 타왼벅드에 대해 이렇게 말했다. 한국 NGO단체 '푸른아시아'는 몽골 식목 활동을 돕는 단체다.

"몽골 수도 울란바타르에서 사업을 하거나 주재하는 한국인들도 알타이 타왼벅드에 가는 걸 로망으로 여겨요. 하지만 울란바타르에서 알타이 타왼벅드까지 왕복하려면 열흘 정도의 시간을 내야하기 때문에 쉽게 갈 수 있는 곳이 아닙니다."

덜컹거리는 비포장도로를 달려 오후 늦게 캠핑장에 도착해 야영 텐트를 친 일행은 들떠 있었다. 한여름에 하얀 눈을 뒤집어 쓴 4천미터급 산들이 보여 주는 장관에 압도됐을 뿐만 아니라 몽골 최고봉을 보고 있기 때문이다. 일행은 4,050m 말칭봉 등정을 원하는 팀과 프레지던트 어워와 빙하를 돌아보는 두 팀으로 나뉘었다. 새벽 4시에 말칭봉으로 떠나는 팀은 일찍 잠자리에 들었다. 건강 때문에 말칭봉 등산을 포기한 필자가 야영장 주변 카자흐족 유목민 유르트를 방문하고 돌아오는데 한 아가씨가 웃으며 "어디서 왔느냐?"고 물어 "대한민국에서 왔다"고 하자 반갑다며 자기소개를 한다. 오는 10월이면 창신대학에 입학해 항공 관련 교육을 받는다며 가족이 있는 텐트로 초청했다.

몽골인들의 친절은 유별나다. 저녁을 금방 먹었는데도 테이블 위에 음식을 듬뿍 차려놓고 '드시라'고 해 과일만 들고 양해를 구했다. 바양을기 고등학교 3학년인 '아이쇼팡(Aisholpan)'은 영어가 유창했다. "어떻게 한국으로 유학갈 생각을 했느냐?"고 묻자 "창신대학에 다니는 이웃집 오빠가 소개해줬다"고 말한다. 그녀가 장학금을 받고 한국에 유학 가는 이유도 "영어를 잘 해서 합격했다"며 "처음으로 해외에 나가는 것이 두렵다"고 말했다.

다음날 새벽 4시 말칭봉 등정팀이 떠나고 오전 10시경이 되어 말칭봉 등정에 참가하지 않은 나머지 대원들이 푸르공을 타고 프레지던트 어워가 있는 곳을 향했다. 3년 전 말 타고 2시간여 걸려 올라간 길을 차를 타고 올라가는 데도 한 시간여가 걸렸다. 가파른 경사길에 눈 녹은 진창길을 피하느라고 안간힘을 쓰는 운전사 바인졸을 옆에서 지켜보는 게 안쓰러울 지경이었다.

드디어 '프레지던트 어워'에 올랐다. 빙하 트래킹을 원하지 않는 사람들이 차나 낙타 혹은 말을 타고 오를 수 있는 곳이 여기까지다. '프레지던트 어워' 주위에는 파란색 하닥이 빙 둘러 있고 바친 제물이 놓여 있었다.

다섯 봉우리 가운데 가장 높은 호이텡산(4,374m)은 얼음 등산용 도끼, 아이젠, 로프 등으로 무장한 전문 산악인들이 찾는 곳이다. 2006년 몽골 대통령이 호이텡을 오른 후 산 이름을 몽골 최고봉이라는 '이흐 몽골(Ikh Mongol)로 바꿨지만 아무도 그 이름을 사용하지 않는다고 한다.

어워에서는 12km 길이의 포타니 빙하를 구경할 수 있고 체력이 좋은 사람은 4,050m의 말칭봉까지 올라갈 수 있다. 말칭봉까지 오른 등반대가 하산할 때까지 어워에서 기다리다가 빙하가 만든 호수까지 내려가자 빙하의 힘에 떠밀려 온 집채만한 바위들이 계곡을 메웠다.

멀다고 포기하지마라,
가보면 도착한다.
무겁다고 포기하지마라,
들어보면 올릴 수 있다.

칭기스칸

한여름에 하얗게 눈덮힌 빙하를 바라본 탐방객들이 탄성을 지르고 있는 가운데 카자흐 전통 복장을 한 4명의 여학생들이 보여 "사진을 찍어도 되느냐?"고 묻자 영어로 '오케이'한다. 한국에서 왔다고 하니 반색을 하던 맨 큰언니가 자신을 소개했다. "저는 울란바타르 국제학교에 다니는 고등학생입니다. 부모님 승용차를 타고 울란바타르에서 42시간 만에 도착했어요. 저는 한국의 BTS, K-pop을 좋아해요. 제 동생도 블랙핑크, 마마무를 좋아해서 크면 한국을 방문할 예정입니다." 처음 자신을 소개하면서 15살이라고 했던 '나뭉(Namuun)'은 "나이는 모르는 걸로 해주세요"라고 웃으며 말해 "나이를 밝히지 않는 경향은 한국 여학생도 마찬가지야"라고 하자 수줍게 웃는다. '나뭉'과의 대화를 마친 내게 3년 전 남미 여행할 때 겪었던 일이 오버랩됐다.

페루 마추픽추 등산을 마친 후 마추픽추 역에서 다음 열차를 기다리던 중 역무원과 대화를 하며 한국에서 왔다고 하자 "중학생 아들이 BTS열성팬인데 BTS멤버인 김남준, 김석진 등을 무척 좋아한다"고 말해 깜짝 놀랐기 때문이다. 뿐만 아니다. 칠레 발파라이소에 있는 노벨상 수상자 네루다 기념관에 들렀을 때 한국에서 왔다고 하자 "와! BTS 나라에서 왔다!"며 20여 명의 고등학생에게 둘러싸여 기념사진을 찍혀야 했다. 아르헨티나 부에노스아이레스 시가지에는 15미터쯤 되는 건물 벽에 BTS멤버들의 플래카드가 펄럭여 문화가 경쟁력임을 실감했다.

서낭당과 유사한 어워(Oboo, Ovoo)

몽골을 여행할 때 무생물 피조물 중 가장 많이 만날 수 있는 건 뭘까? 그건 다름 아닌 어워다. 오보라고도 하지만 몽골 발음으로 어워나 어버가 가깝다. 어워는 대개 산꼭대기, 샘, 강, 기묘한 모양을 한 언덕, 바위, 중요한 상징을 지니는 나무 주변 장소 등에 세워져 있다.

우리의 서낭당을 닮은 어워는 주민의 안녕과 풍요를 보살펴주는 신앙물이다. 또한 경계나 이정표 역할을 하여 안전을 지켜주는 기능도 한다. 지나는 사람들은 어워 주위를 세 바퀴 돌고, 돌을 주워 얹고, 담배, 차, 돈 등을 올려놓는다.

어워는 위치, 숫자, 재질에 따라 분류할 수 있다.

◆위치에 따라 - 삼림어워, 초원어워 ◆숫자에 따라 - 독립어워, 13어워, 군락어워 ◆재질에 따라- 돌어워, 나무 어워, 흙어워로 분류할 수가 있다.

그가운데 13어워는 쉽게 볼 수 없고 중심어워를 중앙에 두고 주변에 작은 어워가 양옆이나 십자형으로 늘어서 있다. 작은 어워가 중심적인 어워의 양옆에 늘어설 경우에는 좌우로 6개씩 배치되며 십자형 어워는 동서남북으로 각각 4개씩 배치된다. 13어워는 중요한 제사 장소나 사원 주변에 많다. 어워에는 대개 하얀색이나 오색천이 매달려 있다. 샤머니즘에서 비롯된 '잘라마'는 몽골 옛 풍속에서 제사에 바칠 희생 가축의 갈기나 목에 매둔 오색의 천조각을 뜻한다. 대개 하얀색이나 오색의 천 혹은 종이조각을 매단다. 무엇인가를 간절히 기원할 때 사용했던 잘라마에 대해 역사학자인 '작치드세첸'은 "몽골각지에 산재된 어워는 원래 샤먼의 유적으로 지방신을 모시는 곳이다. 어워 위에는 버드나무 가지를 꽂고 가지에 여러 가지 색깔의 천을 매두는데 이것은 잘라마의 관습에서 유래되었다고 보여진다."고 했다. 어워에 바치는 제물에는 양고기, 말젖술, 술, 하닥, 향, 두송나무 잎으로 만든 가루향, 아롤, 치즈, 돈 등 정성이 깃들어 있는 물건이다. 목발 등도 보이는데 아픈 다리를 낫게 해달라는 기원을 담고 있다. 알타이 타완벅드 어워 제단을 자세히 살펴보니 호쇼르, 녹차, 돈, 쌀, 술, 땅콩 등이 있었다.

가장 기대했는데...
등산화가 터져버렸습니다

몽골에 가보지 않은 사람이 몽골 여행을 두고 어떤 걸 상상할 수 있을까? 끝없는 초원과 평화롭게 풀 뜯는 가축들? 아니면 물도 나무도 없고 모래만 가득한 고비사막? 대부분 드넓은 초원에 점점이 박힌 하얀 유목민 집 게르와 그 주위에서 한가롭게 풀 뜯는 가축들을 상상한다.

놀라지 마시라! 몽골에는 거의 바다와 같이 엄청난 넓이를 가진 호수와 강도 있고 자동차로 몇 시간을 달려도 끝이 보이지 않는 초원도, 한여름이면 작열하는 태양 아래 풀 한 포기 자라지 않는 고비사막도 있다. 영하 40도에 달하는 겨울에 순록을 기르는 차탕족 마을도, 제주의 오름과 같은 화산폭발 현장도, 지진의 흔적도 볼 수 있는 장대한 스케일을 가진 나라가 몽골이다.

한국인들이 몽골여행을 떠나는 시기는 대개 한여름이다. 해발 평균고도가 1,580m이기 때문에 한국보다 덥지 않을 뿐만 아니라 습도가 높지 않아 여행할 만하기 때문이다. 등산을 좋아하는 한국인 여행자에게 추천할 별난 여행지가 있다. 4천미터가 넘는 만년설로 덮인 알타이 타완벅드다.

몽골 서쪽 끝 알타이산맥의 중심에 선 알타이 타완벅드에는 4천미터에 달하는 5개의 산들이 줄지어 서 있다. 산 정상부는 몽골, 중국, 러시아의 국경선이 그어져 있어 3개국을 한꺼번에 밟아볼 수 있다.

알타이 타완벅드의 최고봉은 4,374m의 호이텡산으로 등산용도끼, 아이젠, 등산용 로프 등을 구비한 전문 산악인이 찾는 곳이다. 반면 포타니 빙하 동쪽에 있는 말칭봉(4,050m)은 일반 등산가들도 등정이 가능한 곳이다.

일반 등산가들이 가능하다고 해서 결코 쉽게 생각해서는 안 된다. 최고봉은 아닐지라도 산은 산이기 때문이다. 엄홍길 대장은 "등산할 때는 항상 자연 앞에 겸손해야 한다"고 했다.

말칭봉 등정... 너무나 힘들었지만 환상적 경험

고조선유적답사단 일행의 21일간 몽골여행 중 가장 기대되는 순간이 다가왔다. 4천미터가 넘는 만년설에 둘러싸인 말칭봉 등산을 눈앞에 뒀기 때문이다. 일행이 몽골 서쪽끝 도시 바양을기를 떠나 알타이 타완벅드 아래 야영캠프장에 도착한 시간은 오후 8시 20분이다.

알타이 타완벅드 등산이 두 번째인 필자도 말칭봉 등정팀에 합류해달라는 요청이 많았지만 거절한 이유가 있었다. 몽골 출발 전 갈비뼈 골절상을 겪기도 했지만 10년 전 엄홍길대장과 함께 킬리만자로 정상에 오른 후 귀국해 열흘간 병원에 입원했던 트라우마가 있었기 때문이다.

등산화가 망가져 중도에 등반 포기하고 돌아온 '신이 버린 남자'

다음날 새벽 말칭봉 등정팀이 떠난 후 오전 야영장에 남아있던 필자를 비롯한 나머지 대원 4명이 10시경에 푸르공을 타고 프레지던트 어워에 도착했다. 그런데 새벽에 떠났던 궁인창씨가 나타났다.

"꼭 말칭봉 정상까지 오르겠다"며 큰 소리치며 호기롭게 떠났던 그였기에 이유를 묻자 등산화 코가 벌떡 일어선 신발을 보여줬다. 영락없이 악어가 입을 벌린 모습에 일행과 프레지던트 어워에 오른 몽골인들이 박장대소했다. 피곤해 빙하를 배경으로 누워있는 그 모습을 보니 정말 '신이 버린 남자'다.

"헌 등산화를 신고 포타니 빙하 옆 초원길을 걷는데 눈과 얼음이 녹아 진창길을 걷다 보니 등산화 밑바닥에 발라뒀던 본드가 떨어졌나 봐요. 물이 새는 등산화를 신고 등정할 수 없어 할 수 없이 등정을 포기하고 되돌아왔어요. 내가 등산을 포기한 게 아니고 신이 나를 버린 거죠."

새벽 4시 캠핑장을 떠난 일행이 프레지던트 어워에 도착하자 먼동이 붉게 떠올랐다. 더 이상 차가 갈 수 없는 어워에서 말칭봉 위치와 산행루트를 설명한 후 포타니빙하 오른쪽에 펼쳐진 초원을 따라 3,500m 산 두 개를 넘어가니 레인저스 캠프가 나왔다.

레인저스 캠프에는 사무실과 탐방객 숙소, 화장실이 갖춰져 있고 텐트를 칠 수 있는 야영장도 있다. 평탄한 초원길을 지나 조금 더 가니 빙하 얼음 아래로 흐르는 물소리와 돌 굴러가는 소리가 계곡에 울려 퍼졌다. 경사가 심한 잡석지대에

들어서니 돌과 잡석들이 산더미처럼 쌓여 사람이 오를 수 없을 정도다. 식물한계선을 지나니 울긋불긋한 야생화들이 지천에 깔려 있어 즐겁게 해줬다.

등반팀이 말친봉을 오른 경과 요약
"3시간 20분 동안 이동한 거리는 9.5km. 드디어 말친봉 하단부에 도착했다. 이윽고 흙길이 끝나자 거대한 너덜바위 지대가 나타났다. 경사도 60~70도, 고도차 800m가 커다란 벽처럼 느껴졌다. 가던 길을 멈추고 잠시 앉아서 공격할 루트를 살펴보니 사람이 다녔던 흔적이 희미하게 보였다. 일행은 전날 이해선·전신자 씨가 정성껏 만들어준 주먹밥을 꺼내 먹었다. 산행 시간이 6시간이 넘었는데도 아직 너덜바위와 씨름하고 있으니 죽을 지경이다.

만년설이 쌓여있다고 해도 한여름이라 해가 뜨면 덥고, 구름이 몰려오면 싸락눈이 내린다. 늦가을 복장인데 냉탕과 온탕을 오가니 피곤이 배가 됐다. 오르는 데 3시간 내려가는 데 3시간 도합 6시간이면 충분하다는 관리인 말만 듣고 각자 500cc 물 한 병씩만 지참한 물이 떨어져 간다. 엎친 데 덮친 격이라더니 이번 여행에 참석한 첫 번째 이유가 말친봉 등산이라고 말하며 호기롭게 나선 박인석 씨가 고산병 증세로 머리가 아프다며 땅바닥에 드러누웠다.

"하아! 언제 정상까지 올라가지?" 마음이 심란하다. 무거운 발걸음을 옮기는 일행에게 엄홍길 대장의 말이 생각났다. "눈이 게으르지 발은 게으르지 않아요!" 드디어 산행 7시간 30분 만에 마지막 고비인 3,880m 능선 위에 올라섰다.

능선을 따라 걷는 길도 위험하기는 마찬가지다. 능선 북쪽 사면은 만년설 쌓인 직벽이고 남쪽 사면은 빙하지대까지 잡석

이 쌓여 있어 발을 잘못 디디면 산 아래까지 굴러떨어질 수 있다. 다행히 박인석 씨가 다시 기운을 차려 일행에 합류했다.

드디어 산행 8시간 만에 말칭봉 정상에 올라 모두 환호성을 질렀다. 정상에는 돌로 쌓은 어워에 나무 기둥이 세워져 있고 하단이 묶여 있었다. 몽골, 중국, 러시아 국경에 선 일행은 자연의 아름다움에 흠뻑 취했다.

14시 37분, 구름이 몰려와 날씨가 급변할 것 같아 서둘러 하산하기 시작했다. 산은 올라갈 때보다 내려갈 때가 훨씬 힘들다. 더군다나 너덜지대가 아닌가? 몇 명이 미끄러지기도 하고 산사태 지대에서 넘어지기도 했지만 푸르공 운전사가 기다리는 프레지던트 어워까지 무사히 도착했다.

말칭봉 정상에 오른 6명 중 한 사람을 제외한 5명이 65~66세 노익장이다. 관리인으로부터 왕복 6시간이면 충분할 거라는 말만 믿고 말칭봉 등정에 나선 일행은 18시간 30분만에 캠핑장에 돌아왔다."

지친 모습으로 레인저스 캠프에 되돌아온 등반대원들의 얼굴에 피곤이 깃들어 있었지만 '해냈다'는 성취감에 젖어 행복해하는 박인석 씨가 등정 소감을 말했다.

"제가 몽골여행에 참여한 첫번째 이유가 말칭봉 등정이었고 두번째는 고비사막 횡단이었어요. 몽골여행 초반에 허리를 삐끗해 몽골여행이 끝났다고 생각했는데 시간이 지나며 점점 좋아졌어요. 말칭봉 등정팀과 합류했지만 3,500m부터 고산병 증세가 나타나 산행을 포기하고 너덜바위 속에서 깜박 잠이 들었다가 강렬한 햇살에 놀라 눈을 떴습니다.

자고 일어났더니 몸 상태가 괜찮은 것 같아 위를 보니 멀지 않은 곳에 일행들이 산을 오르고 있어 따라붙어 정상까지 올랐으니 목표를 이룬 셈입니다. 내 인생에 또다시 말칭봉에 오를 기회는 오지 않을 텐데 소망을 이뤘으니 더할 나위없이 기분이 좋습니다."

오문수의 몽골 이야기

남부 고비지역

고비 여행하려면 목베개가 필수

6월 4일 본격적으로 고비와 알타이산맥 답사 여행에 나섰다. 12명의 한국인과 가이드, 몽골운전수 3명, 요리사와 딸 안안트(5살)를 포함한 18명이 3대의 푸르공을 타고 아침 일찍 울란바타르를 출발했다.
도착 첫날 새벽 2시까지 이어지는 강행군에도 일찍 일어나 울란바타르를 떠난 이유가 있었다. 첫 날 차강소브리가까지 포장도로를 거쳐 빠르게 이동을 하여야 다음 일정이 순조롭기 때문이었다. 도착 첫날 겨울 날씨처럼 추운 날씨를 경험한 일행이 두툼한 겨울 잠바를 걸치고 남쪽을 향해 출발했지만 남쪽으로 내려가면서 점점 가벼운 옷으로 갈아입었다.
내가 타는 푸르공 운전수 바인졸과는 인연이 깊다. 몽골 여행을 네 번하는 동안 세 번이나 그가 운전하는 푸르공의 조수석에 앉았기 때문이다. 눈 앞에 펼쳐지는 장면을 스캔하다 마음에 드는 장면이 나오면 "바인졸 스톱! 포토! 포토!"라고 하면 "사진 찍기 위해서 차를 세워달라"는 의미로 알아듣고 사진찍기 좋은 장소에 차를 세워준다.
몽골 여행을 처음 온 여행객들은 뭉툭하게 생기고 내부시설도 별로 없는 푸르공에 실망할지도 모른다. 푸르공은 2차대전 당시 러시아군이 사용하던 군용차량이다. 거의 모든 내부 기기들이 기계식이라 고장도 잦지만 운전수들이 금방 고친다. 정비소라곤 눈씻고 찾아봐도 없는 사막과 시골 마을로 고급차를 몰고 갔다가 고장이라도 나면 큰일이다. 울란바타르에서는 출장 나올 정비사도 없을 뿐더러 오지도 않는다고 하니 비포장 험지를 달리는 데는 이만한 차도 없다.

운전석 미터기를 살펴보니 거의 28만km가 됐다. 지구 둘레가 4만km라고 하니 도대체 지구를 몇 번이나 돈 걸까? 3대의 푸르공이 20일 동안 여행하는 동안 오일보충과 타이어 수리 등 10번 이상 차량을 손봤다. 비포장 사막길을 이리저리 흔들리며 달리기 위해 운전수들은 모두 가죽 복대를 차고 있었다. 몽골로 출발하기 전 갈비뼈에 금이 나도 복대를 하기도 했지만 허리를 온전히 보전하기 위해서도 복대를 하고 다녔다.

몽골 험지를 다니려면 목베개를 준비해야 한다. 비포장 초원길을 달리다 일정이 늦어져 밤에 야영할 텐트를 친 다음 날에는 여지없이 졸린다. 꾸벅꾸벅 졸다가 하마터면 목뼈가 상할 뻔한 적이 여러 번이었다. 졸다가 울퉁불퉁한 고갯길을 통과하면서 혀를 깨물어 피가 나기도 했다.

울란바타르를 떠난 차가 약 200km를 달려 본격적으로 고비 여행이 시작되었다. 고비는 몽골어 '고비(gobi)'에서 나온 말로 '물이 없는 곳'이라는 뜻이다. 고비는 동서 방향으로 뻗어 있고 북쪽은 오목한데, 활처럼 생긴 넓은 지역을 차지하고 있다. 북쪽은 한가이산맥이 동서방향으로 펼쳐지고 남쪽은 고비알타이산맥이 막고 있다. 고비를 세분하면 서쪽에 있는 가순·준가얼·트랜스알타이 고비 분지, 그리고 중앙과 동쪽에 있는 동고비로 나눌 수 있다. 그 지층을 이루는 백악질

독특한 모양의 수행처가 있는 '이흐 가즈링 촐로(ikh gazrin chuluu)'

심한 대륙성 건조기후로 겨울은 아주 춥고 봄은 춥고 건조하며 여름은 무덥다. 기온은 1월에 -40℃까지 내려가고 7월에는 45℃까지 올라간다. 여름에 가장 많은 양의 비가 내리며, 연간 총강우량은 서쪽지역이 69㎜, 북동쪽지역이 200㎜ 남짓으로 곳에 따라 차이가 난다. 다행히 우리나라처럼 습도가 높지 않아 그늘 속에 들어가면 견딜만 했다. 인구밀도는 1㎢당 1명 이하이며, 주민들 대부분은 유목생활을 한다. 1년에 10번 정도 목초지 사이를 이동하면서 양·염소·소·쌍봉낙타들을 기른다. 잿빛이 섞인 갈색의 메마른 땅에는 식물이 거의 자라지 않는다. 관목 비슷한 작은 식물들이 산 아래 있는 고원과 평원에서 자란다. 가끔 가다 유목민들이 보이면 그 지역 인근에 오아시스가 있다는 뜻이다.

포장도로 200km를 달린 차량이 드디어 첫 답사지인 '이흐가즈링촐로'를 향해 달린다. 여기서부터는 비포장도로다. 몽골어 '촐로(chuluu)'는 바위를 일컫는다. GPS를 보면서 한참을 헤매던 차가 목적지에 도착했다. '이흐가즈링촐로'는 '고르왕 사이항 솜'의 만달고비 동쪽으로 70km 떨어진 곳에 있는 고비의 외딴 자연보호구역에 있다.

반들반들한 바위가 달표면 같은 느낌을 주고 기기묘묘한 형상의 바위들이 사방에 펼쳐져 있다. 간편식을 준비해 간 일행이 점심을 먹은 후 곧바로 산행에 나섰다. 점심 먹는 동안 머리 위 영문 안내판에 의미있는 내용이 적혀 있어 사방을 둘러보다 바위산 중턱에 있는 굴을 발견했다.

점심을 먹고 일행과 함께 바위산 중턱에 있는 굴을 향해 올라가니 굴이 있어 안으로 들어갔다. 굴 입구는 한 사람이 들어갈 만한 크기지만 깊이는 4~5m 쯤이며 안쪽에는 사람이 누울 수 있는 크기로 불 피울 도구도 있었다.

굴안에는 부처상과 장식품이 있었다. 영문 안내판에 적힌 내용을 보면 '이흐 가즈링촐루'에 살았던 수도승 한 분이 이 굴에서 명상 수련을 하고 기도하기 위해 찾는 이들에게 예언을 하기도 했으며 많은 승려들이 이 굴속에서 종교 의식을 치르기도 했다는 기록이 있었다.

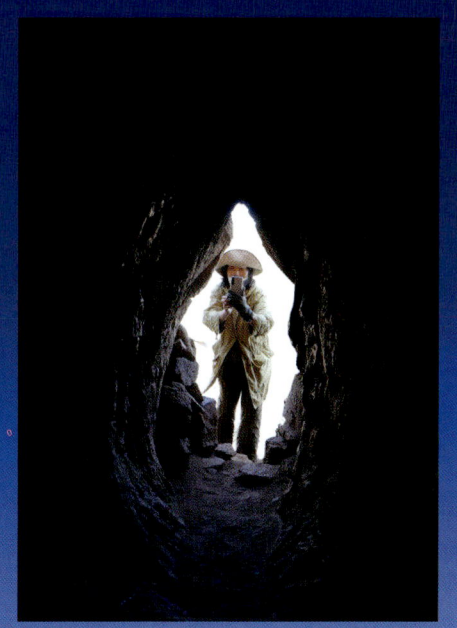

그랜드캐년 닮은 '차강소브라가'... 고비 첫 야영지

돈드고비 델 마운틴 북서쪽에 위치한 '차강소브라가'는 미국의 그랜드캐년과 닮은 침식지형이다. 조각상, 주택, 폐허와 같은 모습을 연상시키고 폭우가 내릴 때면 가축이 떨어져 죽기도 한단다. 높이 약 60m, 넓이 400m로 비가 내린 후 스투파(불탑) 형상을 통해 흘러내리는 물이 거대한 폭포를 연상케한다. 동굴도 있으며 스투파 인근에 두 개의 여행자 캠프가 있어 다양한 액비티비를 즐길 수 있다. 예정보다 늦은 시각에 목적지에 도착해 야영캠프를 마련한 일행이 밤하늘을 바라보며 탄성을 질렀다. "야! 별들이 머리에 쏟아질 것 같네!"

몽골에서 암각화 그림 그리기?

옛 사람들 생활상 엿볼 수 있는 암각화가 널린 델 마운틴

차강소브라가에서 1박을 한 후 출발한 다음 목적지는 델 마운틴이다. 학창 시절 교과서에서 본 암각화가 널린 곳이라는 소문이 난 곳이다. 델 마운틴은 차강소브라가 남동쪽 20km에 위치한 나지막한 산으로 몽골의 문화유산과 관련된 뛰어난 작품들이 있다.

돈드고비 을지트(Ulziit)에 있는 델 마운틴은 동쪽에서 서쪽을 향해 20km쯤 펼쳐진 야산이다. 정확한 위치를 몰라 인근 유목민 게르를 찾아가 암각화가 있는 위치를 물으니 친절하게 알려준다. 영문안내판을 살펴보니 청동기시대와 중세시대에 새겨진 암각화 5,000여 점과 당시 이곳에 살았던 옛사람들이 돌로 지은 오두막이 있다는 기록이 있었다.

접근하기에 커다란 장애물도 없고 나지막한 야산이어서인지 암각화를 조사하기 위해 이곳을 찾은 연구원과 학자들에게 델 마운틴은 매우 편안한 장소이었을 것이다. 일행은 나눠준 아스테이지와 펜을 들고 바위에 그려진 암각화 찾기에 나섰다.

탁본이 아닌 아스테이지를 이용해 암각화 그림 그리기에 나선 이유가 있었다. 탁본이 훨씬 어렵고 시간이 오래 걸리기 때문이다. 탁본이란 옛 비석이나 금속·기와·돌·나무 등에 새긴 글자나 그림을 먹에 의해서 원형 그대로 박아내는 일, 또는 그 박은 종이이다.

탁본을 뜨려면 우선 돌이나 비석 등 탁본하고자 하는 물체에 물로 종이를 붙인다. 종이의 물기가 어느 정도 마르면 먹을 묻힌 솜방망이로 종이 위를 가볍게 두드린다. 패인 부분을 제외하고는 먹이 묻어서 패인 부분의 글자나 그림이 하얗게 드러나게 된다.

금속·돌·목재·토기·기와 등 요철이 있는 것이면 무엇이든 탁본할 수 있다. 글자의 점이나 선 등의 섬세한 부분까지 그대로 뜰 수 있어 예술품으로서 감상할 수 있을 뿐 아니라 고고학, 미술사 연구에 크게 도움을 준다.

대부분은 탁본 경험이 없어 훨씬 간단한 방법인 아스테이지를 이용한 탁본 만들기에 나섰다. 안동립 단장은 "우리나라는 한지를 이용해 탁본을 뜨는데 물기에 젖은 한지가 마르면서 수축하기 때문에 실물 크기와 달라질 수가 있습니다. 반면에 러시아식은 아스테이지나 투명한 용지를 이용해 암각화를 따라서 그립니다. 우리는 반투명 용지를 가지고 와서 그림 그리는 데 약간 어려움이 있지만 실물 그대로를 그릴 수 있습니다." 라고 설명하였다.

산 위로 올라가자 여기저기서 "야! 멋진 암각화들이 널려있네!" 하는 탄성이 나왔다. 평평한 바위 곳곳에 암각화 천지다. 산양인 아르갈, 야생염소 아이벡스, 활을 든 사냥꾼이 사슴을 쫓아가는 모습, 호랑이, 시라소니 등이 선명하게 그려져 있었다.

암각화는 어떻게 만들었을까? 몽골 빌레호수에서 암각화를 조사했던 미국 테네시 주 동테네시 주립대학 리차드 코툼(Richard D. Kortum) 교수는 단단한 돌을 이용해 바위 위에 암각화를 그리는 방법으로 쪼기, 새기기, 긁기, 점묘법, 연마하기 등의 방법을 들었다.

옛 선인들이 이렇게 많은 암각화를 그린 이유는 뭘까? 코툼 교수는 "정확하게 단정할 수는 없지만 당시 사회구성원들이 중요하게 여기는 기본적 욕구를 충족시켜주기 위해 암각화를 그렸을 것"으로 추정하고 있다.

델 마운틴 암각화 가운데 90% 이상이 동물 형상이었고 사람의 형상은 대부분 수렵 중인 남자의 모습이었다. 사냥의 성공과 종족의 번식은 그들의 가장 큰 염원이자 관심사다. 암각화에 그려진 사냥하는 남성의 생식기는 남자의 크기에 비례해 엄청나게 컸다. 몸 크기의 1/3정도나 됐다.

탁본한 암각화는 커다란 야생염소인 아이벡스를 사냥개가 뒤에서 쫓아가고 활을 든 사냥꾼이 활을 겨누는 멋진 모습이었다. 먼지 묻은 바위를 물걸레로 닦아내고 탁본 작업을 하려는데 거센 바람이 방해를 한다. 거기다가 암각화가 산 정상에 있으니 바람이 셀 수밖에. 어찌할 도리가 없어 간이화장실용 텐트를 치고 우산을 펴서 탁본 작업을 시작했다.

바위에 한지를 붙이고 테이핑을 했지만 틈으로 새어들어오는 바람을 막기가 역부족이었다. 하는 수 없어 배낭으로 틈새를

막고 우산까지 펼쳐 탁본을 완성하는 데 3시간여가 걸렸다. 탁본작업하는 데 동원된 인원만 6명이다. 바위에서 탁본을 떼어내보니 흐릿한 그림이 드러났지만 아마추어 솜씨로 이만하면 괜찮은 셈이다.

"야! 드디어 완성했다!"고 환호성을 외친 단원들. 말로만 들었던 탁본 과정을 처음 본 단원들은 탄성을 지르고 기념촬영까지 마쳤다. 모든 작업을 마치고 집결지에 모인 단원들이 가지고 온 그림들을 놓고 심사가 이뤄진 가운데 이수형씨의 작품이 최우수 작품으로 선정되어 박수갈채를 받았다. 고조선유적답사단과 일면식도 없던 그는 <산>지에 보도된 글을 읽고 답사단에 자원했다. 그가 델 마운틴에서 사슴을 탁본한 소감문을 보내왔다.

"델 마운틴. 어떤 곳인 줄도 모르고 도착한 이곳은 황무지에 간간이 솟아있는 검은 바위군으로 선사시대 고대인들의 유적지. 많은 암각화들이 바위에 그려져 있었다. 당시 거주민들과 함께 했을 가축들이 바위에 새겨져 있었고 우리 일행들은 그 바위 그림들을 탁본하는 작업을 하게 되었다.

난생처음 해보는 작업에 신기하기도 했고 조금은 조심스러웠다. 왜냐하면 그리는 작업은 내 적성에는 잘 안 맞았고 학교 다닐 때도 성적이 안 좋은 과목이었기 때문이다. 그리고 나이 들어서는 해볼 일도 없고 한 적도 없기에 특히 더 조심스러웠다.

탁본 대상을 물색하던 중 한 사슴돌에 시선이 꽂혔다. 어차피 하나는 해보려고 했던 터라 작업에 들어갔다. 사막의 더위는 끔찍했다. 작렬하는 땡볕에 시간 가는 줄 모르고 더듬거리며 그렸다. 사슴의 머리 부분이 희미하여 많은 시간을 허비했다.

채 완성되기도 전에 작업 종료를 알려 작업을 마쳤지만 더 그려낼 재주도 없었다. 다음 부분이 너무 희미해 있었기 때문이다. 내게는 몽골에서 한 첫 번째 이벤트였다. 재미난 탐방 시간이었다. 이번 탐방을 한 후 지금은 칭기스칸 소설을 탐독 중이다. 아직도 몽골여행은 진행 중이다." 5천 기의 암각화가 널려 있는 델 마운틴 지역은 당시에 수많은 사람이 살았을 만큼 생활환경이 좋지 않았을까?

여름에 얼음이...
'독수리 입'이라 불린 욜린암

델 마운틴 다음 행선지는 달란자드가드 시가지다. 해발 1465m에 위치한 달랑자드가드는 고르왕 사이항(Gurvan Saikhan) 국립공원의 거대한 산맥 그늘 아래 자리한 도시로, 사막 속에서 문명의 혜택을 누릴 수 있는 곳이다.

시가지에는 호텔과 레스토랑도 있지만 텐트에서 자기로 한 일행의 여행계획과는 맞지 않아 공룡박물관을 구경하고 다음 목적지인 욜린암으로 가기로 했다. 5월말에 오픈했다는 '으문고비 박물관'에 들어가니 공룡 사진과 공룡알을 발견한 미국인 탐험가 로이 채프먼 앤드루스가 공룡화석을 발굴하는 전시물이 보였다.

공룡의 고장 고비... 그러나 가장 멋진
공룡전시물은 미국 자연사 박물관에

달랑자드가드 일대의 '보깅 찹(Bugin Tsav)', '올랑 찹(Ulaan Tsav)', 네메그트 올(Nemegt Uul), 헤르멘 찹(Khermen Tsav)지역에서는 많은 공룡화석이 발견됐다. 해설사와 함께 박물관을 돌아보니 공룡알 몇 개, 고비사막 관련 그림, 거대한 독수리 박제품, 두루마리 그림, 불교용품 등이 눈길을 끌었다. 그러나 필자가 기대했던 훌륭한 공룡작품은 없었다.

고비 사막의 가장 완벽한 공룡 컬렉션은 미국 자연사 박물관에 전시되어 있다. 필자가 몇 년 전 미국 자연사박물관을 방문했을 때 전시된 공룡화석의 거대한 크기에 입을 다물지 못했었다. 국가가 힘이 없었던건지, 아니면 돈이 없었던건지! 아쉬운 마음을 접으며 다음 전시실로 가니 공룡알들이 전시되어 있었다.

1920년대 초 미국인 탐험가 로이 채프먼 앤드루스는 '바양작' 일대에서 약 2년간 100여개 이상의 공룡화석을 발견했다. 학자들의 연구 결과 선사시대 고비사막은 습지와 호수가 자리한 땅이자 오아시스가 숨어있는 모래땅이었을 것으로 추정됐다.

그 땅에는 커다란 오리주둥이를 지닌 하드로사우루스도 있었지만 키가 7.6m나 되고 온몸에 갑옷을 두른 채 거대한 꼬리를 철퇴처럼 휘둘렀던 앵킬로사우루스, 무게가 90톤에 달했던 네메그토사우루스 등 다채로운 공룡이 살았다. 한국에 돌아와 바양작에서 여수로 시집온 바야르와 대화하며 공룡알을 본 적이 있느냐고 묻자 답변이 돌아왔다.

중학교 3학년 때 삼촌이 사막에서 커다란 알 2개를 주워다 주며 '이곳에서는 흔하지만 해외에서는 귀한 것이니 잘 간직하라'고 하시며 큰 것과 작은 것 두 개를 주셨어요. 둥근 알을 햇빛에 비추면 크리스탈처럼 예뻤습니다. 어느 날 울란바타르에서 온 손님이 초콜릿을 주며 바꾸자고 해서 줘버렸어요. 한국에 시집와

박물관 구경을 했을 때 그게 공룡알이라는 걸 알고 속상했어요. 학교에서 배우지 않았으니 그게 그렇게 귀중한 것이라는 걸 알 길이 없었죠."

"중학교 3학년이면 알만도 한데 공룡알이라는 걸 몰랐느냐?"고 묻자 "당시는 몽골역사를 배우지 못하고 러시아 역사만 배웠다"고 대답한 바야르.

바양작에서 부모님 삼촌과 함께 초등학교 시절부터 고등학교까지 달랑자드가드에서 공부했다. 방학 때면 집에 돌아가 낙타를 키우던 그녀는 여수로 시집온 지 20년이 됐다. 한국말이 능통해 몽골을 소개하는 다문화강사로 일하고 있다.

'독수리 입'이라는 욜린암... 8월까지 얼음이 녹지 않아

달랑자드가드 서쪽 46km 지점 '구르반 사이항(Gurvan saykhn)' 산맥에는 '독수리 입'이라고 알려진 욜린암이 있다. '으문고비 아이막'의 9개 비경 중 하나인 욜린암은 원래 이 지역의 조류를 보호하기 위해 설립되었지만 현재는 장엄한 바위 절벽과 푸른 얼음 장막이 여름까지 지속되는 좁고 그늘진 협곡으로 유명하다.

욜린암의 자연미는 방문객이 주로 찾는 명승지 중 하나이다. 욜린암의 얼음은 입구에서 2km까지 하이킹이 가능하며 말을 타거나 낙타를 이용할 수도 있다.

물의 침식 작용으로 생성된 욜린암은 아름다운 자연비경 중 하나이다. 겨울에는 계곡에 높은 얼음벽이 생겨 햇볕이 들지 않는다. 심지어 계곡의 얼음이 7월 중순까지 남고 우기에는 작은 강물이 흐르고 급류가 나타나기도 한다.

욜린암에는 야생양, 야생염소, 눈표범, 영양, 시라소니, 담비, 야생고양이, 다람쥐 등이 서식하고 있다. 욜린암은 1965년부터 1993년까지 엄격하게 보호받고 있는 국립공원으로 유네스코 세계문화유산에 등록되어 있다.

'노래하는 모래' 홍고린엘스, 과거 알면 놀랄 수밖에

무수한 여행자들이 몽골에 매료되는 이유는 뭘까? 현지인에게 물어보면 아름다운 시골 지역, 드넓은 초원, 험준한 산지, 맑은 호수, 풍부한 야생환경과 헤아릴 수 없을 만큼 많은 가축들 때문이다. 손때가 묻지 않은 자연경관을 좋아하는 이들에게 몽골은 멋진 힐링 장소다. 단기간 몽골여행 여행지는 수도인 울란바타르 인근의 호스타이 국립공원과 테를지 국립공원일대다. 반면 별이 쏟아지는 고비 투어 지역은 고비의 차강소브라가-욜린암-홍고린엘스 코스이다.

고비 여행을 꿈꾸는 이들이 선호하는 홍고린엘스

홍고린엘스는 달란자드가드에서 약 180km 떨어져 있다. 이곳은 지프를 빌리거나 푸르공을 타고 투어의 일종으로 가지 않는 한 쉽게 접근할 수 없다. 욜린암을 떠나 홍고린엘스 인근에 당도하자 엄청난 바람이 불어왔다.

홍고린엘스는 몽골에서 크고 장엄한 모래 언덕 중 하나로 바람에 의해 모래가 움직이거나 작은 산사태처럼 무너져 내리는 소리 때문에 '노래하는 모래'라고 불린다. 높이 300m, 폭 5~20km, 길이 185km에 달하는 거대한 모래 언덕 정상에선 희뿌연 모래가 바람에 휘날린다.

사막이라고 해서 하루 종일 강풍이 부는 건 아니다. 아침에는 바람이 없지만 오전 9시부터 사막의 열기 때문에 바람이 불기 시작한다. 풍속계로 고도 2m 바람을 측정해 보니 저속일 때 평균속도가 7~8m/sec, 중속일 때 9~11m/sec, 순간 최대속도일 때는 21m/sec까지 나왔다.

바람이 얼마나 센지 눈을 제대로 뜰 수 없을 정도의 모래바람이 불어왔다. 푸르공을 운전하는 바인졸은 눈을 보호하기 위해 고글을 쓴 채 운전했다. 동아지도 대표인 안동립 단장이 고비사막 지형에 강풍이 불어오는 이유를 말했다.

"서에서 동으로 500km 뻗어 내려온 고비알타이 산맥 준령 3천미터급 산 4개가 홍고린엘스에서 3개로 좁혀지며 병목현상을 일으켜 강풍을 일으킵니다. 알타이산맥 입구에서 폭 150km였던 지역이 홍고린엘스 지역에서 폭 40km로 좁아졌으니 바람이 얼마나 강해지겠습니까?"

고비사막의 모래바람은 한반도까지 영향을 미친다. 가장 거대한 모래 언덕은 북서쪽 모퉁이에 있다. 정상까지 올라가는 데 45분~1시간쯤 걸린다는 도전에 나섰다. 두 발자국 나아갈 때마다 한 발자국씩 뒤로 미끌어져 내리는 터라, 체력이 달린 이들은 중도에서 포기했다.

모래사막 위에서 아래를 보니 강한 바람에도 살아남기 위해 뿌리 한 가닥만 남긴 채 떨고 있는 풀뿌리도 있었고 바람에 밀려 몇 번씩 미끌어지면서도 다시 올라가려 애쓰는 벌레도 있었다. 모래 언덕에 누워 모래가 불러주는 소리를 들어보았다. 7부 능선 쯤에서 정상을 바라보니 일행 중 한 명이 정상에 서있다. 소방관인 박석룡 씨. 체력이 좋은 그는 알타이 타완벅드 말친봉(4,050m)도 등정했고 궂은일도 마다하지 않았다. 그는 "모래 언덕 정상에 서니 바람에 의해 모래가 움직이며 내는 소리가 정말 노래 소리처럼 들렸습니다. 사막이 끝나는 줄 알았는데 정상 반대쪽에도 더 넓은 사막이 있었습니다." 동행했던 이해선 씨가 "타클라마칸사막, 사하라사막, 중동사막, 타르사막도 가봤지만 홍그린 엘스처럼 강한 바람은 처음이다"고 말했다. 노래하는 사막 홍고린엘스. 고대에 이 지역이 호수 밑바닥이거나 해안평야였다는 걸 알면 더욱 놀랄 것이다. 일행은 자연이 보여주는 다이내믹한 현상을 체험했다.

손들고 서있는 사람앞에 모래언덕을 기어 올라가는 모습이 꼭 뭔가를 잘못해 벌받고 있는 듯한 재미있는 모습이 연출됐다.

홍고린엘스 7부능선까지만 등정했는데도 내 주머니에 쌓인 모래들. 머리부터 발끝까지 틈이있으면 모래가 들어가지 않은 곳이 없었다.

세상에, 헤르멘차브가
유럽에 있었다면

'헤르멘차브(Khermens Tsav)'는 홍고린엘스에서 하루를 달려 깜깜한 밤에 도착할 정도로 거리도 멀고 길고도 험하다. 텐트를 친 일행은 간편식으로 저녁을 때우고 잠자리에 들었다. 아침에 일어나 텐트에서 나와 눈 앞에 펼쳐진 경관을 보고 나서야 왜 먼거리를 달려 찾은 지를 알 수 있었다. '으문고비(Umnugobi)'주 고르왕테스(Gurvantes) 솜 북서쪽 120~130km에 있는 헤르멘차브는 울란바타르에서 남서쪽으로 970km 떨어진 곳에 있다.

해발고도 1,000m에 위치한 헤르멘차브는 폭 3km, 길이에 12~15km 급경사가 펼쳐져 장관을 이룬다. 몽골어 '차브(Tsav)', 영어로 '배드랜드(Badland)'라 불러 '황무지'라고 해석할 수도 있지만 현장을 돌아본 뒤 '침식불모지'라고 불러야 정확한 표현이 될 것 같다는 결론을 내렸다.

계곡을 돌아보던 중 물과 바람에 침식되어 멋진 모습을 남긴 형상물을 발견하고 시간을 3년 전으로 되돌렸다. 만약 이 침식물이 유럽 사람들이 많이 찾는 지역에 있었더라면 세계적인 유명세를 탔을 텐데, 아쉽다!

멋진 침식 형상물이 있는 헤르멘차브

볼리비아 우유니 소금 사막에서 칠레 아타카마까지 가는 길에는 '돌나무(Arbol de Pedra)'라고 명명된 유명한 돌이 있다. '돌나무'는 5천미터에 가까운 높고 추운 곳에서 바람에 침식되어 멋진 모습으로 남아 관광객들에게 인기 있는 돌이다. 헤르멘차브에 있는 이 침식물도 그에 못지않게 멋있다.

헤르멘차브 퇴적물에는 빨강과 노랑, 하얀 석회암과 사암들이 섞여 있어 대리석이나 수정처럼 보이기도 한다. 고대 백악기 시대에 생성된 헤르멘차브를 돌아보면 폐허가 된 고대 도시에 남은 스투파나 사원처럼 보이기도 한다. 헤르멘차브 절벽과 계곡은 높이가 30m에 달하기도 한다.

이곳은 고대에 해저지형이 융기해 형성된 지형으로 환상적인 모습을 보여준다. 미국 그랜드캐년의 축소판이랄 수 있는 이곳을 자세히 들여다보면 벽돌이나 돌담 혹은 인공 돌담이나 홀과 같은 느낌을 주기도 한다. 때로는 맘모스 같기도 하고 낙타와 악어가 줄지어 있는 것 같은 모습이다.

싹사울 나무(비름과의 떨기나무) 외에 생물이라고는 없을 것 같지만 사막 독수리, 도마뱀, 파충류와 곤충도 있다. 우기에는 물이 나오는 몇 개의 샘도 있고 자칼이나 고비 곰, 영양, 야생낙타, 야생당나귀도 볼 수 있다.

끓을 정도로 뜨거운 날씨

용변을 보다 눈앞에 백 년 이상 됐음직한 '싹사울나무' 고목을 발견했다. 그림자를 보니 뾰쪽한 뿔을 가진 공룡이 들이받을 자세. 악어가 덤벼들 자세를 취한 고목을 보다가 고목과 돌을 모아 제주도에서 멋진 돌문화공원을 세운 백운철 단장이 이 고목들을 보셨더라면 수집하고 싶었을 거란 생각이 들었다.

끓을 정도의 뜨거운 날씨 때문에 돌이 깨지기도 한다는 이곳에서는 공룡의 뼈와 알이 발견되기도 했다. 얼마나 뜨거운 날씨인지 주변에 인가도 보이지 않고 가축마저 보이지 않는다. 몽골 자연의 아름다움에 흠뻑 취한 일행은 몽골 서쪽을 향해 또다시 길을 나섰다.

몽골인의 성산 '에지 하이르항 산'

몽골 고비사막에서 키다란 나무를 볼 수 있는 지역은 흔하지 않다. 대부분 키가 작은 초목과 듬성듬성 나있는 풀들이 자라지만 예외도 있었다. 일행이 바얀투로이(Bayantooroy) 인근 지역에 다다르니 커다란 나무들이 보인다.

마을이 있고 동물들이 나무를 뜯어먹지 못하게 철조망 울타리를 한 지역이어서인지 지름 50cm 정도의 고목들이 보여 이곳에서 야영하기 위해 텐트를 쳤다. 사막에 나무들이 있고 마을이 있다는 건 가까운 곳에 오아시스가 있다는 의미다. 하지만 몽골 대부분 지역에는 나무가 없어 상황이 심각함을 느낄 수 있었다.

몽골 정부에서 발간한 자료에 의하면 현재 몽골 국토의 76.8%에서 사막화가 진행되고 있다. 사막화 원인은 자연적 요인이 51%, 인위적 요인이 49%이다. 과도한 방목, 바람이나 물에 의한 토양침식, 가뭄, 광산개발, 지방도로부설, 산불과 들불을 들 수 있다. 몽골정부는 2005년 그린벨트 국가프로그램을 수립해 추진 중이다. 2005년부터 시작한 사업은 30년 후인 2035년까지 3,700㎢를 조성할 계획이다. 몽골의 산림면적은 1,850만 ha(2015년 기준)로 수종별로 보면 낙엽송 62.5%, 싹사울 15.3%, 자작나무 10.4% 순이다. 몽골의 1인당 산림면적은 약 4ha로 세계평균의 7배, 우리나라의 30배에 달하지만 80%가 땔감용으로 사용된다.

도시 주위에 철조망 울타리가 둘러쳐져 있고 어린나무들이 자라고 있는 모습을 종종 볼 수 있다. 한국의 지자체와 민간 단체가 지원하는 프로그램도 여기에 해당한다. 울란바타르에서 '푸른아시아 주민자립추진단' 김성기 단장을 만나 자세한 이야기를 들었다. "센터에서는 몽골인들에게 비닐하우스에서 무, 배추, 깻잎, 수박, 토마토 재배법을 가르쳐주고 있

어요. 현재까지 80만 그루의 나무를 심어 85%의 성공률을 올렸습니다. 마을 인근에 나무심는 일에 대해 주민들은 일자리가 생기기 때문에 좋아합니다. 유실수인 야생베리, 차차르간 등을 재배해 공장까지 지어 소득을 배가할 수 있도록 지원하고 있습니다. 돈이 되는 환금작물을 재배하면 주민들이 자발적으로 움직이기 때문이죠."

"한국인들은 비가 온다고 하지만 몽골인들은 비가 들어간다"라며 자연을 대상화하지 않고 주체로 여기는 몽골인들의 언어 습성을 소개한 그는 말에 낙관 찍을 때 초대받았던 경험담도 이야기했다.

"저는 말에 낙관 찍는 것을 잔인하다고 생각했는데 낙관 찍은 말이 아무렇지도 않게 풀을 뜯더라고요. 유목민들에게 이유를 물으니 말에 낙관을 찍을 때 털하고 가죽에만 하기 때문에 하나도 아프지 않다는 것이었습니다."

'에지 하이르항 산' 기기묘묘한 바위가 널려있어

'에지 하이르항 산(Eej khairhan mountain, 2,275m)'은 몽골어로 '에지'는 '어머니'이고 '하이르항'은 위대한 산, 또는 성산을 의미한다. 근방에 산이 보이지 않는데도 사막 가운데 우뚝 서있는 '어머니산' 자태를 멀리서 보니 정말 어머니가 누워있는 모습이다.

마을에 사는 친구를 불러 가는 길을 알려준대로 따라갔지만 험난한 여정의 연속이었다. 운전대를 이리저리 돌리며 차가 갈 수 있는 길을 찾아 겨우 도착한 알타이 산맥의 남쪽의 어머니산이다. 북쪽의 어머니 산은 알타이 산맥의 북쪽 알타이 시 인근의 '하작트산이다. 필자는 알타이 산맥을 가운데 두고 서있는 2곳의 어머니산을 모두 돌아 보았다.

'에지 하이르항 산'은 울란바타르에서 남서쪽으로 1,150km 떨어져 있고 알타이 시 남쪽 250km에 있다. 평균고도 1,600m 날카로운 정상은 새들만 올라갈 수 있다. 모든 측면은 50도의 경사를 이루며 정상부는 깎아지를 듯한 암벽이 자리하고 있다. 침식으로 이뤄진 산이기 때문에 토양이 별로 없다. 산의 남쪽면은 암석 절벽으로 이뤄진 반면 북쪽 사면은 화강암과 이암으로 덮혀 있다. 동굴, 구멍 형상 등의 기기묘묘한 바위가 있어 더욱 아름답다. 산의 모래층에는 싹사울 나무가 자란다. 어머니산의 식물군은 남고비 알타이 지역에 속하고 60%는 산지에서 자란다. 사람의 몸 형상을 한 바위들이 눈길을 끈다. 늑대, 극장 의자, 목젖, 성기와 인체 기관을 닮은 형상의 바위들이 있다. 산의 남동쪽에는 9개의 움푹 패인 웅덩이가 있고 각각은 자그마한 개울물로 연결되어 있다. 그중 가장 깊이 패인 웅덩이는 깊이가 4m에 달한다. 물 고인 웅덩이는 가물 때에도 물이 마르지 않는다.

어머니(Eej) 산은 자연적 의미와 역사적 의미를 가지고 있는 성산이다. 9개의 웅덩이 가까운 동굴에는 고대인과 승려가 살았던 흔적이 남아 있다. 인근 주민과 스님의 말에 의하면 "어머니산의 엄마 스님이 그곳에 살았다"고 한다.

산양인 아르갈, 아이벡스, 늑대, 여우, 코사크 여우, 가젤, 야생 낙타가 서식한다. 또한 아가마(큰 도마뱀), 모래 뱀, 대초원 방울뱀이 산다. 산에서 20km 떨어진 에드렌긴 산맥에 야생 낙타와 고비곰 사육장이 2007년부터 운영되고 있다. 이 산은 1995년부터 천연기념물로 지정되어 보호받고 있다.

고비의 주인 낙타는 사막에서 유용한 동물

사막의 배로 알려진 몽골 쌍봉낙타는 '티메'라 부른다. 고비에는 약 10만 마리의 쌍봉낙타가 있다. 낙타는 침을 뱉기도 하기 때문에 조심해야 한다. 낙타는 아주 유용한 동물이다. 물 없이 일주일, 음식 없이 한 달을 생존하기도 한다. 최고 250kg을 실어 나르기도 하고 1년에 5kg, 낙타유 600리터를 생산한다.

낙타의 상태는 등에 난 혹이 높고 딱딱하면 건강이 좋은 것이고 축 처져 있으면 음식과 물이 필요하다는 의미이다. 1~2월 교배기가 다가오면 수컷 낙타는 난폭해진다.

쇠똥으로 구운 감자를 먹어본 적 있나요?

해저 융기 지형이 비바람에 의한 오랜 침식으로 탄생한 '헤르멘차브'를 떠난 고조선유적답사단 일행의 다음 목적지는 '시네진스트(Shinejinst)'이다. '헤르멘차브'도 '시네진스트'도 몽골 고비에 위치한 지역 이름이다.

몽골 고비 여행은 결코 만만한 곳이 아니다. 듬성듬성 나 있는 풀과 자갈밭 길, 먹을 음식과 마실 물을 미리 준비하지 않으면 낭패당하기 십상이다. 평균고도 1,580m인 몽골고비 사막에서 텐트를 치고 자려면 침낭이 필수다. 고비에서 휴가를 보낼 거라는 말을 들으면 무덤 속에 있던 마르코 폴로가 뛰쳐나와 말릴지도 모른다. 동행했던 이수형 씨가 일주일간 고비사막여행을 한 소감을 말했다.

"남들이 안 해본 고비 단독 횡단여행을 준비하기 위해 며칠간 여행하면서 그 계획을 포기했어요. 고비가 이렇게 넓고 험한 곳인 줄은 미처 몰랐습니다."

동방의 존재를 유럽인들에게 알렸던 이탈리아 베네치아 출신 마르코 폴로와 많은 여행자들은 고비사막의 엄혹한 환경을 여행하며 갖은 고초를 겪었다. <동방견문록>을 쓴 마르코 폴로의 여행길은 길고도 험했다. 수없이 죽음의 문턱을 넘었고, 헤아릴 수 없는 많은 날을 끝없는 고비에서 헤맸다. 마르코 폴로는 병에 걸려 약 일 년간 여행을 중단하기도 했으며, 도적 떼에게 물건을 약탈당하기도 했다.

과학과 문명이 발달한 지금은 괜찮을까? 아니다! 차로 몇 시간을 달려도 사막밖에 안 보일 때도 있고 거친 길을 가기 위해서 수시로 차량을 점검해야 한다. 밥을 짓기 위해 사용할 물 외에 물을 아끼기 위해 절에서 공양하는 것처럼 식기 씻은 물로 숭늉을 대신하고 남는 물로 양치하기도 한다. 덕분에 물이 얼마나 귀한 존재인가를 재인식하기도 한다.

결핍이 주는 고마움을 깨닫는 곳이 고비이기도 하다. 물 몇 통으로 밥을 하고 겨우 양치질을 하며 언제 어디서든 물을 사용할 수 있는 우리나라에 대한 고마움을 느낀다. 마을이 나타나지 않으면 외부와 통신이 두절되어 문명 세계와 단절되기도 한다. 문명의 이기(利器)와 단절이 꼭 불편하기만 할까? 아니다. 단절을 통해서 나를 찾기도 하고 언제나 소통할 수 있는 세상에 대한 고마움을 느끼기도 한다.

3년 전 남미여행할 때 겪었던 불편한 이야기다.

일행 중 한 명은 35일간의 남미여행 기간 단 하루도 카톡을 하지 않는 날이 없었다. 몸은 남미에 왔지만 마음은 한국에 있었다. 여행은 열린 마음을 가지고 떠나야 한다. 그곳에 사는 사람들과 교감하고 그 사람들의 생활상을 들여다보며 이해할 줄 알아야 비로소 현지인의 거울을 통해 나를 볼 수 있다.

눈만 뜨면 카톡으로 통화하며 핸드폰으로 촬영한 사진만 전송하는 지인은 스페인군에게 몰살당해 폐허가 된 잉카유적을 보고 "에이! 돌무덤밖에 없네"라는 말로 나를 실망시켰다.

몽골은 어디를 가도 가축을 기르기 때문에 때로는 모기가 극성을 부리기도 한다. 텐트를 치고 모기를 쫓기 위해 마른 쇠똥을 주워 모깃불을 피우면 모기가 가까이 오지 않는다. 텐트 인근에 널린 쇠똥을 주워와서 활활 타는 쇠똥불에 감자를 구워먹었더니 약간 오묘한 냄새가 나지만 먹을 만했다.

자연을 사랑하는 몽골인들의 풍습, 신목숭배사상

고비에서 일주일간 세수도 못 하고 지내던 일행 앞에 오아시스가 나타났다. 반가운 마음에 일행 모두가 옷 입은 채 물에 뛰어들어 세탁 겸 세수를 하기도 했다. 모래사막 때문이라고 인정해서인지 아니면 포기했는지 누구 하나 불평하지 않는다. 몽골 고비가 아니면 어디서 이런 경험을 할 것인가.

험한 산이 가로막힌 곳에서 넘어갈 길을 찾았지만 차량이 넘기에는 안전하지 못해 되돌아 가기를 반복했다. 풀 뜯던 낙타들이 일행을 쳐다본다. 낙타를 제외한 사람과 동물들이 보이지 않는데 한 자리에서 빙빙 도는 모습이 신기해서일까? '신네진스트'(Шинэжинст)로 가는 길도 험난해서 푸르공 조차도 달리지 못했다. 저녁이 가까워지자 목적지에 도착하지 못하고 텐트를 치기 위해 주위를 둘러보는데 1천 년은 됐음직한 거목 한 그루가 사막 중앙에 서 있다.

가까이 다가가니 인근 산에 어워가 세워져 있는 가운데 나뭇가지에는 파란색 하닥이 걸려있고 껍질 틈새에는 지폐가 꽂혀있었다. '어워'는 몽골초원지대에 있는 돌탑으로 우리의 '서낭당'과 같으며 '하닥'은 주로 파란색 천을 나무나 돌에 감은 것이다. 무사안녕을 빈다.

몽골인들은 신목을 숭배한다. 고대 몽골어로 '사글라가르 모돈(Saglagar Modun)이라 하는데 사글라가르(무성한 가지)와 모돈(나무)의 합성어로 오늘날 오드강모드(무녀목-巫女木)에 해당된다. 북방민족들은 특정 수종에 속하는 나무만을 신목 즉 샤먼 나무로 간주하는 습성이 있다. 자작나무, 버드나무, 소나무, 상수리나무가 신목에 해당하며 이들은 약리효과가 있다.

신라 천마총의 천마도는 자작나무껍질 위에 그린 것이다. 자작나무 껍질은 신위(神位)나 샤먼의 인형을 보관하는 통으로 사용되며 자작나무에 기생하는 버섯이 암에 효능이 있는 차가버섯이다.

하늘과 땅과 인간을 중심으로 삼라만상과 조화를 꾀했던 샤머니즘의 우주관을 지켰던 칭기즈 칸은 "물에 오줌을 눈 자는 사형에 처한다"는 대법령을 제정했다. 칭기즈 칸의 전통이 내려와서인지 몽골은 국토 전체가 깨끗하다.

오대양 육대주를 돌아보며 여러 나라 사람들을 만났지만 몽골 사람들만큼 친절한 민족을 쉽게 만날 수 없었다. 길을 묻기 위해 게르를 찾아가면 과자와 함께 따뜻한 수태차를 대접해준다. 이는 드넓은 국토를 오가며 어려울 때 서로 돕는 노마드들의 생존을 위해 생긴 전통이다. 내게 몽골은 인류 문화의 뿌리를 간직한 곳이고 드넓은 초원에서 자유를 느끼게 한다.

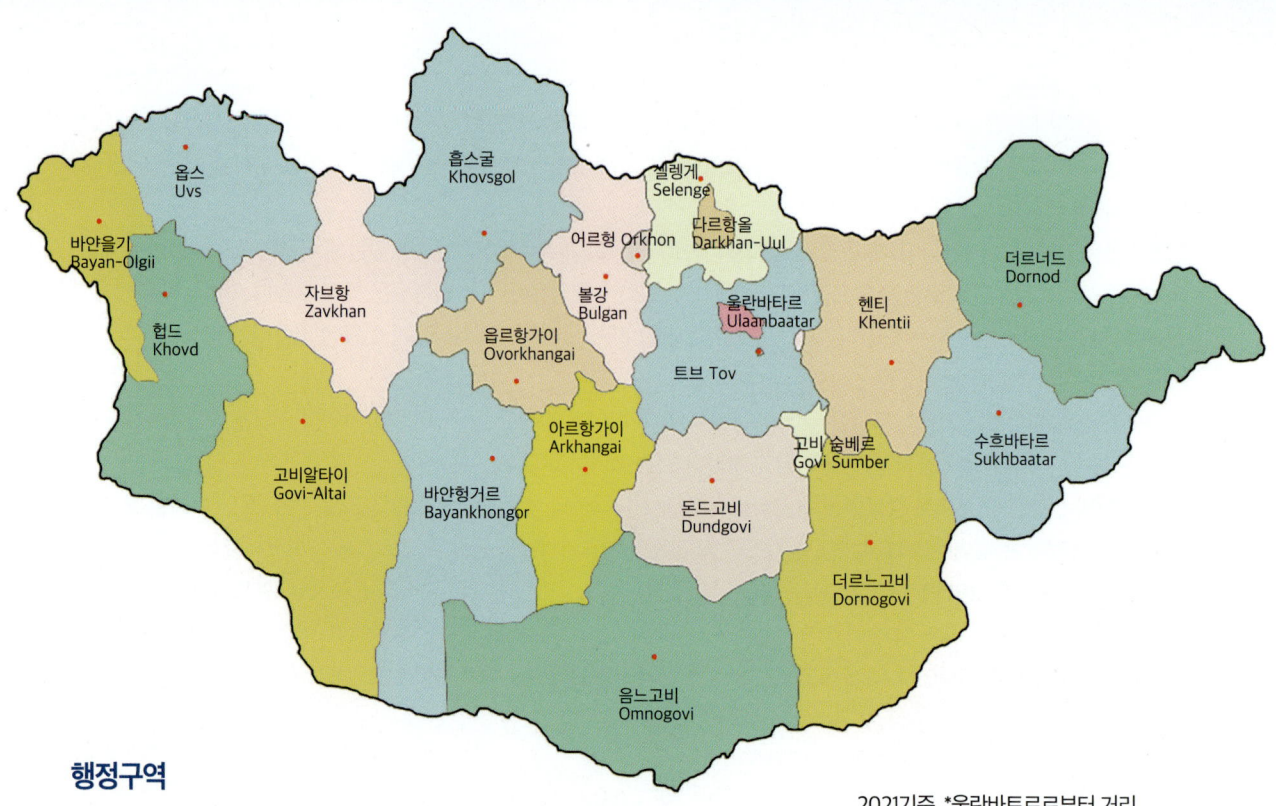

행정구역

2021기준. *울란바토르로부터 거리

아이막(도)	행정중심지	면적	인구	거리*
울란바타르 Ulaanbaatar	울란바타르 Ulaanbaatar	4.7	1,528,468	0
아르항가이 Arkhangai	체체르렉 Tsetserleg	55.3	95,116	477
바얀헝거르 Bayankhongor	바얀헝거르 Bayankhongor	115.9	89,373	639
바얀을기 Bayan-Olgii	을기 Olgii	45.7	108,822	1709
볼강 Bulgan	볼강 Bulgan	48.7	61,398	336
더르너드 Dornod	처이발산 Choibalsan	123.5	83,380	639
더르느고비 Dornogovi	사인샨드 Sainshand	109.4	71,661	450
돈드고비 Dundgovi	만달고비 Mandalgovi	74.6	47,338	260
고비알타이 Govi-Altai	알타이 Altai	141.4	58,220	1037
헨티 Khentii	온도르한 Ondorhaan	80.3	78,813	338
헙드 Khovd	헙드 Khovd	76	89,762	1487
흡스굴 Khovsgol	므릉 Muron	100.6	136,386	779
음느고비 Omnogovi	달란자드가드 Dalanzadgad	165.3	71,845	575
읍르항가이 Ovorkhangai	아르바이히르 Arvaikheer	62.8	95,116	431
셀렝게 Selenge	수흐바타르 Sukhbaatar	41.1	106,469	321
수흐바타르 Sukhbaatar	바르온 오르트 Baruun Urt	82.2	64,399	565
트브 Tov	조온 머드 Zuun Mod	74	73,330	43
옵스 Uvs	올람검 Ulaangom	69.5	84,635	1417
자브항 Zavkhan	올라이스타이 Uliastai	82.4	73,371	1023
다르항오올 Darkhan-Uul	다르항 Darkhan	3.2	105,469	223
어르헝 Orkhon	에르데네트 Erdenet	0.8	61,389	373
고비숨베르 Govi Sumber	처이르 Choir	0.5	18,087	223

오문수의 몽골 이야기

울란바타르 북부지역

몽골에서 중요한 불교 유적, 간당사원

몽골인들은 오랫동안 샤먼이 묘사하는 영성 세계를 그대로 믿어왔다. 몽골인들의 우주관은 산 자와 죽은 자의 세계를 구분하지 않으며 인간이 이 세상 또는 다른 세상의 피조물보다 우월하다고 여기지도 않았다.

그러나 13세기 몽골이 대제국을 설립하면서 보다 체계화된 철학사상을 구현할 필요가 생겼다. 라마교의 전래는 원제국 시기인데 주로 지배층에서 보급 발전되었다. 라마교 고승들은 몽골 상층귀족들은 고대 인도 전설에 나오는 황제들이 환생했기에 그들은 날 때부터 몽골을 다스릴 권리가 있다고 설교했다. 때문에 라마교가 몽골 지배층에 가장 유력한 정신적 통치 도구가 되었다.

제국의 모든 철학사상을 구현한 첫 왕족은 쿠빌라이칸이었다. 그에게 가장 큰 영향을 끼친 인물은 티베트 라마승 팍파(Phagpa)였다. 1578년 칭기스칸의 후손인 알탕칸은 티베트의 지도자 소남 가쵸(Sonam Gyatso)를 만난 후 개종하고 그에게 달라이 라마(몽골어로 '대양'을 뜻함)라는 칭호를 주었다.

알탕칸의 통치기에 수많은 사람이 개종했다. 몽골 청년들은 군인 대신 승려가 되었고 수백 년간 빈발하던 전투도 줄어들었다. 크게 안도한 중국은 지속적으로 몽골사원 건설자금을 지원했다. 전투 국가에서 평화국가로 변모한 몽골은 지금까지도 그 정세를 유지하고 있다. 몽골은 유일하게 UN이 승인한 핵 비보유국이다.

불교에서는 불필요한 살상을 금하기 때문에 샤머니즘에 따라 이미 제정되어 있던 사냥 금지법 또한 더 강화되었다. 오늘날에도 불교 승려들이 나서서 환경과 야생동물보호를 설파하고 있다.

몽골 불교는 1937년에 거의 사라졌다. 공산주의 정부가 스탈린의 요구로 숙청을 시작해 몽골 전역의 700개 사원을 몰수했다. 최대 3만명의 승려가 학살당했고 시베리아 강제노동수용소로 보내진 승려는 그보다 더 많았다. 몽골이 민주화된 1990년이 되어서야 몽골인은 종교의 자유를 되찾을 수 있었다.

몽골 간당사에서 유학 온 태호스님

19세기 초반 울란바타르에는 100여 곳 이상의 '숨(sum:사원)'과 '히드(khiid: 수도원) 그리고 5만 명에 달하는 거주민이 있었다. 그러나 1937년에 일어난 종교박해로 소수의 건축물만 살아남았다. 제4대 '복드 게겡(Bogd Gegeen)'이 1838년에 건립한 간당사원도 1937년의 숙청을 피하지 못했다.

1944년 헨리 월리스 미국 부통령이 몽골을 방문했을 때 초이발상 수상은 급히 사원을 다시 열어 종교 탄압을 숨기려 했다. 간당사원은 1990년 이후 본격적으로 종교의례를 거행하기 시작했다.

여수 흥국사에는 몽골 간당사에서 유학 온 태호스님이 있다. 얼마전 내가 쓴 몽골기사를 보여주었다. 태호스님은 어떻게 이런 데를 갔느냐고 놀란 눈으로 쳐다봤다.

흥국사에서 6년째 지내며 김포 승가대학교에서 석사과정을 밟고 있는 태호 스님은 "우연히 한국에 오게됐다"며 "흥국사 주지인 명선스님이 간당사를 방문해 10명의 유학을 제의해 오게 됐어요. 불교대학 2학년이던 저는 한국 불교가 어떤지는 전혀 모른 상태였어요. 처음 한국에 왔을 때는 한글이 제일 힘들었어요. 이제 적응이 됐지만 불교 용어에 대한 한몽사전을 만들어볼까 생각 중입니다."

"저는 스님이 되고 싶었어요. 외삼촌이 어려운 사람들을 도와주는 유명한 스님이어서 저도 외삼촌처럼 되고 싶었죠. 5살 때 할머니가 게르문 앞에서 손을 잡고 '너 학교 가고 싶냐? 아니면 스님이 되고 싶냐?'고 물을 때 불상이 눈에 들어왔습니다." "스님이 되고 싶다"고 하니까 그날 저녁에 승복을 지어주셨단다. 그 다음 날부터 외삼촌한테서 티베트 불교경전을 배우기 시작했다.

그가 1937년 사회주의 시절 당시 몽골 불교가 탄압당한 이야기를 했다. "당국이 3만 명 정도의 스님을 학살하며 스님이 나쁘다는 걸 영화로, 노래로, 선전을 이용해 국민들한테 주지시켰죠. 옛날에는 몽골 스님들은 결혼 안했는데 젊은 스님들을 결혼시켜서 불교를 없애려고 했어요. 나이많은 스님들은 학살하고 경전과 법당을 불태웠어요."

3년 전 102세로 간당사에서 돌아가신 간당사 '이시 잠츠' 큰 스님이 겪었던 불교 탄압 시절의 이야기도 들려줬다.

"스님들을 총살시키기 위해 온 군인이 자신의 차례가 됐을 때 앞에 파놓은 구덩이를 향해 '앞으로 가!'라고 했을 때 아는 목소리가 들려 뒤돌아보니 어렸을 때 친구였다. 서로 눈이 마주쳤고 총소리가 나자 구덩이에 고꾸라졌는 데 귀옆으로 총알이 날아갔다. 군인들이 가버린 밤에 아무도 없을 때 혼자 일어나 돌아왔다."

"한국불교는 시스템이 잘 되어있지만 불교에 대해 깊이 공부하려면 몽골이 좋다"고 말한 그가 한국과 몽골 불교의 가교역할을 해주길 빌었다.

외삼촌과 태호 스님

감사의 표현을 마음에 세기는 기념비이다. 갖고 싶은 장난감과 맛있는 과자를 파는 상점의 유혹을 이겨내고 그동안 모은 용돈과 예물을 탑에 바쳤다. 나들이 옷을 입은 형제자매로 보이는 어린이들의 심성이 곱다.(에르덴 조 사원)

울란바타르 한복판에
이태준 기념공원, 어떤 사연?

몽골 마지막 일정으로 울란바타르의 수흐바타르 광장을 거쳐 복드한 궁전박물관, 자연사박물관, 간당사를 거쳐 이태준 기념관으로 갔다.

몽골인들이 신인(神人) 대하듯 했던 이태준은 누구?
이태준은 1883년 11월 21일 경상남도 함안군 군북면 명관리 1149번지에 태어났다. 1905년 을사조약으로 반식민지 상태가 되고 다음해 부인을 잃자 상경해 세브란스병원 앞에 있던 김형제상회에 취직했다.
김형제상회는 제중원(세브란스병원) 의학도 김필순이 운영하던 곳으로 안창호 등 독립지사들의 비밀 회합장소였다. 이태준은 이들의 영향을 크게 받아 1907년 세브란스 의학교(현 연세대학교 의과대학)에 입학했다.
스승이자 동지인 김필순은 안창호와 의형제를 맺은 사이로 1908년 6월 졸업해 한국 최초의 의사 7명 중 1명이 돼 모교에 남아 후학을 가르치면서 일제 침략에 맞서 활발한 활동을 벌였다.
1909년 말 안중근의 이토 히로부미 암살 사건으로 체포됐다가 이듬해 풀려난 이태준은 안창호의 권유로 신민회의 자매 단체인 청년학우회에 가입했다. 이태준은 1910년 8월 일제에 의해 한국이 강제합병 된 다음해인 1911년 6월 2일 세브란스병원 의학교를 졸업(제2회)해 의술개업인허장(제92호)을 받았다.
일제가 애국지사들을 대량 검거하기 위해 이른바 105인 사건을 조작하자 김필순은 체포 위기에 빠진 이태준과 함께 중국으로 망명할 것을 모의했다.

중국 남경에서 의술 펼치던 이태준...
김규식의 권유로 몽골 울란바타르로 옮겨
이태준은 중국 남경의 '기독회의원'에서 의술을 펼치다 처사촌인 김규식의 권유로 활동무대를 울란바타르로 옮겼다. 까우리(高麗) 의사 이태준은 '동의의국'이라는 병원을 개설해 성병퇴치에 앞장섰다. 몽골사람들은 그를 신인(神人) 혹은 '극락에서 강림한 여래불(如來佛)' 대하듯 했다고 한다.

몽골의 마지막 왕인 보그드칸 8세의 어의가 된 그는 1919년 7월 '에르데닌 오치르'라는 높은 등급의 훈장을 받았다. 몽골사회에서 두터운 신뢰를 쌓은 이태준은 각지의 애국지사들과 긴밀한 관계를 유지하며 비밀항일 운동에 커다란 공적을 쌓았다.

코민테른 자금 40만 루불 상당의 금괴 운송에 깊이 관여하기도 했다. 또한 김원봉이 이끄는 의열단에 가입해 우수한 폭탄제조자인 마쟈르를 소개시킴으로써 보다 체계적인 항일운동을 이끄는데 커다란 역할을 했다.

이태준의 비극적 최후

1921년 2월 러시아에서 잔인하기로 악명높은 운게른이 몽골을 점령했다. 이태준은 가오시린 중국군 사령관의 함께 탈출하자는 제의를 거부했다. 코민테른의 자금을 상해로 운반하고 우수한 폭탄 제조자인 마쟈르를 소개시킬 임무가 있었기 때문이다.

운게른 부하들은 이태준과 함께 많은 외국인들을 처형했다. 당시 이태준 나이 38세 꽃다운 나이였다. 한국과 몽골은 1990년 3월 외교관계를 수립했으며 1991년 10월 오치르바트 대통령의 방한을 시작으로 1999년 5월 김대중 대통령의 방문 등 정상간 교류가 이어졌다. 한국정부에서는 1990년 이태준에게 건국훈장 애족장을 추서했다.

몽골정부에서는 울란바타르 지역에서 가장 아름다운 지역의 땅 2천 평을 내놓았다. 자이승 전승탑 근처에 위치한 이곳은 많은 한국관광객들이 방문하는 명소다. 이태준 기념관을 찾는 관광객들을 위해 마련된 주차장 인근에는 커다란 부처상이 있다. 한국불교계에서 기증한 부처상 인근에는 조그만 사당이 두 개 있었는데 사라져 버리고 고층 아파트가 들어섰다.

이곳이 울란바타르에서 가장 좋은 주거지일 뿐만 아니라 땅값이 비싸기 때문이다. 퍼뜩 떠오른 생각 하나다. 돈의 힘에 부처님도 밀려나는구나!

이태준 선생 기념 공원 표지석

모교인 연세대학교에 봉안된 윤동주, 이태준 선생(오른쪽) 부조

황사 막기 위해
몽골에 나무심는 한국인

황사 문제에 대처하는 방법

날씨가 건조해지고 차가워지자 사람들의 옷차림이 두꺼운 옷으로 바뀌었다. 이맘 때면 해마다 찾아오는 반갑지 않은 손님이 있다. 하늘을 뿌옇게 가리며 기관지가 약한 사람들을 괴롭히는 황사다.

질병관리본부에서 운영하는 건강정보포털에 의하면 황사는 주로 중국 북부나 몽골의 건조, 황토 지대에서 바람에 날려 올라간 미세한 모래 먼지가 대기 중에 퍼져서 하늘을 덮었다가 서서히 강하하는 현상 또는 강하하는 흙먼지를 말한다.

보통 저기압의 활동이 왕성한 3~5월에 많이 발생한다. 중국과 한국에 발생하지만 때로는 상공의 강한 서풍을 타고 우리나라를 거쳐 일본, 태평양, 북아메리카까지 날아간다. 황사 현상이 나타나면 태양은 빛이 가려져 심하면 황갈색으로 보이고, 흙먼지가 내려 쌓이는 경우가 많이 있다.

공중에 떠다녀 국경을 넘나드는 황사 문제는 국제적인 공동대응이 필요하다. 인터넷을 검색해보면 우리나라에서 발행하는 한 <중등교과서 사회2> 부분에 다음과 같은 문제가 출제되어 있다.

"다음은 우리나라와 중국의 환경부 장관이 황사 방지대책을 논의하는 대화를 가상으로 꾸민 것이다. 적절하지 않은 것을 골라 보자."

①씨앗 뿌리기 ②방목 금지 ③나무 심기 ④기를 수 있는 양 숫자 제한 ⑤과도한 관개농업

위 문제는 중국 북부의 사막이나 건조지대를 상정한 질문이다. 답은 당연히 ⑤번이다. 황사 방지를 위한 대안과는 가장 거리가 먼 답이기 때문이다. 그 지역에서는 물을 가둬 관개할 만한 수량도 부족하다. 하지만 중국 북부 사막지대와 몽골의 기상 및 지형조건이 비슷하다면 문제출제자가 유의해야 할 부분이 있다.

필자는 몽골 동서부, 고비와 중국 서부 실크로드 지역을 여행하며 사막지대가 우리나라에 끼칠 영향에 대해 고민하기도 했다.

몽골을 여행하는 동안 느낀 건 ①번부터 ④번 문제 중 황사 방지를 위해 실현 가능한 것은 ③번 '나무 심기'라는 걸 알았다. ①번 '씨앗 심기'는 수자원이 있는 몽골 동부지역에서나 가능하다. 그곳에서는 밀을 재배해 수출하기도 하지만 고비사막이나 서쪽으로 가면 곡식 씨앗을 뿌릴 만한 형편이 되지 못한다.

척박한 땅과 강수량이 적은 지역에서 농사를 짓는다는 건 힘들다. 방목은 유목민들이 살아갈 수 있는 최선의 방책이다. 따라서 그 유목민들에게 방목을 금지한다는 건 앉아서 죽으라는 말이나 마찬가지다.

또한 가축을 우리에 가둬 기르라는 건 몽골의 농촌 사정에 대해 전혀 모르는 소리다. 남한의 16배 넓이에 겨우 312만 명의 인구를 가진 몽골인들이 6천만 마리에 달하는 동물을 어떻게 가둬 기를 수 있단 말인가?

몽골의 유목 가구수는 16만 650가구(31만 1,373명)로, 가구당 평균 383마리의 가축을 사육하고 있다. 더구나 몽골 초원에 자라는 풀은 한국처럼 무성하게 우거진 풀이 아니고 듬성듬성 자란다.

④번의 '기를 수 있는 양 숫자 제한' 문제는 일부는 맞고 또 다른 일부는 틀렸다. 2016년 몽골통계청에서 발표한 몽골 농업통계에 의하면 몽골인들이 기르는 5축(소, 말, 양, 염소, 낙타)은 6,150만 마리다.

그중 양은 2,790만 마리이며 염소는 2,560만 마리다. 문제는 염소의 식성이다. 양은 지상에 나온 풀만 먹지만 염소는 뿌리까지 캐먹어버려 풀 종자를 없애버린다. 예전에는 염소보다 양을 훨씬 많이 키웠지만 염소 사육이 증가한 것은 염소털에서 질 좋은 캐시미어를 생산하기 때문이다. 따라서 몽골사정을 잘 아는 학생이 문제를 푼다면 ③번을 제외한 나머지 4개를 정답으로 고를 수도 있다.

몽골 전체 국토의 76.8%에서 사막화 진행

사막화의 주원인으로는 과도한 방목, 바람이나 물에 의한 토양침식, 가뭄, 광산개발, 지방도로부설, 산불과 들불을 들 수 있다. 몽골에서 사막화가 진행되고 있는 것은 기후변화 때문이기도 하다. 1940년부터 2014년까지 기온이 2.07도 상승했고 강수량은 소폭 감소했다.

몽골정부는 2005년 그린벨트 국가프로그램을 수립해 추진 중이다. 2005년부터 시작한 사업은 30년 후인 2035년까지 3700㎢를 조성할 계획이다. 몽골의 산림면적은 1,850만 ha(2015년 기준)로 수종별로 보면 낙엽송 62.5%, 싹사울 15.3%, 자작나무 10.4% 순이다. 몽골의 1인당 산림면적은 약 4ha로 세계평균의 7배, 우리나라의 30배에 달하지만 80%가 땔감용으로 사용된다.

몽골녹화 위해 나선 한국 지자체와 민간단체, 푸른아시아... 총 700여 ha 조성

몽골 황사방지를 위해 한국의 지자체와 민간단체가 발벗고 나섰다. 2017년까지 몽골에 방풍림과 유실수를 심은 면적은 총 700여ha에 달한다. 몽골녹화사업을 한 지자체와 민간단체는 다음과 같다.

서울시 100ha(아르갈란트솜), 인천시 100ha(바양노르솜, 다신칠링솜) , 수원시 100ha(에르덴솜), 고양시 100ha(만달고비솜), 코이카 50ha(바양노르솜) , 경상남도 40ha(바양노르) , KB국민은행 70ha(바양척트솜) , 삼성물산 건설부분 50ha(어기노르 솜), 대한항공 45ha(비가노르구), 남양주10ha(울란바타르시) , 한국환경산업기술원 10ha(어기노르솜) 등 한국과 몽골의 이같은 노력에도 조림지 관리가 지속될지는 의문이다. 조림지 주변에 철조망이 없으면 동물들이 뜯어먹어 버리기 때문이다. 코이카의 지원으로 몽골에서 녹화사업을 하는 신기호 신부(푸른아시아 몽골지부장)는 '푸른아시아 네트워크' 사람들과 연대해 몽골 녹화사업을 하고 있다.

'푸른아시아 네트워크'는 기후변화로 피해를 입은 사람들과 연대해 지속가능한 공동체 모델을 만들어 확산시키는 단체다. 그와 함께 서울시가 지원하는 트브 아이막 아르갈란트 솜에 있는 '미래를 가꾸는 숲' 현장을 방문했다.

현장에 가니 매니저 야료카 씨가 동물 배설물과 흙을 섞어 포트를 제작해 묘목을 기르고 있었다. 녹화사업에 크게 관심이 없는 현지인들을 위해 신기호 신부는 유실수인 비타민 나무와 블랙베리 5만 본을 재배하고 있었다. 돈이 되는 환금작목을 하면 주민들이 자발적으로 움직일 수 있기 때문이다.

한편 영하 40도에서도 견디는 포플러 나무와 건조한 지역에서도 잘 자라는 비슬나무를 심었다. 비슬나무는 약초로도 사용된다. 묘목재배 농장 인근에서는 풀도 자라고 있었다. 신기호 신부가 입을 열었다.

"사막화 방지 차원에서 나무를 심었는데 나무가 자라니까 옆에서 풀이 자라고 있어 성공사례라고 볼 수 있습니다. '숲'이라

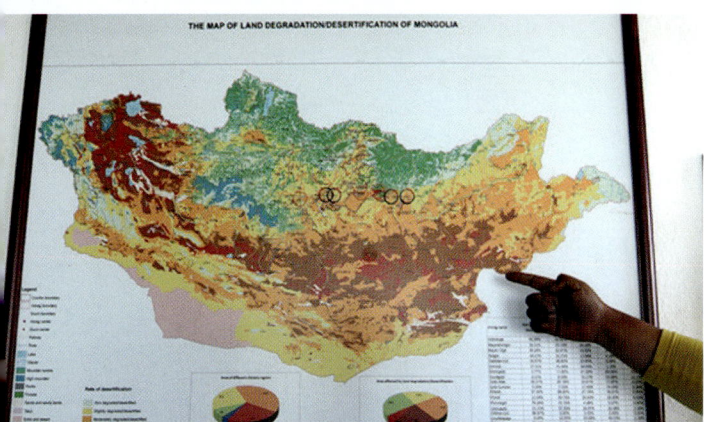

는 개념을 한국식으로 생각하면 나무들이 우거진 한국식 숲을 생각하는데 몽골 입장에서는 사막화 방지와 함께 토양 생산성을 높이는 것입니다."

울란바타르 당국은 조드(극심한 가뭄과 한파)로 동물이 죽어버리자 고향을 떠나 수도로 몰려든 유목민들 때문에 골머리를 앓고 있다. 2010년 몽골에 조드가 닥쳐 1032만 마리의 동물이 얼어 죽기도 했다.

담당 공무원에게 묘목재배에 대한 소감을 말해달라고 하자 그가 말했다.

"나무가 거의 없는 우리 지역에 나무 심는 걸 관심있게 지켜보고 있어요. 사막화방지의 지속가능한 모델을 우리 마을에서 실시하고 있는 것에 대해 자랑스럽게 생각하고 있습니다."

신기호 신부는 "내년에 유실수 가공공장을 완공해 5년 후 협동조합이 주체가 되어 자립할 수 있도록 주민들에게 이양할 예정"이라고 말했다. 머잖아 자립의 꿈을 안고 푸른 초원이 될 몽골 초원을 꿈꿔본다.

제주도에 남은 몽골의 흔적

의식주 등 다양한 분야에서 몽골의 영향 받아

몽골은 유사 이래 세계에서 가장 거대한 국가를 세웠다고 평가된다. 몽골 제국의 영향력은 서쪽으로는 카스피해에서 동쪽으로는 동중국해에 이르렀으며, 남쪽으로는 파미르·티베트 고원을 중심으로 하는 중국 중앙 평원에 접해 있었다.

몽골의 영향권에 든 지역은 한반도라고 예외일 수 없었다. 몽골은 고려 고종 18년(1231년)을 시작으로 고종 46년(1259년)까지 무려 6차례나 고려를 침략했다.

몽골의 힘에 밀려 강화도로 천도했던 고려가 몽골과 화의를 맺고 몽골의 요구에 따라 개경으로 환도(1270년)했다. 이에 무신정권을 지탱하는 한편 대몽항쟁을 주도해왔던 삼별초가 배중손, 야별초 지유 노영희 등과 함께 승화후 왕온을 왕으로 옹립하고 고려조정과 몽골에 대해 난을 일으켰다.

이들은 근거지를 진도로 옮겼으나 김방경이 이끄는 고려군과 흔도, 홍다구 등이 이끄는 몽골군의 연합작전에 의해 배중손과 승화후가 살해되었고, 남은 군대가 김통정 지휘 아래 제주도로 근거지를 옮겼.

고려 조정과 몽골은 이들을 회유하고자 했으나 성과를 거두지 못했다. 이에 1273년(원종 14) 2월 고려-몽골 대규모 연합군이 제주도를 공격해 삼별초군을 대패시키고 김통정은 자결함으로써 3년여에 걸친 삼별초 항쟁은 종식되었다.

제주 삼별초의 항몽활동 유적은...
항파두리, 애월목성, 환해장성

제주는 한반도와 중국 및 일본을 잇는 중간 지점이고 멀리 동남아 지역으로도 열려있는 해상요충지다. 삼별초는 남송(南宋), 일본과 손을 잡고 항몽연합전선을 꾀하고자 제주를 선택했다.

제주 지정학적 가치 파악한 몽골... 몽골군 파견과 몽골국립목장 설치

삼별초가 제주에 들어와 주력했던 일은 방어시설의 구축이었다. 이들 방어시설은 항파두성, 애월목성, 환해장성 등이 있다.

제주시 애월읍 항파두리로 50번지에 있는 항파두성은 해발 150~200m에 있다. 성은 남쪽이 북쪽보다 50여m 정도 높은 지형 그대로 축조했다. 길이 약 6km, 면적 34만 4,000여 평에 자리한 성은 외성과 내성의 이중으로 쌓여졌다. 외성은 흙으로 만든 토성이고, 내성은 돌로 쌓은 둘레 750m의 정사각형 석성이었다. <제주도지>가 밝힌 항파두성의 유래는 다음과 같은 두 가지다.

애월목성은 삼별초가 애월포에 나무로 쌓은 목성이었다. 이 성은 애월포가 삼별초 수군병력의 거점이자 항파두성에 이르는 가장 중요한 관문의 하나였기 때문에 쌓았을 것으로 여겨진다. 애월목성은 조선초기까지 그 절반에 해당하는 흔적이 남아 있었으나 조선후기에 이르러 없어지고, 그 위에 돌로 만든 애월성이 세워졌을 것으로 짐작된다.

환해장성은 제주 전제 해안을 300리 둘러친 장성이다. 이 성은 삼별초의 진도거점 시기에 개경정부가 보낸 관군이 삼별초 진입을 막기 위해 쌓기 시작한 것이다. 이어 제주에 진입한 삼별초가 개경정부군과 몽골군 공격에 대비해 계속 환해장성을 쌓았고 조선시대에도 보수 작업이 행해졌다.

환해장성은 제주시 화북동, 삼양동, 북제주군 애월읍 고내리, 조천읍 북촌리, 신촌리, 신흥리, 함덕리, 구좌읍 김녕리, 행원리 등 지역에 남아 있으며, 남제주군 성산읍 신산리, 온평리, 남원읍 하례리, 대정읍 일과리, 영락리, 서귀포시 보목동 등의 지역에도 흔적이 남아있다.

환해장성은 자연석을 적당한 크기로 분류해 쌓아놓았다. 높이는 대략 2m 안팎이나, 화북동의 경우는 2.8m, 함덕리는 최고 4m의 경우도 있다. 환해장성은 성밖은 경사지고, 성안은 높은 것, 또는 성밖은 경사지고 성안은 평탄한 것 등의 다양한 형태가 있다.

제주가 남송과 일본을 잇는 바닷길의 요충지라는 걸 파악한 몽골은 제주를 남송과 일본 정벌의 전초·병참기지로 활용할 생각이었다. 원은 제주에 목마장(牧馬場)을 설치해 몽골 제국의 14개 국립목장 중 하나로 여겨 제주 경영에 적극 나섰다. 두 차례의 일본 정벌이 실패하고 황제 쿠빌라이가 충렬왕 20년(1294년)에 세상을 뜨자 제주가 고려에 환속된 적도 있으나 얼마 후 몽골에 다시 귀속되었다. 이로부터 80여 년간 제주는 고려와 몽골을 오가며 수차례 귀속되었다.

몽골이 제주에 가장 관심을 기울였던 것은 탐라 국립목장이었다. 제주에 천연 방목지가 널려있음을 깨달은 몽골은 충렬왕 2년(1276년)에 본국의 말을 갖고 와 제주 서쪽 수산평(동아막)에 풀어놓았다. 이로써 몽골식 목마장이 제주에 처음으로 설치되었고 다음 해에는 제주 동쪽 고산리(서아막) 일대로 확대 분화됐다.

몽골이 제주를 직할 통치하며 몽골국립목장을 설치하면서부터 제주가 크게 변화하기 시작했다. 충렬왕 26년(1300년) 무렵 우마 등이 크게 증가하고 사육시설과 운영 인원이 증가함에 따라 동·서 목마장을 건설하고 동·서 아막(阿幕)을 설치했다.

'아막'은 몽골의 행정구역 명칭으로 우리의 '도'에 해당하며 영어로는 '아이막(Aimag)'으로 표기하지만 몽골인들의 발음을 들으면 "애막"으로 발음한다. 현재 몽골에는 21개의 '아이막'이 있다. 몽골인들이 제주도에 '아막'을 설치했다는 건 몽골이 직접 통치했다는 걸 의미한다.

몽골이 제주에 남긴 문화유산

동·서 아막의 소와 말들은 몽골족 '하치'에 의해 사육 방목되었다. 이들은 몽골족 가운데서도 목축 기술이 뛰어나 선발되어 제주에 왔던 자이고, 목호(牧胡)로도 일컬어졌다. '하치'는 몽골에서 파견된 우마사육 전문가이다. 당시 제주 인구가 3만여 명인데 말도 이와 맞먹는 2~3만 필에 달했고 소도 들판에 가득했다.

13세기 후반부터 시작된 제주와 몽골의 만남은 대립과 갈등 관계였지만 우마사육으로 제주의 경제력이 신장되었고 인구가 늘어났다. 특히 몽골족이 들어와 정착하여 산촌이 형성되어 목축업의 번성 때문에 가능했다.

2014년 (사)제주학회 주최 춘계심포지엄에서 제주한라대학교 오영주의 <제주-몽골 학술문화교류를 위한 탐라 몽골학 기반조성> 자료에는 몽골이 제주에 남긴 다양한 문화유산들이 있다.

원나라 시절 제주도에 입도한 몽골인은 군인, 수행원, 목수, 죄수 등을 포함해 약 ,1400명에 달했다. <신증동국여지승람>에 기록된 조선시대 제주의 성씨 분포를 보면 원(元)을 본관으로 삼은 조,이,석,초,강,정,장,송,주,진 등과 운남(雲南)을 본관으로 삼은 양,안,당,대 등이 있었다.

몽골 교류를 통해 생겨난 음식으로는 아이락, 순다리, 고소리술, 타라크, 오츠, 돔베괴기, 보츠, 말고기육포, 호쇼르, 불떡(만두), 구릴타이슐, 람사, 고기죽, 술루, 상애떡 등이 있었다.

오영주는 제주여인들이 물건을 옮기기 위해 등에 짊어진 '구덕'은 몽골어 'guduk'에서 차용한 것으로 추측하고 있다.

고문자, 박경윤 공저 <몽골이 제주방언과 문화에 끼친 영향>에는 우리 언어 중 몽골어에서 전래된 단어가 외래어로 사용되고 있는 것은 나라 전체로 500단어 정도이고 제주 방언 중에는 240여 개 단어가 있다.

예를 들면 우리말 '바른쪽으로'는 몽골어 '바른죽으로'와, '왼쪽으로'는 '준죽으로'와 비슷하다. 위에 든 예문은 우리말과 몽골어가 방향을 나타내는 어휘가 비슷할 뿐만 아니라 '으로'라는 토씨까지 동일하다. 몽골인들이 발음하는 말(馬)은 제주 방언과 똑같이 '아래아' 발음과 같은 모음이 있다.

오늘날 제주의 상징처럼 여겨지는 돌하르방은 몽골의 '훈촐로' 돌하르방과 비슷하다. '하르방'의 어원이 몽골어 '하라(망보다, 파수보다)'와 '바라한(신, 왕)의 합성어로 '하르방'이 수호신의 성격을 갖는다.

몽골의 철도

국내 철도노선은 울란바타르를 중심으로 자밍우드-수흐바타르간 남북으로 달리고 지선은 에르데네트, 샤린고비, 바가노루 등이 있다. 동부 더르너드 아미막의 처이발산에서 러시아로 연결되는 시베리아철도 노선이 있어 국경 앞 역까지 여객운송을 한다.

차량은 보통좌석, 개방침대, 개인실 침대 등 3종류이다. 울란바타르에서 북부 도시 다르항을 운행하는 레일버스는 좌석차량만 있고 상태가 좋다. 침대차량은 다르항까지 7시간 30분 소요되고 비용은 개인당 4인침대석이 2만~3만 Tg정도이다. 승차표는 각 역 창구에서 발매하며 여권 등 신분증명서가 필요하다. 사전에 예매하고 당일 승차권을 출발시간 전에 발매하는 경우도 있어 대기열이 긴 경우가 많다. 몽골 철도는 중국과 러시아를 연결하는 국제열차를 운영하고 았다.

아미르바야스갈란트 사원

몽골 3대 티베트불교사원으로 울란바타르의 간당 사원, 하르호린의 에르덴 조 사원 이후에 아마르바야스갈란트 사원은 몽골에서 가장 중요한 수도원으로 인식되었다. 이곳은 또한 가장 아름다운 곳이기도 하다.

1727년 만주왕의 명령으로 1세대 복드인 자나바자르를 위해 세워졌다. 1937년 숙청으로 인해 사원 건물이 심하게 파괴되어 40여 개의 사원 중 현재 28개가 남아있다. 울란바타르에서 북서쪽으로 300km 떨어진 셀렝게 아이막에 있다.

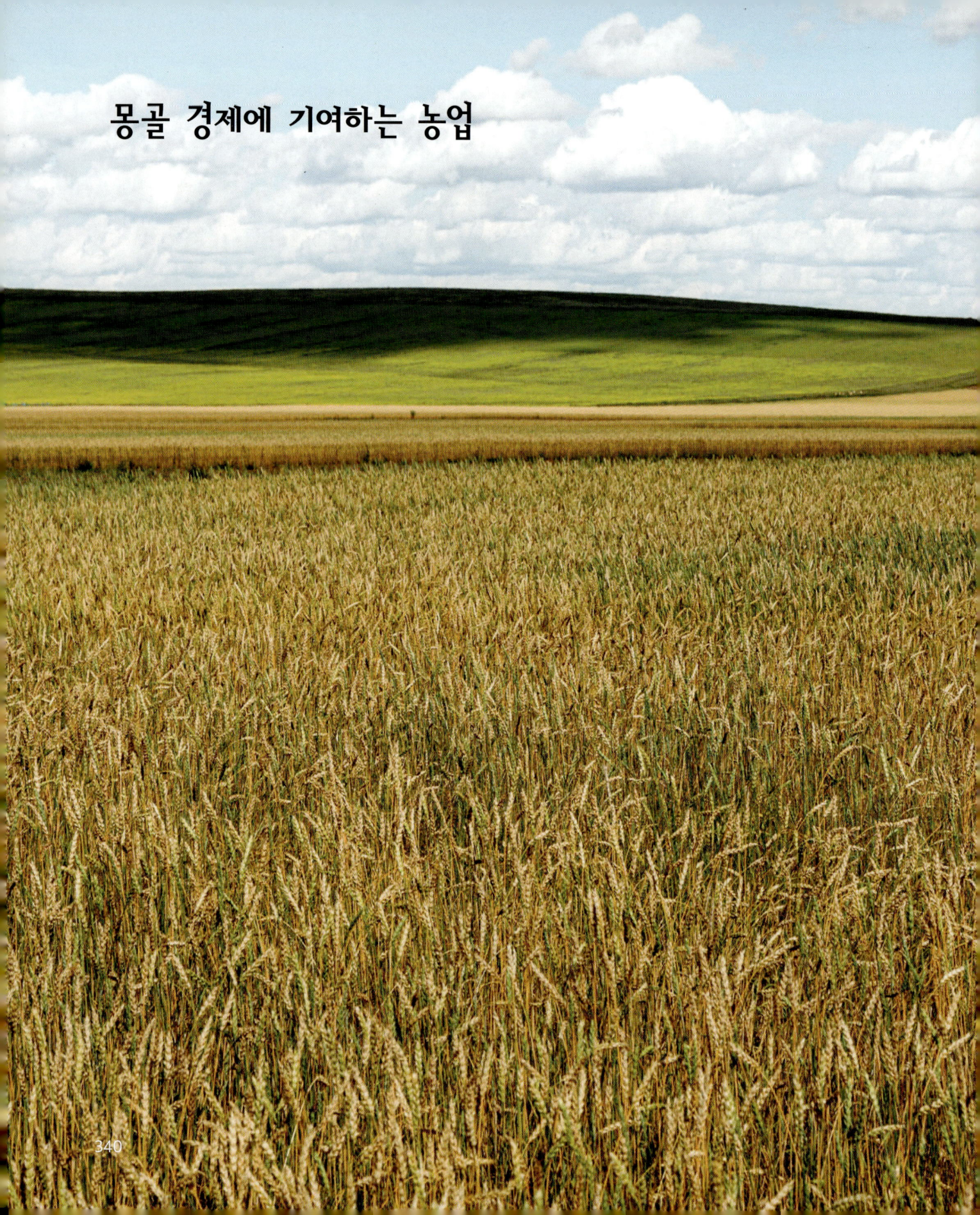
몽골 경제에 기여하는 농업

현재도 몽골 경제의 핵심은 농업이다. 농업부분이 고용의 1/3을 차지하고 있고, GDP의 12%를 점유하고 있다. 향후에도 광업이나 서비스산업의 급속한 성장에도 불구하고 농업이 몽골경제에서 차지하는 비중은 유지될 것이다. 몽골의 농지면적은 505.3천ha이고, 전체 인구 3228만명(2022년 추정) 중 농업에 종사하는 인구는 약40만 명이다.

연간 곡물 생산량 밀: 467.053천톤, 감자: 165.329천톤, 당근 및 순무: 52.245천톤, 양배추: 16.680천톤, 신선채소: 11.803천톤. 사진은 셀렝게 강 유역의 밀밭과 다르항역에 있는 대형 곡물저장고이다.

몽골의 축제-나담

몽골을 여행하는 사람들이 몽골에 대해 강렬한 인상을 받는 것은 나담축제이다. 나담이란 말경기, 씨름, 활쏘기를 즐기는 몽골의 전통 민속 축제이다. 광활한 초원을 배경으로 벌어지는 이 경기는 초원 민족의 역사적 변천 과정을 반영하듯 놀이보다는 전투적인 성향이 매우 강한 스포츠다. 나담은 격렬한 몸놀림과 강인한 체력이 요구되기 때문에 흔히 '남자의 3종경기'라는 별칭으로 불려지기도 한다.

오늘날 세계적으로 매우 유명한 축제 중 하나인 울란바타르의 나담은 매년 7월 11일부터 13일에 개최된다. 나담이 열리는 시기는 지역과 부족마다 차이는 있지만 5월부터 8월 사이에 열리는 오보제와 거의 동시에 열린다.

몽골 방문의 해(2023-2025)에는 각종 축제를 개최한다.
3월 1일 ~ 5일 : Blue Pearl Ice Festival(푸른진주 아이스 축제) - 홉스굴
3월 6일 ~ 7일 : Ten Thousand Camel(낙타축제) - 움느고비
7월 7일 ~ 9일 : Playtime(국제 뮤직 페스티벌) - 울란바타르
7월 11일 ~ 12일 : Naddam Festival(나담 페스티벌) - 울란바타르
7월 23일 : Sarlag festival(살라그 축제) - 우브르항가이
8월 18일 ~ 20일 : Nomadic Mongolia(문화유산 축제) - 울란바타르
9월 30일 ~ 31일 : Golden Eagle 2023(골든 이글 독수리 축제) - 바양울기

몽골의 축제-Nomadic Mongolia

세계문화유산 노마딕 몽골리아 축제가 8월 18일 ~ 20일 울란바타르 인근 테를지 국립공원에서 열린다. 전국의 아이막에서 보유한 유무형의 문화유산 기능보유자들이 전통 민속을 재현하는 행사이다. 원래 4년 주기로 개최하던 축제이지만 몽골은 2023년부터 2025년까지를 '몽골 방문의 해'로 지정하여 축제를 이어 간다.

승마 방법과 주의사항

히식델게르 목장주의 one point lesson
몽골 여행의 매력은 드넓은 초원을 말을 타고 달릴 수 있다는 점이다. 좁은 트랙을 돌다가 승마를 하며 바라보이는 초원은 새롭게 다가온다. 승마를 위해 많은 사람이 찾고 있기도 하다.
말은 매우 민감하고 겁이 많기 때문에 먼저 교감을 나누고 말에 오르는 것이 중요하다. 낙마에 의한 가벼운 타박상은 견딜만지만 발끼임은 중상을 당할수 있기때문에 주의한다.

말과 접촉할 때 금지사항
말의 오른쪽이나 뒤쪽으로 접근하지 않는다.
뒤쪽을 갈 때는 초소한 2m 거리를 두어야 한다.
머리, 목, 배 밑으로 들어가지 않는다.
뒷다리 부근에 떨어진 물건을 주울 때 말을 옮기고 줍는다.
말의 정면에서 머리에 가까이 가면 말이 놀라 머리를 세차게 흔들 수 있다.

고빼를 잡는 방법 · 등자에 발 앞꿈차만 넣는다.

말에 오르는 방법

몽골말은 머리주변을 두드리지 않는다.
머리를 쓰다듬으면 싫어하는 말도 있다.
말에게 풀이나 물을 주며 친해진다.

말 오르기 1단계
왼쪽에서 몸을 잡고 머리를 보도록 하고
안장의 앞쪽과 뒷쪽을 잡는다.

말 오르기 2단계
왼손으로 고삐와 안장을 잡고
오른손은 안장 뒷부분을 잡고
왼쪽 다리를 등자에 앞꿈치만 넣는다.

말 오르기 3단계
말이 완전하게 멈춰 있을 때
오른 다리를 말 엉덩이에 닿지 않도록 넘긴다.

말 오르기 4단계
오른 발 앞꿈치를 등자에 넣고
2개의 등자 위에 체중이 실리도록 한다.

승마방법과 주의사항

몽골말은 고삐를 한손으로 잡고 조정하는 데 익숙해져 있다.
고삐를 한손으로 잡으면 다른 손이 자유로워져서 말위에서 중심을 잡기 쉽다.
말에 올라 고삐가 길게 되어 있으면 어느 정도 간격을 좁혀서 잡는다.
좌우로 가도록 할 때 가고자 하는 방향으로—말 머리를 향하도록 한다.
몽골말은 소리가 나는 복장, 진한 색, 빛나는 소재의 옷에 놀란다.
향수, 화장품 냄새가 진하거나 카메라, 가방 등은 말에서 떨어질 때 위험하다.
말 위에서 옷을 벗거나 손으로 가방을 들지 않는다.
말 탄 사람에게 물건을 전할 때 머리에 가깝게 붙이면 말이 놀랄 수가 있다.
몽골말은 초보를 알아보고 무시하기도 한다.
말이 풀을 먹으려면 고삐를 당겨 제지한다.
물을 먹인 다음 바로 말을 빠르게 몰아서도 안된다.
말에 올라 절대로 등자에서 발을 빼지 않는다.
고삐 줄이 말 다리 사이로 늘어져서 발에 닿지 않도록 두 줄을 나란히 잡고 적당한 여유를 준다.
말을 탈 때 오야 부근에서 주의하고 전방을 주시하며 나무가지 등에 걸리지 않도록 한다.
등자에 발을 깊숙히 넣으면 낙마할 때 빠지지 않아 큰 부상으로 이어질 수 있다.
말은 우두머리를 따라가는 습성이 있다. 간격을 유지하고 가이드가 고삐를 잡아주면 안전하게 승마를 할 수 있다.

여러분을
텡게르가 손짓하는
몽골로 초대합니다

텡게르가 손짓하는 몽골

지 은 이	오문수
사　　진	신익재　오문수 외
초판 1쇄	2023. 4. 24

펴 낸 곳	도서출판 비지아이
출판등록	제2-3315호
등록일자	2001. 04. 19
펴 낸 이	신익재
교정 진행	이민숙　김옥선　문기덕
주　　소	서울특별시 양천구 곰달래로 11길 42-1
전　　화	Tel. 02-2285-2710　FAX. 02-2285-2714
몽골 코디	바스트코　Vastco travel +976 9954-9018
투어 안내	YouTube '솔롱고스 몽골로'
	02-2285-2710
	www.bgi.co.kr　shinijbgi@gmail.com

ISBN 978-89-92360-69-2　　　가격 30,000원

Copyright ⓒ2023 by 오문수. 신익재